诺/贝/尔/经/济/学/奖/获/得/者/丛/书

Library of Nobel Laureates in Economic Sciences

理性预期计量经济学

U1020340

Rational Expectations Econometrics

拉尔斯·彼得·汉森（Lars Peter Hansen）
托马斯·J·萨金特（Thomas J. Sargent） 著

李宝良 译

郭其友 校

中国人民大学出版社

·北京·

目　录

第1章 导论

拉尔斯·彼得·汉森和托马斯·J·萨金特

我们还在置疑本书中的材料能否被称为“经典”时，其大部分内容已在私底下流行了相当长的时间，因而我们借“地下经典丛书系列”出版的机会将其付梓出版。[1]本书中的论文撰写大约跨越了12年之久，其中大部分论文的初稿完成于1979年至1982年之间。这些论文展示了我们为了使理性预期假设在计量经济学上具有可操作性所付出的努力。出于这样或那样的原因，或是因为我们认为其中的某些争论还有改进的余地，或是因为忙于其他项目以至于没有时间完成论文的撰写，这些论文的发表被耽搁了。丛书的主编斯宾塞·卡尔（Spencer Carr）对我们说，尽管其中的部分论文还略为粗糙，但是借“地下经典丛书系列”之机修改与完成这些论文并将其出版，有助于减弱其私底下流行的风格和提高其公开影响力。

作为宏观计量经济学家，我们从宏观计量经济学的视角推导得到了理性预期的相关假设。在过去的二十多年里，理性预期假设从各种角度进入包括博弈论和一般均衡理论等在内的经济学领域。但是在宏观经济学领域中，第一批进入者是时间序列计量经济学家。20世纪60年代后期，他们探索了在计量经济学模型中限制分布滞后模型参数的各种方法。[2]20世纪70年代后期，其研究的重心已从如何约束分布滞后模型转变为如何约束向量自回归模型。本书中的论文旨在延续和推动这种转变。

对宏观计量经济学家而言，理性预期模型令人兴奋的特征在于模型的解（或均衡）将会以某种方式约束可观测变量的整个随机过程。这些约束包括经济关系中显性模型的“干扰”或各种误差来源、计量模型中驱动估计和推断的各个方面；但这些约束在前理性预期宏观经济理论中（通常是非随机的）大都未加以考虑。理性预期建模有望使得理论和估计之间的联系更加紧密，因为理性预期建模的对象正是计量经济学所关注的，比如协方差生产函数、马尔科夫过程和遍历性分布。

理性预期计量经济学的研究已沿两个相互补充但是互有差异的方向展开。第一个方向或多或少刻画了约束的特征对模型的可观测变量向量的随机过程的影响，并将这些约束用于指导如何进行有效的参数估计。这个方向是联立方程模型的全息系统估计方法的直接延伸，其目标在于利用交叉方差约束即影响理性预期模型中的所有深层次参数（deep parameters）进行估计。汉森和萨金特（Hansen and Sargent，1980a）和萨金特（Sargent，1981）论证了从这个方向展开研究有很多优点，其中主要的有以下三点：(1) 有能力处理有关随机误差过程和决策变量的一系列假设，这些决策变量出现在模型中，但是计量经济学家却无法收集到相应的数据（例如，工作努力程度）；(2) 有望估计一整套参数，这是分析各种政策干预反应所必需的；(3) 有助于提高计量估计效率，这关系到全息系统估计方法的改进。

第二个方向是矩估计方法应用于参数估计，这些参数出现在动态最优化过程中的欧拉方差中。霍尔（Hall，1978）以及汉森和辛格尔顿（Hansen and Singleton，1982）认识到，如果对计量经济学家所不可观测的欧拉方程中的随机过程（通常没有出现在欧拉方程中）进行严格的假设，那么对计量经济学家所拥有的数据集而言，欧拉方程意味着有一个正交条件集成立。这些正交条件包含了足够的信息，可以识别与欧拉方程相应的返回函数（return function）中的参数。因此，这个方法有望不需要借助于估计（甚至不需要设定）一个完整的均衡模型的参数而得出某些相关的参数。

第二个研究方向的优点在于其比第一个研究方向执行起来更加容易；缺点在于要使该方法有效必须对不可观测变量进行约束性假设，并且即使该方法可行，它也不试图估计用于分析政策干预所需的全套参数。第二个方向在应用研究中比第一个方向受到更多的关注，无疑主要是因为它的简单性。

本书中大部分论文是对第一个方向研究工作的推进（不过第 3、4、5 章也可看成介于两个方向之间的某种程度上的融合）。所有的论文提供了向量自回归模型的解释与约束的各种方法，而这些向量自回归模型是依据某个理性预期或均衡模型得到的。本书中所使用的经济理论都是线性理性预期模型。我们有意选择这类模型，是因为它们能够和向量自回归模型很自然地匹配起来。这些模型中的价格和数量是由参与人之间的相互作用决定的。在相互作用中，参与人也要根据他们对当前和未来前景的干扰信息做出最优反应。本书中多篇论文一个重复的主题是向量自回归模型中的新息（innovations）和参与人信息集中的干扰（disturbances）之间的联系。

移动平均模型的各种表述方法

第 2 章描述了线性最小二乘法预测理论的各个要素，该章由汉森和萨金特撰写。本章最小二乘法理论是给学生授课的讲义。书中其余部分的很多讨论是围绕本章理论所做的定义术语而展开的。线性最小二乘法预测理论研究的是向量随机过程，研究的方法在于将其分解成两个正交的部分：即能够用向量自身过去值的线性函数预测的部分，以及无法预测的部分。该理论的关键构造是沃尔德分解（Wold's Decomposition）定理。假设有一个 $(n\times n)$ 的半正定矩阵序列 $\{C_x(\tau)\}$，其中 $C_x(\tau)$ 可以解释为一个 $n\times 1$ 向量随机过程 $\{x_t\}$ 的方差—协方差矩阵 $Ex_tx'_{t-\tau}$。从 $\{C_x(\tau)\}$ 所包含的信息中，我们可以构造 x_t 到由 $(x_{t-1},\cdots,x_{t-n})$ 生成的线性空间的投影或自回归（projections or autoregressions）序列。通过研究这些投影在 $n\to\infty$ 时的特征，我们可以得到一个分解，即可以将 x_t 表示为能够由其过去值线性预测的可预测部分以及与可预测部分正交的新息 u_t 之和。按此构造，新息序列 u_t 是序列不相关的，并且位于由 x_t 的当前值和滞后值生成的空间之内（也就是说，u_t 是预测误差）。在某些附加的假设下，x_t 能够表述为新息 u_t 的移动平均数，即

$$x_t=\sum_{j=0}^{\infty}D_ju_{t-j}\text{。}\tag{1}$$

该式被称为 x_t 的沃尔德移动平均表述，其中 $\{u_t\}$ 是 x_t 的基础白噪声（fundamental white noise）过程，其含义是，x_t 是白噪声 u_t 的单边（one-sided）移动平均表述，并且 u_t 位于由 x_t 的当前值和滞后值生成的线性空间之内。

该构造的优点在于其能够得到沃尔德分解表述，其中 $\{u_t\}$ 是一个白噪声过程，对应于无穷阶向量自回归模型中的新息。因而，西姆斯（Sims，1980）所谓的“新息会计学”（innovation accountings）要说的就是移动平均表述公式（1）。

因两个截然不同的原因，移动平均表述方式并非唯一。第一，总是可以将公式（1）中的 u_t 乘以一个非奇异矩阵 U，从而得到另外一个沃尔德移动平均表述，即

$$x_t = \sum_{j=0}^{\infty}(D_j U^{-1})(U u_{t-j}), \tag{2}$$

其中，(Uu_t) 是新的信息，而 $(D_j U^{-1})$ 是新的脉冲响应函数。这种非唯一性正是西姆斯（Sims，1980）在讨论新息过程的各种正交分解方案中所遇到的问题。这种非唯一性使得所有相关的沃尔德移动平均表述所表示的最优预测，以及向量 Uu_t 所包含的信息不受影响。既然 U 是非奇异的，那么 Uu_t 生成的线性空间正好与 u_t（或者说 x_t）生成的线性空间完全相同。

公式（1）中的第二种非唯一性确实会影响到残差所包含的信息。存在一族其他的移动平均表述

$$x_t = D^*(L)u_t^*, \tag{3}$$

其中

$$D^*(L) = \sum_{j=0}^{\infty} D_j^* L^j, \sum_{j=0}^{\infty} \mathrm{tr}(D_j^* D_j^{*\prime}) < +\infty,$$

并且 $D^*(L)$ 满足

$$D(z)Eu_t u_t' D(z^{-1})' = D^*(z)\, Eu_t^* u_t^{*\prime} D^*(z^{-1})', \mid z \mid = 1。\tag{4}$$

在公式（3）中，$\{u_t^*\}$ 是一个 $m \times 1$ 的白噪声向量，其中 $m \geqslant n$，$D^*(L)$ 是滞后算子 L 的一个 $n \times m$ 矩阵多项式。给定 $D(z)$，任何满足公式（3）的 $D^*(z)$ 定义了相关的白噪声向量 $\{u_t^*\}$ 的一个移动平均表述。对于大部分的这种表述，即所有非沃尔德表述，u_t 所生成的空间比相应的 x_t 生成的空间大。一般而言，在公式（3）的表述中，x_t 的过去值无法揭示相应的 u_t^* 的过去值。

本书的大部分研究了各种模型设定，其中的经济模型有一个均衡，该均衡能够很自然地以公式（3）类型的移动平均模型表述，但是模型的内在结构意味着这种表述并不会自动地转化为沃尔德分解表述。这提出了一个难题，即如何根据经济模型中的新息 u_t^* 解释向量自回归模型中的新息 u_t。本书中的一些论文与在特定的具体背景下刻画上述解释难题的程度有关；其他一些论文则旨在从概念上和计量上提出各种方法以便克服这一难题。

精确线性理性预期模型

“精确线性理性预期模型”一章研究了这样一章模型，即我们很快

会面临到的与给定平稳随机过程相关的移动平均表述的多样性问题。该章研究了构造于两类关系基础上的这一类特殊的线性理性预期模型。经济理论只出现在第一类线性关系集合上，其中线性关系“仅”包含计量经济学家可观测的变量 x_t 子集的当前值和过去值，以及那些可观测变量未来值的预期。限定词“仅”字定义了我们所谓“精确模型”的含义，即从计量经济学家的角度看，这类关系中不存在干扰项。实际上，计量经济学家所能获得的信息集要比经济决策当事人来得小，这是这类关系中计量误差项唯一可能的来源。第二类关系集本质上讲是信息性的，因为支配可观测变量 x_t 子集的移动平均完整表述部分正是模型中经济决策当事人所预测的。该文的策略是推导理性预期假设对整个向量 x_t 的移动平均模型所蕴含的各种限制条件。研究结果表明，这样很容易推导那些限制条件，也易于叙述受那些限制条件约束的移动平均模型的估计步骤。

该模型构造的策略很自然地提出了以下问题：若给定模型是正确的，那么移动平均多种表述中哪一种才适用于理性预期限制？要回答这个问题，实际上我们要刻画出移动平均表述与精确理性预期模型相一致程度的特征。这种刻画对基于似然函数的估计和推断程序有其含义，因为它表明，似然函数将会有多个峰值，不同的峰值对应于不同的移动平均表述。尽管有识别上的这个难题，但这些模型所蕴含的限制条件是可检验的，因为识别不足的方面仅与新信息流有关，而与信息对变量之间的协方差的限制方式无关。

这一章的第4部分具有特殊的价值。虽然我们最初并没有使用协整这个术语，因为在我们撰写本章初稿的时候并没有注意到格兰杰及其合作者的研究工作，但在时间序列中引入了非平稳性，并且展示了变量之间协整的意义。

文中的求解策略与怀特曼（Whiteman，1983）所采用的方法具有很多相似之处。怀特曼深入地探讨了如何将理性预期限制加入充分设定模型的移动平均表述之中，就其意义而言，所设定的关系的个数和模型所决定的变量的个数一样多。相比之下，我们的精确线性理性预期模型是不完全的，因为信息变量和被预测变量的运行规律没有被完全设定。尽管我们的工作和怀特曼的研究在经济解释上有些差异，但是怀特曼的研究表明，本章中所用的很多数学方法在构建完全模型时有很大的用处。

本章中提出的模型族有很多用途，但是这族模型有相当的特殊性，因为理论必须以精确模型的形式出现，这意味着除了计量经济学家在形成预测时所使用的条件信息集比经济决策当事人的信息集小之外，计量经济模型不能包含其他误差项来源。[3]下一章“向量自回归模型诠释中的两个难题”将讨论一个更一般化的情形，其中计量经济关系有其他干扰项来源。

向量自回归模型诠释中的两个难题

由经济理论推导得到的公式（3）与沃尔德表述无法匹配的一种常见的情形出现在对经济当事人信息产生影响的冲击的个数 m 超过了计量经济学家能够观测到的变量随机过程的个数 n 之时。在这种情况下，u_t 必然涵盖并且混淆了 u_t^* 的效应。即便是 $m=n$ 也仍然可能存在这个问题。为此，该章研究了当 $m=n$ 时两种截然不同的情况中的问题。第一种情况是动态一般均衡模型中有两个冲击对经济决策当事人的信息集产生影响，例如供给和需求或者禀赋和偏好冲击。模型的均衡可以表示为价格和数量的随机过程，也就是经济决策当事人信息集冲击（即 u_t ）的移动平均。该论文研究了这些冲击如何与价格和数量的向量自回归模型的新息相关联，描述了如何将 u_t 表述为 u_t^* 的滞后分布模型。当这些滞后分布没有集中在滞后零阶时，$\{u_t\}$ 过程包含的信息比 $\{u_t^*\}$ 过程少。[4]

第二种情况是跨时加总，其问题是计量经济学家所用的数据抽样的间隔要比经济决策当事人的长。如果将这个看法推到极限，即假设经济决策当事人以连续时间的方式接受和处理信息，且经济理论以公式（3）的连续时间形式表示。（考虑公式（3）的极限形式，这可以由相继越来越小的抽样间隔重新构造公式（3）得到。）对 x_t 过程进行抽样得到离散时间数据，由此估计向量自回归模型，再得出脉冲响应函数。那么，在什么情况下它会与连续时间情况下的脉冲响应函数形状相似？这就是西姆斯（Sims，1971）和格韦克（Geweke，1978）研究的跨期加总问题的另一种形式，他们研究了离散时间滞后分布近似其对应的基础连续时间模型的程度是如何的。与研究这些滞后分布（一个变量在另一个变量领先项和滞后项的投影）如何匹配不同的是，我们研究的是移动平均表述如何匹配。该论文描述了连续时间随机过程的一些条件，包括平滑性（例如，均方连续性和可微性），在这些条件下离散时间移动平均表述必然无法与其基础的连续时间对应物很好地匹配。

该章假设基础的连续时间模型以理性频谱密度的形式出现，这自动地对定义连续时间移动平均表述的核（kernel）施加了连续性限制。在阿尔伯特·马塞特撰写的第 10 章中放弃了连续性这一条件，研究了各种间断的连续时间移动平均核，特别是这些核如何影响连续时间和离散时间移动平均表述之间的紧密联系。马塞特提供了一种有用的刻画方法，使其能够创造很多有趣的例子，以说明连续时间和离散时间移动平均表述如何相互背离。

因存在向量自回归模型相关的移动平均表述与经济理论相关的移动平均表述难以匹配的问题，表明对解释基于理论向量自回归估计量的新息核的估算应谨慎。如果研究人员愿意对计量估计过程施加足够的经济理论限制，那么上述困难在以下两个意义上可以被克服：能够得到一致和有效的参数估计量，以及能够计算与经济模型相应的移动平均表述的估计值。在离散时间情况下，汉森和萨金特（Hansen and Sargent，1980a，1981a）描述了如何做这一估计的策略，对应的连续时间情况下的方法可参考汉森和萨金特未发表的论文（Hansen and Sargent，1980b，1981d）。这些连续时间方法的不同形式则在本书中由汉森、希顿和萨金特以及汉森和萨金特分别撰写的论文来描述。

三篇连续时间理性预期模型论文

第 7、8 和 9 章研究了通过极大似然法估计连续时间动态均衡模型必须解决的三个难题。第 7 章由汉森、希顿和萨金特撰写，第 8 章由汉森和萨金特撰写，这两章关注如何用具有可处理性的计量形式来求解连续时间模型。这两篇论文探讨了线性动态模型的解通常可以分成两个相互独立的步骤：“最优化”和“预测”这一确定性等价特征。实际上，汉森、希顿和萨金特描述了如何通过求解线性二次最优控制问题的方法来计算确定性连续时间线性均衡模型族的均衡。该论文描述了如何使用快速算法（矩阵符号算法）求解这个问题。汉森、希顿和萨金特计算的结果是以反馈部分和前馈部分的形式表现的均衡。这是确定性模型的解，其中驱动变量的未来路径以确定的方式为人所知。为了得到随机性模型的解——其中驱动函数是随机过程，仅需要以线性最小二乘预测值替代前馈部分的未来值，而不需要改变反馈部分。第 8 章提出了一个用于计算随机情况下的前馈部分的简便公式集，它也是汉森和萨金特（1980a，1981b）离散时间情况下公式集的连续时间形式。

结合这两篇论文的结论可以得出以向量线性随机微分方程形式表示的解。这种表述给出了汉森和萨金特（Hansen and Sargent，1980a，1990）论文中的连续时间形式的解的表达式。给定这样的表述，标准的方法能够用于计算基于离散时间数据条件下的连续时间模型的似然函数。这些方法已经被琼斯（Jones，1980）、Ansley and Kohn（1983）、Bergstrom（1983）、Harvey and Stock（1985）以及汉森和萨金特（Hansen and Sargent，1980b）等叙述过。Christiano、Eichenbaum and Marshall（1980）等使用了美国的时间序列数据研究了消费平滑模型。

在汉森和萨金特所撰写的第 9 章中处理了识别问题的一种特殊情况，这是在使用离散时间数据估计连续时间模型时必须解决的。正如菲利普斯（Phillips，1973）以及汉森和萨金特（Hansen and Sargent，1981c）所描述的，在没有对连续时间模型施加某些限制的情况下，通常有众多的连续时间模型与某个给定的离散时间协方差生成函数相一致。这是典型的混淆现象。汉森和萨金特演示了如何用理性预期所施加的交叉方程限制来解决这个识别问题。虽然汉森和萨金特所获得的分析性结果仅适用于特殊情况，但表明数值方法能够用于检测更一般模型中的识别问题。

检验现值预算平衡问题

由汉森、罗伯兹和萨金特所撰写的第 5 章描述了一族模型，其中由理论推导而来的移动平均表述与沃尔德表述不一致。本论文研究的主题原本是为了回应卢卡斯于 1985 年 10 月的一次会议上所提出的问题：在现值预算平衡的假设下，扣除利息后的政府支出和税收的联合随机过程将会被施加什么样的限制？卢卡斯猜测，即使给定恒定的真实利率，限制也将是非常微弱的，因为能够承诺未来实现盈余而将当前的偿付无限期延后。萨金特（Sargent，1987b）对这个问题进行了不完整分析，认为对现值预算平衡假设施加了如下的限制：赤字对经济决策当事人信息集中的各个新息的脉冲响应系数的现值等于零。这也是霍尔（Hall，1978）消费平滑模型所施加的条件之一。汉森、罗伯兹和萨金特研究的目标之一是详尽地刻画包括霍尔和巴罗等特殊情况在内的一大类模型所包含的各种限制条件。

令 g_t 表示政府支出，τ_t 表示税收，两者都是扣除利息后的净值。汉森、罗伯兹和萨金特以对计量经济学家可获得 g_t 和 τ_t 但得不到债务观测值的情况进行研究开始。他们假设真实利率恒定不变，首先观察到赤字 $\tau_t - g_t$ 的移动平均系数现值等于零这一限制条件，这意味着移动平均表述不是一个沃尔德表述。原因是限制条件本身意味着滞后算子的移动平均多项式是不可逆的，其含义是不应该通过检验限制条件对向量自回归（即沃尔德表述）相关的脉冲响应函数是否成立来检验该条件。

汉森、罗伯兹和萨金特进一步表明，限制条件本身是空洞无物的，除非对移动平均表述施加额外的限制。特别是他们证明了给定某个违背该限制条件的 $\{(g_t, \tau_t)\}$ 的移动平均表述，总是能够找到另外一个满足该限制条件的移动平均表述。为了构造这种替代表述，仅需替代的移动平均表述的参数化具有充分的灵活性。这个结论肯定了卢卡斯最初有关预算平衡限制约束力的怀疑。

汉森、罗伯兹和萨金特接下来刻画了可以对该限制条件进行检验的两个背景。第一个背景以最优消费平衡模型的形式施加了额外的理论结构限制，参见其论文的第 3～5 节。第二个背景假设可以获得额外的数据，即支付真实利率的债务存量的时间序列。

在第一种背景中，汉森、罗伯兹和萨金特研究了现值预算平衡假设是否给消费边际效用鞅模型添加了任何可检验的含义。他们证明确实添加了可检验的限制条件，并且该限制条件的某种形式对消费偏好不可分的情况仍然成立。汉森、罗伯兹和萨金特表明该可检验的限制条件的根源在于鞅模型有能力识别经济决策当事人信息集的一个成分，即消费支出的新息，理论表明该新息是经济决策当事人信息集新息的线性组合。

在论文第 4、5 节中，汉森、罗伯兹和萨金特刻画和采取了一个策略，用于检验不可分偏好鞅模型背景下现值预算的含义。他们提出了一种半参数检验策略，该策略并不直接设定和估计其基础模型中的各种技术和偏好参数（例如，像汉森和萨金特在 1990 年提出的那些模型所进行的估计步骤那样）。有所不同的是对某些特定的滞后分布进行参数化，且其滞后分布是混合的结构参数。该策略的目的是试图集中考虑现值预算限制，从而对模型中不可分性和商品的数量等细节不作明确的限定。汉森、罗伯兹和萨金特应用美国的消费和劳动收入数据进行检验，发现并没有证据反对现值预算限制。如果能使用美国数据将该检验重新用于一般化税收平滑模型，或许能得出一些有趣的结论。

本章的第 6 节对这些检验的解释作了警示性注释，强调存在满足这些限制性条件的一系列的错误模型，但是在使用数据近似时明显违背了这些限制条件。这个结论或许使人们在采用半参数估计策略时感到沮丧，因为如果进行足够的非参数化，即便施加了鞅模型限制[5]，也将使现值预算限制变得空洞无物。

本章的第 7 节将通过两种方式改变模型的设定。一是允许利率随时间变化而变化；二是在支出和收入序列之外增加了债务的时间序列观测。结果表明现值预算平滑限制将会导致一个精确线性理性预期模型。罗伯兹的另一篇论文估计了这样的模型，并且使用美国的政府支出和税收数据检验了该限制条件，他从这些数据中发现了反对该限制条件的相关证据。

【注　释】

[1] 第 2 章撰写于 1981—1982 年。第 3 章撰写于 1980—1981 年（Hansen and Sargent，1981e），并于 1990 年进行了修改。第 4 章撰写于 1982 年，并于 1984 年（Hansen and Sargent，1984）和 1989 年进行了局部修改。第 5 章的大部分撰写于 1987 年，其中的实证部分完成于 1990 年。第 6 章撰写于 1988 年。第 7 章和第 8 章撰写于 1988—1990 年，这两章是汉森和萨金特 1980 年和 1981 年工作论文（Hansen and Sargent，1980b，1981d）中最初提出的思想的修改和扩展。第 9 章完成于 1980—1981 年（Hansen and Sargent，1981c）。第 10 章是阿尔伯特·马塞特（Albert Marcet）博士论文的一部分，完成于 1987 年。

[2] 参见 Muth（1960，1961）、Nerlove（1967）、Griliches（1967）、西姆斯（Sims，1974）、卢卡斯（Lucas，1972）和萨金特（Sargent，1971）。

[3] 希勒（Shiller，1972）突出了这种在计量经济模型中引入误差项方式的优点。

[4] 该文也刻画了如何将局部均衡模型解释为汉森和萨金特（Hansen and Sargent，1990）所研究的一般均衡模型族的一种特殊情况。

[5] 参见萨金特（Sargent，1987b，chapter Ⅻ）有关霍尔（Hall，1978）模型和巴罗（Barro，1979）的税收平滑模型关系的讨论。很明显地，有一些税收平滑模型类似于汉森、罗伯兹和萨金特或者汉森和萨金特（Hansen and Sargent，1990）描述的常见的消费平滑模型族。

第 2 章　最小二乘法预测理论讲义

拉尔斯·彼得·汉森和托马斯·J·萨金特

1. 引言

我们在这些讲义中建立最小二乘法预测理论的一些基本结论。这些结论在许多领域有很重要的用处，比如可用于求解线性理性预期模型、表述协方差平稳时间序列过程以及获得严格平稳过程的鞅差分分解。

在讲义中所用到的基本数学构造是定义于两个随机变量之间的内积，即通过对两个随机变量的乘积取期望值得到的内积，采用这个特定的内积可得到很多结论，它类似于在多维欧几里得空间使用标准内积法所得出的结论。因此，欧几里得空间中的直觉在本讲义中也有相当大的价值。

本讲义中所用到的正式的数学理论是希尔伯特（Hibert）空间理论。可以通过一些很好的参考书如霍尔姆斯（Halmos，1957）和卢恩伯格（Luenberger，1969）等进一步了解该理论。

2. 预测问题

我们在本节中正式提出预测问题，即如何使用给定随机变量集 H 来预测随机变量 y。这是一个包括了条件期望和最佳线性预测等特殊情况的一般性问题。本节也将讨论与预测紧密相关的另外一个问题，用术语称为正交问题，其可以解释为预测问题的充分必要一阶条件集。特别的，我们将证明当对集合 H 施加某些辅助假设时，这两个问题会有相同的解。

以下是最小二乘法预测问题的正式表述。

问题 2.1（最小二乘法预测问题） 在集合 H 中找到一个随机变量 h_o，使得 $E[(y-h_o)^2]\leqslant E[(y-h)^2]$ 对集合 H 中所有 h 都成立。

另一个与问题 2.1 通常有着相同的解的问题，在其表述中使用了以下的定义：

定义 2.1： 当 $E(hy)=0$ 对集合 H 中的所有 h 都成立时，称随机变量 y 正交于集合 H。

第二个问题表述如下：

问题 2.2（正交问题） 在集合 H 中找到一个随机变量 h_o 使得 $y-h_o$ 正交于集合 H。

为了确保上述两个问题有良好的定义，我们假设被预测的随机变量和用于预测的随机变量均为有限二阶矩。这样，令 L^2 表示定义于有限二阶矩的基础概率空间上的所有随机变量集。假设随机变量 y 和集合 H 的元素都在 L^2 之中，有两个重要的不等式适用于 L^2 中的随机变量。

引理 2.1（柯西-施瓦茨不等式）： 对于 L^2 中的任意两个随机变量 y_1 和 y_2，有 $|E(y_1y_2)|\leqslant E(y_1^2)^{1/2}E(y_2^2)^{1/2}$。

证明： 如果 y_1 或者 y_2 等于零，那么上述不等式成立。

假设 y_1 和 y_2 都不等于零，那么 $E(y_1^2)$ 和 $E(y_2^2)$ 都是正数。注意到

$$
\begin{aligned}
0 &\leqslant \left[\frac{|y_1|}{(Ey_1^2)^{\frac{1}{2}}}-\frac{|y_2|}{(Ey_2^2)^{\frac{1}{2}}}\right]^2 \\
&=\left[\frac{y_1^2}{E(y_1^2)}-\frac{2|y_1y_2|}{E(y_1^2)^{\frac{1}{2}}E(y_2^2)^{\frac{1}{2}}}+\frac{y_2^2}{E(y_2^2)}\right]。
\end{aligned}
\tag{2.1}
$$

因而

$$
\frac{|y_1y_2|}{E(y_1^2)^{\frac{1}{2}}E(y_2^2)^{\frac{1}{2}}}\leqslant\frac{1}{2}\left[\frac{y_1^2}{E(y_1^2)}+\frac{y_2^2}{E(y_2^2)}\right]。\tag{2.2}
$$

对式（2.2）两边取期望值，则有

$$
\frac{E|y_1y_2|}{E(y_1^2)^{\frac{1}{2}}E(y_2^2)^{\frac{1}{2}}}\leqslant 1。\tag{2.3}
$$

两边都乘以 $E(y_1^2)^{1/2}$ 和 $E(y_2^2)^{1/2}$，则有

$$
E(|y_1y_2|)\leqslant E(y_1^2)^{\frac{1}{2}}E(y_2^2)^{\frac{1}{2}}。\tag{2.4}
$$

由下式可以得到柯西-施瓦茨不等式：

$$|E(y_1y_2)|\leqslant E(|y_1y_2|)。\tag{2.5}$$

证毕。

引理 2.2（三角不等式）：对于 L^2 中的任意两个随机变量 y_1 和 y_2，有 $E[(y_1+y_2)^2]^{1/2}\leqslant E(y_1^2)^{1/2}+E(y_2^2)^{1/2}$。

证明：注意到

$$\begin{aligned}(y_1+y_2)^2&=y_1^2+2y_1y_2+y_2^2\\&\leqslant y_1^2+2|y_1y_2|+y_2^2。\end{aligned}\tag{2.6}$$

两边取期望值，结合不等式（2.4），有

$$\begin{aligned}E[(y_1+y_2)^2]&\leqslant E(y_1^2)+2E(y_1^2)^{\frac{1}{2}}E(y_2^2)^{\frac{1}{2}}+E(y_2^2)\\&=[E(y_1^2)^{\frac{1}{2}}+E(y_2^2)^{\frac{1}{2}}]^2。\end{aligned}\tag{2.7}$$

最后，式（2.7）两边取平方根，由此得到三角不等式。证毕。

除了其他方面的用途，柯西-施瓦茨不等式和三角不等式的重要意义是，它们表明只要随机变量 y 和集合 H 的元素都在 L^2 之中，问题 2.1 和问题 2.2 的表述就有良好的定义。另外，三角不等式也表明，在 L^2 中的元素的线性组合也在 L^2 中的意义上，L^2 是一个线性空间。当 h_o 是问题 2.2 在 L^2 子集 G 中的解时，h_o 也是问题 2.2 在下列集合中的解：

$$\begin{aligned}H=\{h:h=c_1g_1+c_2g_2+\cdots+c_ng_n，&\text{其中 } n \text{ 为整数}，c_1,c_2,\\\cdots,c_n \text{ 为实数}，g_1,g_2,\cdots,g_n &\text{ 是集合 } G \text{ 中的元素}\}。\end{aligned}\tag{2.8}$$

因此，按照这个集合构造方式，集合 H 是 L^2 的线性子空间。

定义 2.2：当集合 H 是 L^2 的子集，并且对集合 H 中的任意元素 h_1 和 h_2，以及任意实数 c_1 和 c_2，随机变量 $c_1h_1+c_2h_2$ 也在集合 H 中，则称集合 H 是 L^2 的线性子空间。

因此，若 h_o 是问题 2.2 在 L^2 任意子集 G 中的解，则总能够通过式（2.8）将该子集扩展为 L^2 的线性子空间。随机变量 h_o 也将是问题 2.2 在该扩展集中的解。下面，我们将注意力集中在 H 的线性子空间上。

接下来将要提出的两个引理表明，当集合 H 是 L^2 的线性子空间时，则问题 2.1 和问题 2.2 有相同的解。

引理 2.3：假设 y 在 L^2 之中，且集合 H 是 L^2 的线性子空间。如果 h_o 是问题 2.2 的解，那么 h_o 将是问题 2.1 和 2.2 的唯一解。[1]

证明：令 h_o 是问题 2.2 的解。对集合 H 的任意元素 h，有

$$\begin{aligned}E[(y-h)^2]&=E[(y-h_o+h_o-h)^2]=E[(y-h_o)^2]\\&\quad+2E[(y-h_o)(h_o-h)]+E[(h_o-h)^2]\\&=E[(y-h_o)^2]+E[(h_o-h)^2]。\end{aligned}\tag{2.9}$$

因而，

$$E[(y-h_o)^2] \leqslant E[(y-h)^2] \tag{2.10}$$

对集合 H 的任意元素 h 成立，表明 h_o 也是问题 2.1 的解。且当 $E[(h-h_o)^2]>0$ 时，有

$$E[(y-h_o)^2] < E[(y-h)^2]。 \tag{2.11}$$

只有当 $h=h_o$ 时，$E[(h_o-h)^2]=0$，因此 h_o 是问题 2.1 的唯一解。可见，h_o 也是问题 2.2 的唯一解，因为已证明了问题 2.2 的任意一个解也是问题 2.1 的解。证毕。

引理 2.4：假设 y 在 L^2 之中，且集合 H 是 L^2 的线性子空间。如果 h_o 是问题 2.1 的解，那么 h_o 也将是问题 2.2 的解。

证明：令 h_o 是问题 2.1 的解，且令 h 是集合 H 中的任意元素。如果 h 等于零，即有 $E[(y-h_o)h]=0$。如果 h 不等于零，令 $\delta=E[(y-h_o)h]/E(h^2)$，注意到

$$\begin{aligned} E[(y-h_o-\delta h)^2] &= E[(y-h_o)^2]+\delta^2 E[h^2]-2\delta E[(y-h_o)h] \\ &= E[(y-h_o)^2]-\delta^2 E[h^2]。 \end{aligned} \tag{2.12}$$

因为 h_o 是问题 2.1 的解，且 $h_o+\delta h$ 在集合 H 之中，所以 δ 必定等于零。但是只有当 $E[(y-h_o)h]=0$ 时，δ 才等于零。因为 h 是集合 H 中的任意元素，所以 $y-h_o$ 正交于集合 H。证毕。

引理 2.3 和引理 2.4 表明，只要集合 H 是 L^2 的线性子空间，则问题 2.1 和问题 2.2 就有相同的解。但是，我们尚未证明这两个问题的解的存在性。对集合 H 施加额外的限制条件，能够保证解的存在性。该限制条件要使用到如下的定义：

定义 2.3：如果 $\lim\limits_{n\to\infty}\sup\limits_{m\geqslant n} E[(y_n-y_m)^2]=0$，则称 L^2 空间中的序列 $\{y_n: n\geqslant 1\}$ 为柯西序列。

定义 2.4：如果 L^2 空间中存在一个随机变量 y_o 使得 $\lim\limits_{n\to\infty} E[(y_n-y_o)^2]=0$，则称 L^2 空间中的序列 $\{y_n: n\geqslant 1\}$ 是收敛的。[2]

线性空间 L^2 在以下意义上是完全的，即 L^2 中的任意柯西序列都是收敛的（见附录）。如果对 L^2 的子集也有类似的性质，则称该子集是闭的（closed）。

定义 2.5：如果 H 中的任意柯西序列收敛于 H 中一个元素，则称 L^2 中子集 H 是闭的。

如果给定的集合 H 不是闭的，可在集合 H 中添加所有 H 中的柯西序列的极限来形成闭集。由此得到的添加后的集合将是闭集。

引理 2.5：假设 H 是 L^2 的闭的线性子空间，那么对 L^2 中的任意

y，问题 2.1 有解。

证明：令 δ 是非负实数，满足

$$\delta^2 = \inf_{h \in H} E[(y-h)^2], \tag{2.13}$$ *

并且，令 $\{h_n: n=1, 2, \cdots\}$ 是 H 中的随机变量序列，使得

$$\lim_{n \to \infty} E[(y-h_n)^2] = \delta^2。\tag{2.14}$$

首先，我们证明，当 H 是线性空间时，$\{h_n: n \geqslant 1\}$ 是柯西序列。注意到

$$E[(h_m-h_n)^2] + 4E\{[(1/2)(h_m+h_n)-y]^2\}$$
$$= 2E[(h_m-y)^2] + 2E[(h_n-y)^2]。\tag{2.15}$$

因此，

$$E[(h_m-h_n)^2] \leqslant 2E[(h_m-y)^2] + 2E[(h_n-y)^2] - 4\delta^2, \tag{2.16}$$

因为 $(h_m+h_n)/2$ 在集合 H 中，并且 $\delta^2 < E[(y-h)^2]$ 对集合 H 中的任意 h 成立。对式（2.16）两边取极限，得到

$$0 \leqslant \lim_{m\to\infty} \sup_{m \geqslant n} E[(h_m-h_n)^2] \leqslant 2 \lim_{m\to\infty} E[(h_m-y)^2]$$
$$+ 2 \lim_{n\to\infty} E[(h_n-y)^2] - 4\delta^2$$
$$= 2\delta^2 + 2\delta^2 - 4\delta^2$$
$$= 0。\tag{2.17}$$

因而，只要 H 是线性空间，那么 $\{h_n: n \geqslant 1\}$ 是柯西序列。进一步地，如果 H 是闭的，那么该序列将收敛于 H 中的元素 h_o。现在要证明 h_o 是最小二乘预测问题的解，由三角不等式（引理 2.2），有

$$E[(y-h_o)^2]^{\frac{1}{2}} \leqslant E[(y-h_n)^2]^{\frac{1}{2}} + E[(h_n-h_o)^2]^{\frac{1}{2}}。\tag{2.18}$$

对式（2.18）两边取极限，得到

$$\{E[(y-h_o)^2]\}^{\frac{1}{2}} \leqslant \delta, \tag{2.19}$$

这证明了 h_o 是问题 2.1 的解。证毕。

我们已经证明了，若 H 是闭的线性空间，则最小二乘预测问题（问题 2.1）存在唯一解。在这些情况下，定义投影算子（projection operator）为：

定义 2.6：对于 L^2 中的任意闭的线性子空间 H，最小二乘投影算子 $P(y \mid H)$ 是问题 2.1 给定 H 预测 y 的解。

有两个不太重要的例子可以用来说明投影算子。第一个例子，令集

---

* 原著中此处为(2.15)，后面公式号顺延，疑有误。后面该节统改。—— 译者注

合 H 就是 L^2，那么投影算子 $P(\cdot \mid L^2)$恰好就是恒等算子（identity operator)，因为 $P(y \mid L^2)=y$。第二个例子，令集合 H 是只包含零随机变量的集合 Z，那么投影算子 $P(\cdot \mid Z)$将所有随机变量映射到零随机变量，因为零随机变量是集合 Z 中唯一的随机变量。在第 5、6 节中，我们将研究两个重要的投影算子，这两个投影算子可用于研究时间序列预测问题，其中一个可以解释为最佳线性预测算子，另一个可以解释为条件期望。

本节的最后结论将证明 $P(\cdot \mid H)$满足线性性质。

引理 2.6：假设 H 是L^2 的闭的线性子空间，那么对于 L^2 中的任意元素 y_1 和 y_2，以及任意实数 c_1 和 c_2，有

$$P(c_1y_1+c_2y_2 \mid H)=c_1P(y_1 \mid H)+c_2P(y_2 \mid H)。\tag{2.20}$$

证明：为了证明该引理，将证明式（2.20）右边是正交问题（问题 2.2）的解。注意到，$y_1-P(y_1 \mid H)$和 $y_2-P(y_2 \mid H)$正交于 H，这样就有

$$c_1y_1+c_2y_2-c_1P(y_1 \mid H)-c_2P(y_2 \mid H)\tag{2.21}$$

正交于 H。而且，$c_1P(y_1 \mid H)+c_2P(y_2 \mid H)$也在 H 之中。因此，$c_1P(y_1 \mid H)+c_2P(y_2 \mid H)$是正交问题的解。证毕。

3. 涉及投影的重要结论

本节将列出在计算投影中很有用的一些结论。为此，需先引入一些新的概念。

定义 3.1：如果对集合 G 中的所有元素 g 和 U 中的所有元素 u，有 $E(gu)=0$ 成立，则称集合 G 和 U 是正交的。

定义 3.2：称 $G+U=\{g+u：g\in G, u\in U\}$为集合 G 和 U 之和。

L^2 中的两个正交的闭的线性子空间之和也是 L^2 的闭的线性子空间。

引理 3.1：假设 G 和 U 是 L^2 的正交闭的线性子空间，那么 $G+U$ 也是L^2 的闭的线性子空间。

证明：可以直接证明。如果 G 和 U 是线性空间，那么它们的和即 $G+U$ 也是线性空间。这个证明留给读者作为练习。为了证明 $G+U$ 是闭的，令$\{g_n+u_n：n\geqslant 1\}$是 $G+U$ 中的柯西序列，其中$\{g_n：n\geqslant 1\}$是 G 中的一个序列，$\{u_n：n\geqslant 1\}$是 U 中的一个序列。我们将证明后面这两个序列是柯西序列。因为 g_n-g_m 在 G 中，u_n-u_m 在 U 中，并且 G 和

U 是正交的，有

$$E[(g_n+u_n-g_m-u_m)^2]=E[(g_n-g_m)^2]+E[(u_n-u_m)^2]。\tag{3.1}$$

因此，下列两个不等式成立：

$$E[(g_n+u_n-g_m-u_m)^2]\geqslant E[(u_n-u_m)^2],\tag{3.2}$$

以及

$$E[(g_n+u_n-g_m-u_m)^2]\geqslant E[(g_n-g_m)^2]。\tag{3.3}$$

由于$\{g_n+u_n: n\geqslant 1\}$是柯西序列，由此$\{g_n: n\geqslant 1\}$和$\{u_n: n\geqslant 1\}$也是柯西序列，因而也是收敛的。回顾前述假定 G 和 U 是闭的，因此$\{g_n: n\geqslant 1\}$收敛于G中元素g_o，$\{u_n: n\geqslant 1\}$收敛于U中元素u_o。由于

$$E[(g_n+u_n-g_o-u_o)^2]=E[(u_n-u_o)^2]+E[(g_n-g_o)^2],\tag{3.4}$$

于是有$\{g_n+u_n: n\geqslant 1\}$收敛于 $G+U$ 中的 g_o+u_o。证毕。

除了其他方面的用途之外，引理 3.1 保证了当 G 和 U 是正交的闭的线性空间时，$G+U$ 的投影算子有良好的定义。在这种情况下，$G+U$ 的投影等于 G 和 U 的投影之和。

引理 3.2：假设 G 和 U 是 L^2 的正交的闭的线性子空间，那么有 $P(\cdot\mid G+U)=P(\cdot\mid G)+P(\cdot\mid U)$。

证明：令 y 为 L^2 的任意一个元素。为证明该引理，我们将证明 $y-P(y\mid G)-P(y\mid U)$正交于$G+U$。由于 $P(y\mid G)$是正交问题（问题 2.2）在子空间 G 中的解，因而 $y-P(y\mid G)$正交于G。也因假设 U 正交于G，则 $P(y\mid U)$正交于G。这样，$y-P(y\mid G)-P(y\mid U)$正交于G。对换 G 和 U 的位置，则可得 $y-P(y\mid G)-P(y\mid U)$正交于 U。因此有 $y-P(y\mid G)-P(y\mid U)$正交于$G+U$。证毕。

引理 3.2 给出了在得到新的信息时可对预测进行修正的简便方法。例如，G 包含了过去的可用信息，U 包含了今天可获得的新信息（正交于 G）。那么，引理 3.2 显示出如何在新的信息到来的时候对预测进行更新。随之而来的问题是，何时可以将新的信息看成是正交于新信息到来之前可得信息集的闭的线性空间？下述结论将用于回答这个问题。

引理 3.3:假设 L^2 中的序列$\{y_n:n\geqslant 1\}$和$\{y_n^*:n\geqslant 1\}$分别收敛于 y_o 和 y_o^*，那么实数序列$\{E(y_ny_n^*):n\geqslant 1\}$收敛于 $E(y_oy_o^*)$。

证明:注意到

$$\begin{aligned}E(y_ny_n^*)-E(y_oy_o^*)&=E[y_o(y_n^*-y_o^*)]\\&\quad+E[(y_n-y_o)y_o^*]\end{aligned}$$

$$+E[(y_n - y_o)(y_n^* - y_o^*)]。\tag{3.5}$$

根据实数的柯西-施瓦茨不等式和三角不等式，有

$$\begin{aligned}|E(y_n y_n^*) - E(y_o y_o^*)| \leqslant\ & E(y_o^2)^{\frac{1}{2}} E[(y_n^* - y_o^*)^2]^{\frac{1}{2}} \\ & + E[(y_n - y_o)^2]^{\frac{1}{2}} E(y_o^{*2})^{\frac{1}{2}} \\ & + E[(y_n - y_o)^2]^{\frac{1}{2}} E[(y_n^* - y_o^*)^2]^{\frac{1}{2}}。\end{aligned}\tag{3.6}$$

注意到式（3.6）的右边收敛于零，因为 $\{y_n - y_o : n \geqslant 1\}$ 和 $\{y_n^* - y_o^* : n \geqslant 1\}$ 收敛于零，由此得证。证毕。

下一个引理给出了新信息集合 U 的一个构造方式。

引理 3.4：假设 G 和 H 是 L^2 的闭的线性子空间，并且 G 是 H 的一个子集，令

$$U = \{u:\ u = h - P(h \mid G),\ h \text{ 是 } H \text{ 的某个元素}\}。\tag{3.7}$$

那么，U 是 L^2 的闭的线性子空间，且 $H = U + G$。

证明：由于 G 是 H 的子集，于是，对 H 中的任意 h 而言，$h - P(h \mid G)$ 也在 H 之中。这样，U 是 H 的子集，正交于 G。因而，$U+G$ 是 H 的子集。但是，H 中的任意 h 能够表示为 $h = P(h \mid G) + [h - P(h \mid G)]$，这说明 h 在 $U+G$ 之中。其结果是，$H = G + U$，其中 G 和 U 是正交的。接下来将要证明，U 是 L^2 的闭的线性子空间。令 u 是 H 中正交于 G 的任意元素，那么 $P(u \mid G) = 0$，因此，u 在 U 之中。由于 U 中的任意元素都正交于 G，因而

$$U = \{u \in H : u \text{ 正交于 } G\}。\tag{3.8}$$

回顾前述 H 是 L^2 的线性子空间。且 H 中正交于 G 的任意元素的线性组合，也正交于 G。因而 U 是线性空间。根据引理 3.3 和 H 是闭的，可得，H 中正交于 G 的任意柯西序列将收敛于 H 中正交于 G 的某个元素。因此，U 也是闭的。证毕。

给定 G 的某个设定及采用式（3.7）作为新信息的定义，总是可以将 L^2 的线性子空间进行分解，使用这样的分解可以证明迭代投影定律（law of iterated projections）。

引理 3.5：假设 G 和 H 是 L^2 的闭的线性子空间，且 G 是 H 的一个子集，那么对于 L^2 中的任意 y，有 $P(y \mid G) = P(P(y \mid H) \mid G)$。

证明：根据引理 3.4，可将 H 正交分解为式（3.7）给定的 U 与 G 之和。根据引理 3.2，可得 $P(y \mid H) = P(y \mid G) + P(y \mid U)$。因为 $P(y \mid U)$ 在 U 中且 U 正交于 G，故有 $P(P(y \mid U) \mid G) = 0$。因此，$P(P(y \mid H) \mid G) = P(P(y \mid G) \mid G) = P(y \mid G)$。证毕。

引理 3.2 和引理 3.5 提供了一个有趣的比较。引理 3.2 说明，当信息集从小的集合 G 变成大的集合 H 时是如何更新投影的。与之相比，引理 3.5 说明，如何通过一个大的信息集 H 上的投影来计算一个小的信息集 G 上的投影。

正如前面提出的集合 G 的一个解释是过去信息的集合。在我们的其他分析中会有另一种解释，它涉及连续线性泛函 π，π 将 H 映射到实数集 $\mathbf{R}$。

定义 3.3：如果 π 将 H 映射到实数集 $\mathbf{R}$，且对 H 中的任意 h_1 和 h_2 以及 $\mathbf{R}$ 中的任意 c_1 和 c_2，有 $\pi(c_1h_1+c_2h_2)=c_1\pi(h_1)+c_2\pi(h_2)$，则称 π 是定义于 L^2 中的线性子空间 H 上的线性泛函。

定义 3.4：如果对 H 中任意收敛于零的序列 $\{h_n:n\geqslant 1\}$，实数序列 $\{\pi(h_n):n\geqslant 1\}$ 也收敛于零，则称定义于 L^2 中的线性子空间 H 的线性泛函 π 是连续的。[3]

线性泛函对于研究不确定环境下的竞争性均衡定价具有重要的作用。例如，我们可以将 H 看成可能的投资组合的支付（$payoff$）集合，将 π 作为定价函数，其给每个支付分派一个价格。定价函数可用于构造集合 G。

引理 3.6：假设 H 是 L^2 的闭的线性子空间，π 是定义于 H 上的连续线性泛函，令

$$G=\{g\in H:\pi(g)=0\}。\tag{3.9}$$

那么，G 是 H 的闭的线性子空间。

证明：G 的线性性质得自 π 的线性性质，因为对于 G 中的任意 g_1 和 g_2 以及任意实数 c_1 和 c_2，有

$$\begin{aligned}\pi(c_1g_1+c_2g_2)&=c_1\pi(g_1)+c_2\pi(g_2)\\&=0。\end{aligned}\tag{3.10}$$

G 的闭性得自 π 的连续性质。为此，令 $\{g_n:n\geqslant 1\}$ 为 G 中的柯西序列。那么，$\{g_n:n\geqslant 1\}$ 也是 H 中的柯西序列，因而收敛到 H 的某个元素 g_o。为了证明 g_o 也在 G 中，注意到 $\{g_n-g_o:n\geqslant 1\}$ 收敛于零。由于 π 是线性的且是连续的，因而 $\{\pi(g_n)-\pi(g_o):n\geqslant 1\}$ 也收敛于零。但是，对于所有 n，有 $\pi(g_n)=0$，因此 $\pi(g_o)=0$。这样，g_o 在 G 中，由此 G 也是闭的。证毕。

式（3.9）给定的集合 G 可以看成是价格为零的所有投资组合的集合。综合起来，引理 3.4 和引理 3.6 提供了一个将 L^2 的闭的线性子空间 H 进行正交分解的方法。下一个引理提供了一个刻画 U 的方法，在 G 由式（3.9）给定时，将 U 刻画为式（3.7）。

引理 3.7：假设 H 是 L^2 的闭的线性子空间，π 是定义于 H 上的连续线性泛函。那么，对于式（3.9）给定的集合 G，由式（3.7）给定的对应的集合 U 满足

$$u = \pi(u)u^* \tag{3.11}$$

对 U 的所有 u 以及 U 中的某个 u^* 成立。

证明：考虑两种情况。首先，假设 U 仅包含零随机变量，那么可以选取 u^* 等于零。其次，假设 U 包含了除零之外的某个元素 u_o。那么 $\pi(u_o)$ 不等于零，因为 u_o 不在 G 中。令

$$u^* = u_o/\pi(u_o)。\tag{3.12}$$

对 U 中的任意 u，$u-\pi(u)u^*$ 在 G 中，因为 $\pi(u^*)$ 等于 1。因而，

$$u = \pi(u)u^* \tag{3.13}$$

因为 $u-\pi(u)u^*$ 在 U 中，且正交于 U，因而也与其自身正交。证毕。

引理 3.7 说明，当线性泛函 π 用于构造集合 G 时，集合 U 最多是一维的。其结果是，该一维集合中的元素能够用于表示 π。

引理 3.8：假设 H 是 L^2 的闭的线性子空间，π 是定义于 H 上的连续线性泛函。那么，H 中存在唯一的一个元素 h^*，使得 $\pi(h)=E(hh^*)$。[4]

证明：先研究 h^* 的存在性，然后考虑 h^* 的唯一性。从引理 3.7 可知，存在一个 u^* 满足式（3.11）。假设 u^* 等于零，可以选取 h^* 为零，因为对所有的 h，有 $\pi(h)=0$。接着，假设 u^* 不等于零。令 $h^* = u^*/E(u^{*2})$。注意到 h^* 在 U 中，并且

$$\pi(h^*) = 1/E(u^{*2})。\tag{3.14}$$

因为 $\pi(u^*)=1$，对于 H 中的任意 h，$h-\pi(h)u^*$ 在 G 中，因而正交于 h^*。因而

$$\begin{aligned} E(hh^*) &= \pi(h)E(u^*h^*) \\ &= \pi(h)E(u^{*2})/E(u^{*2}) \\ &= \pi(h)。\end{aligned} \tag{3.15}$$

接下来证明 h^* 的唯一性。令 h^* 和 h^+ 是 H 中的任意两个元素，使得对 H 中的所有 h，有 $\pi(h)=E(hh^*)=E(hh^+)$ 成立。那么 h^*-h^+ 正交于 H，特别地，h^*-h^+ 正交于其自身。这种情况只有在 $h^*-h^+=0$ 的情况下才会发生。证毕。

4. 子空间的无穷序列

在本节中，我们将研究 L^2 的闭的线性子空间的无穷序列上的投影

的极限行为，得出两类结论分别对应于递增的序列和递减的序列。

定义 4.1：如果对于所有 $n \geqslant 1$，有 $H_{n+1} \supset H_n$，则称 L^2 的子集序列 $\{H_n : n \geqslant 1\}$ 是递增的。

定义 4.2：如果对于所有 $n \geqslant 1$，有 $H_n \supset H_{n+1}$，则称 L^2 的子集序列 $\{H_n : n \geqslant 1\}$ 是递减的。

首先，考虑 L^2 的闭的线性子空间的递增序列 $\{H_n : n \geqslant 1\}$ 上的投影。集合

$$\bigcup_{n \geqslant 1} H_n \tag{4.1}$$

是 L^2 的线性子空间，该集合并不必然是闭的。我们将这个问题留给读者作为练习，即证明式（4.1）给定的集合是线性子空间。令 H_o 表示式（4.1）给定的闭的线性子空间。下述结论说明，如何近似 H_o 上的投影。

引理 4.1：假设 $\{H_n : n \geqslant 1\}$ 是 L^2 的闭的线性子空间的递增序列，那么对 L^2 中的任意 y，$\{P(y \mid H_n) : n \geqslant 1\}$ 收敛于 $P(y \mid H_o)$。

证明：令 y 是 L^2 中的任意元素。对于 $m \geqslant n$，$H_m \supset H_n$。因此，引理 3.5 表明，$P(y \mid H_n) = P(P(y \mid H_m) \mid H_n)$，进而表明 $P(y \mid H_m) - P(y \mid H_n)$ 正交于 H_n。因此有

$$E\{[P(y \mid H_m) - P(y \mid H_n)]^2\} = E[P(y \mid H_m)^2] - E[P(y \mid H_n)^2]。\tag{4.2}$$

因为式（4.2）的左边是非负的，所以实数序列 $\{E[P(y \mid H_n)^2] : n \geqslant 1\}$ 是非递减的。而且

$$E(y^2) = E[P(y \mid H_n)^2] + E\{[y - (y \mid H_n)]^2\} \geqslant E[P(y \mid H_n)^2]。\tag{4.3}$$

因而，$\{E[P(y \mid H_n)^2] : n \geqslant 1\}$ 是有界的单调序列。因此，存在一个实数 δ 使得

$$\lim_{n \to \infty} E[P(y \mid H_n)^2] = \delta。\tag{4.4}$$

极限式（4.4）和等式（4.2）表明

$$\begin{aligned}&\lim_{n \to \infty} \sup_{m \geqslant n} E\{[P(y \mid H_m)^2 - P(y \mid H_n)]^2\} \\ &\quad = \lim_{n \to \infty} \sup_{m \geqslant n} E\{[P(y \mid H_m)^2] - E[P(y \mid H_m)^2]\} \\ &\quad = 0。\end{aligned} \tag{4.5}$$

因为 $\{E[P(y \mid H_n)^2] : n \geqslant 1\}$ 是收敛的实数序列，并且也是柯西序列。因此，$\{P(y \mid H_n) : n \geqslant 1\}$ 是柯西序列，且将收敛于 H_o 中的某个元素 h_o。

为了证明 $h_o = P(y \mid H_o)$，令 h 为 H_o 中的任意元素。那么，H_o 中存在一个序列 $\{h_n : n \geqslant 1\}$ 收敛于 h，因为 h_n 在 H_n 之中。因而，由引

理 3.3，有

$$E[(y-h_o)h]=\lim_{n\to\infty}E\{[y-P(y\mid H_n)]h_n\}。\tag{4.6}$$

但是，对所有 $n\geqslant 1$，$E\{[y-P(y\mid H_n)]h_n\}=0$。因此，

$$E[(y-h_o)h]=0\tag{4.7}$$

对 H_o 中的任意元素 h 成立，这证明了 h_o 是正交问题（问题 2.2）的解。证毕。

一个构造 L^2 的闭的线性子空间的递增序列的方法如下所述。令 $\{y_n:n\geqslant 1\}$ 是 L^2 中的一个序列，并且令

$$H_n=\{h:h=c_1y_1+c_2y_2+\cdots+c_ny_n，c_1,c_2,\cdots,c_n\text{ 为某一些实数}\}\tag{4.8}$$

引理 4.2：如果 $y_1,y_2,\cdots,y_n$ 在 L^2 中，那么由式（4.8）给定的 H_n 是 L^2 的闭的线性子空间。

证明：直接可以证明 H_n 是 L^2 的线性子空间，这个问题留给读者作为练习。为了证明 H_n 是闭的，首先假设 $n=1$。令 $\{h_m:m\geqslant 1\}$ 是 H_1 中的任意柯西序列。考虑两种情况：一是假设 $y_1=0$，那么对于每一个 m，有 $h_m=0$，这表明 $\{h_m:m\geqslant 1\}$ 收敛于零，因而在这种情况下 H_1 是闭的；二是假设 $y_1\neq 0$，那么对于每一个 $n\geqslant 1$，有某个实数 c_m 使得 $h_m=c_my_1$，因而对于 $\ell\geqslant m$，有

$$E[(h_\ell-h_m)^2]=(c_\ell-c_m)^2E(y_1^2)。\tag{4.9}$$

因为 $\{h_n:n\geqslant 1\}$ 是 L^2 中的柯西序列，以及 $E(y_1^2)>0$，所以 $\{c_n:n\geqslant 1\}$ 是柯西实数序列。因而，$\{c_n:n\geqslant 1\}$ 收敛于某个实数 c_o。令 $h_o=c_oy_1$，那么

$$\begin{aligned}\lim_{n\to\infty}E[(h_n-h_o)^2]&=\lim_{n\to\infty}(c_n-c_o)^2E(y_1^2)\\&=0\end{aligned}\tag{4.10}$$

这证明了 H_1 是闭的，因为 c_oy_1 在 H_1 之中。

其次，假设 H_{n-1} 是闭的。令

$$U_n=\{u:u=c[y_n-P(y_n\mid H_{n-1})]，c\text{ 为 }\mathbf{R}\text{ 中某个实数}\}。\tag{4.11}$$

注意，U_n 是 H_n 的子集，因为 U_n 的元素是 y_n 和 H_{n-1} 中某个元素的线性组合。模仿证明 H_1 是闭的过程，可以证明 U_n 是闭的。因而，引理 3.1 表明 U_n+H_{n-1} 是闭的。因为 U_n 和 H_{n-1} 都是 H_n 的子集，且 H_n 是 L^2 的子空间，所以 U_n+H_{n-1} 是 H_n 的子集。但是，H_n 的任意元素可以表示为

$$h=c_1y_1+c_2y_2+\cdots+c_nP(y_n\mid H_{n-1})+c_n[y_n-P(y_n\mid H_{n-1})]。\tag{4.12}$$

因此，$U_n + H_{n-1} = H_n$，由此证明了 H_n 是闭的。证毕。

综合起来，引理 4.1 和引理 4.2 刻画了在投影的空间上添加额外的变量时投影的极限行为。特别地，引理 4.1 表明，投影序列收敛于某个随机变量，该随机变量可以解释为极限空间上的投影。

在某些情况下，L^2 的递增子空间序列可以由基础的正交空间序列构造而得。

定义 4.3：如果对于所有的 $n \geqslant 1$，$m \geqslant 1$ 且 $n \neq m$，U_n 正交于 U_m，则称 L^2 的子集序列 $\{U_n : n \geqslant 1\}$ 是正交序列。

定义 4.4：L^2 的正交子集序列之和定义为：$\sum\limits_{n=1}^{\infty} U_n = \left\{u : u = \sum\limits_{n=1}^{\infty} u_n，\text{其中 } u_n \text{ 在 } U_n \text{ 之中，且 } \sum\limits_{n=1}^{\infty} E\,(u_n)^2 < \infty\right\}$。

L^2 的正交的闭的线性子空间序列 $\{U_n : n \geqslant 1\}$ 能够用于构造 L^2 的闭的线性子空间递增序列。令

$$H_1 = U_1, \tag{4.13}$$

以及

$$H_n = U_n + H_{n-1}，\text{其中 } n \geqslant 2。 \tag{4.14}$$

那么，引理 3.1 保证了对于 $n \geqslant 1$，H_n 是 L^2 的闭的线性子空间。而且，因为零随机变量在 U_n 中，所以 H_n 包含了 H_{n-1}。以下的结论是引理 3.1 和引理 3.2 在无穷维情况下的推广。

引理 4.3：假设 $\{U_n : n \geqslant 1\}$ 是 L^2 的正交的闭的线性子空间序列，以及 H_n 由式（4.13）和式（4.14）给定。那么，有

$$H_o = \sum_{n=1}^{\infty} U_n \tag{4.15}$$

以及

$$P(\cdot \mid H_o) = \sum_{n=1}^{\infty} P(\cdot \mid H_n)。 \tag{4.16}$$

证明：令 y 是 L^2 的任意元素。重复应用引理 3.2，得到

$$P(y \mid H_m) = \sum_{n=1}^{m} P(y \mid U_n)。 \tag{4.17}$$

引理 4.1 意味着 $\{P(y \mid H_m) : m \geqslant 1\}$ 收敛于 $P(y \mid H_o)$，因此 $\{P(y \mid H_m) : m \geqslant 1\}$ 是 H_o 中的一个柯西序列。由此，有

$$\lim_{m \to \infty} \sup_{l \geqslant m+1} \mathrm{E}\{[\sum_{n=m+1}^{l} P(y \mid U_n)]^2\} = 0。 \tag{4.18}$$

因为序列 $\{U_n : n \geqslant 1\}$ 是正交的，所以

$$E\{[\sum_{n=m+1}^{\ell} P(y \mid U_n)]^2\} = \sum_{n=m+1}^{\ell} E[P(y \mid U_n)^2] \tag{4.19}$$

对任意 $\ell \geqslant m+1$ 成立。这样，式（4.18）表明

$$\lim_{m\to\infty} \sum_{n=m+1}^{\infty} E[P(y \mid U_n)^2] = 0, \tag{4.20}$$

这进而表明

$$\sum_{n=1}^{\infty} E[P(y \mid U_n)^2] < \infty。 \tag{4.21}$$

因此，$\sum_{n=1}^{\infty} P(y \mid U_n)$ 在 $\sum_{n=1}^{\infty} U_n$ 之中，并且是 $\{P(y \mid H_n): n \geqslant 1\}$ 的极限，由此证明了式（4.16）。

为了证明式（4.15），令 h 是 H_o 的任意元素。那么有 $h = P(h \mid H_o)$，运用式（4.16），得到

$$h = \sum_{n=1}^{\infty} P(h \mid U_n)。 \tag{4.22}$$

因而，h 在 $\sum_{n=1}^{\infty} U_n$ 之中。相反地，假设 u 在 $\sum_{n=1}^{\infty} U_n$ 之中，那么 u 可以表示为

$$u = \sum_{n=1}^{\infty} u_n, \tag{4.23}$$

其中，对于 $n \geqslant 1$，u_n 在 U_n 之中。注意到对于 $m > n$，u_m 正交于 H_n。因而，引理 3.3 保证了 $\sum_{m=n+1}^{\infty} u_m$ 正交于 H_n。这进而表明

$$P(u \mid H_n) = \sum_{m=1}^{n} u_m。 \tag{4.24}$$

应用引理 4.1，得到

$$P(u \mid H_o) = \sum_{m=1}^{\infty} u_m = u。 \tag{4.25}$$

因此，u 在 H_o 之中。证毕。

本节的剩余部分将研究递减的子空间序列。令 $\{H_n: n \geqslant 1\}$ 是 L^2 的闭的线性子空间递减序列。定义极限集合如下

$$H_\infty = \bigcap_{n=1}^{\infty} H_n。 \tag{4.26}$$

引理 4.4： 假设 $\{H_n: n \geqslant 1\}$ 是 L^2 的闭的线性子空间递减序列，那么，H_∞ 是 L^2 的闭的线性子空间。

证明：为了证明 H_∞ 是 L^2 的线性子空间，令 h_1 和 h_2 是 H_∞ 的任意两个元素，并令 c_1 和 c_2 为任意两个实数。那么，对于所有 $n\geqslant 1$，h_1 和 h_2 在 H_n 之中。因为 H_n 是 L^2 的闭的线性子空间，则对于 $n\geqslant 1$，有 $c_1h_1+c_2h_2$ 在 H_n 之中。因而，$c_1h_1+c_2h_2$ 也在 H_∞ 之中，这证明了 H_∞ 是线性的。

为了证明 H_∞ 是闭的，令 $\{h_n:n\geqslant 1\}$ 是 H_∞ 的任意柯西序列，那么，对于所有 $m\geqslant 1$，有 $\{h_n:n\geqslant 1\}$ 在 H_m 之中。因为 H_m 是闭的，所以 $\{h_n:n\geqslant 1\}$ 收敛于 H_m 中的某个元素 h_∞。因此，h_∞ 在 H_∞ 之中，这证明了 H_∞ 是闭的。证毕。

引理 4.5：假设 $\{H_n:n\geqslant 1\}$ 是 L^2 的闭的线性子空间递减序列，那么对 L^2 中的任意 y，$\{P(y\mid H_n):n\geqslant 1\}$ 收敛于 $P(y\mid H_\infty)$。

证明：令 y 是 L^2 中的任意元素。该证明的第一部分可以模仿引理 4.1 的证明，除了对于 $m\geqslant n$，$P(y\mid H_m)=P(P(y\mid H_n)\mid H_m)$。因而，$P(y\mid H_n)-P(y\mid H_m)$ 正交于 $P(y\mid H_m)$。因此，有

$$\begin{aligned}&E\{[P(y\mid H_m)-P(y\mid H_n)]^2\}\\&=E[P(y\mid H_n)^2]-E[P(y\mid H_m)^2],\end{aligned}\tag{4.27}$$

以及 $\{E[P(y\mid H_n)^2]:n\geqslant 1\}$ 是一个下限为零的递减序列。因而，对于每一个 $n\geqslant 1$，$\{P(y\mid H_m):m\geqslant n\}$ 是 H_n 中的一个柯西序列。因为所有的 H_n 空间都是闭的，所以极限点 h_∞ 在这些空间的每一个之中。因而，h_∞ 也在 H_∞ 中。

为了证明 $h_\infty=P(y\mid H_\infty)$，令 h 是 H_∞ 的任意元素。那么，对于所有 $n\geqslant 1$，$y-P(y\mid H_n)$ 正交于 h，因为 H_∞ 包含于 H_n。引理 3.3 表明

$$\begin{aligned}E[(y-h_\infty)h]&=\lim_{n\to\infty}E\{[y-P(y\mid H_n)]h\}\\&=0。\end{aligned}\tag{4.28}$$

因此，h_∞ 是正交问题（问题 2.2）的解。证毕。

当 $\{H_n:n\geqslant 1\}$ 是 L^2 的闭的线性子空间的递减序列时，总是能够得到序列中任意空间的无穷维正交分解。为了得到这一点，令

$$U_n=\{u:u=h-P(h\mid H_{n+1}),\ h\text{ 是 }H_n\text{ 中的某个元素。}\}\tag{4.29}$$

引理 3.4 表明，$H_n=U_n+H_{n+1}$，其中 U_n 是 L^2 的闭的线性子空间，正交于 H_{n+1}。同样地，对 $m\geqslant n+1$，U_m 包含于 H_{n+1}，因此，U_m 正交于 U_n。因此，$\{U_n:n\geqslant 1\}$ 是 L^2 的闭的线性子空间的正交序列。

引理 4.6：假设 $\{H_n:n\geqslant 1\}$ 是 L^2 的闭的线性子空间的递减序列，那么对任意 $n\geqslant 1$，有

$$H_n=\sum_{m=0}^{\infty}U_{n+m}+H_\infty\ ,\tag{4.30}$$

其中 U_n 由式（4.29）给定。

证明：给定 $n \geqslant 1$ 以及 $\ell \geqslant 1$，有

$$\begin{aligned} H_n &= U_n + H_{n+1} \\ &= U_n + U_{n+1} + \cdots + U_{n+\ell-1} + H_{n+\ell}。 \end{aligned} \tag{4.31}$$

注意，式（4.31）右边的集合是互相正交的。令 h 为 H_n 中的任意元素。那么，应用引理 3.2，可得

$$h = P(h \mid H_n) = \sum_{m=0}^{\ell-1} P(h \mid U_{n+m}) + P(h \mid H_{n+\ell})。 \tag{4.32}$$

引理 4.5 表明 $\{h - P(h \mid H_{n+\ell}) : \ell \geqslant 1\}$ 收敛于 $h - P(h \mid H_\infty)$。因此，

$$\left\{ \sum_{m=1}^{\ell-1} P(h \mid U_{n+m}) : \ell \geqslant 1 \right\} \tag{4.33}$$

收敛。引理 4.3 保证了

$$\sum_{m=0}^{\infty} U_{n+m} \tag{4.34}$$

是 L^2 的闭的线性子空间。因而，随机变量

$$\sum_{j=0}^{\infty} P(h \mid U_{n+j}) = h - P(h \mid H_\infty) \tag{4.35}$$

在该闭的线性子空间中。因此，有

$$h = \sum_{m=0}^{\infty} P(h \mid U_{n+m}) + P(h \mid H_\infty), \tag{4.36}$$

其中，$P(h \mid H_\infty)$ 在 H_∞ 中，并且 $\sum_{m=0}^{\infty} P(h \mid U_{n+m})$ 在 $\sum_{m=0}^{\infty} U_{n+m}$ 中。关系式（4.36）表明，式（4.30）左边的集合包含于右边的集合。由 H_n 是闭的，以及对所有 m，U_{n+m} 和 H_∞ 包含于 H_n，得到上述等式。证毕。

引理 4.6 给出了 L^2 的闭的线性子空间递减序列的一个重要分解。接下来的两个部分将在两种不同的预测概念上使用该分解：一种是计算条件期望；另一种是寻找最佳线性预测。

5. 条件期望

本节将证明条件期望作为投影的一个特例的情形。为此，假定读者已熟知测度理论。该节的讨论对随后的分析并不是必要的，读者可以直接跳到第 6 节。

令 (Ω, A, Pr) 表示基础的概率空间，令 x 表示定义于该空间的 p

维随机向量，令 $\mathbf{R}^p$ 表示 p 维欧几里得空间。并且令

$$G = \{y \in L^2 : y = f(x)，f \text{ 是将 } \mathbf{R}^p \text{ 映入 } \mathbf{R} \text{ 的波莱尔 (Borel) 可测函数}\}。\tag{5.1}$$

引理 5.1：式 (5.1) 给定的 G 是 L^2 的闭的线性子空间。

证明：令 B 表示 Ω 的子空间的集合，由下式 (5.2) 给定：

$$B = \{b : b = \{\omega \in \Omega \text{ 使得 } x(\omega) \in b^*\}，\text{其中 } b^* \text{ 是 } \mathbf{R}^p \text{ 中的波莱尔集}\}。\tag{5.2}$$

我们将证明 B 是 A 的子西格玛代数（subsigma algebra），留给读者作为练习。在附录中，我们将证明第 2 节给出的 L^2 空间是完全的（complete）。该空间采用西格玛代数 A 来定义。用 B 替代 A，得到

$$G^* = \{y : y \text{ 是定义于 } B \text{ 上的可测函数，且 } E(y^2) < \infty\}\tag{5.3}$$

是 L^2 的闭的线性子空间。

我们将证明 $G = G^*$。首先，假设 y 在 G 中，那么 y 也在 L^2 中，并且 $y = f(x)$，f 是某个波莱尔可测函数。令 b^+ 表示 $\mathbf{R}$ 中的任意波莱尔集合，那么

$$b^* = \{r : f(r) \in b^+\}\tag{5.4}$$

是 $\mathbf{R}^p$ 中的波莱尔集合。因此，有

$$\{\omega : f[x(\omega)] \in b^*\} = \{\omega : x(\omega) \in b^*\}\tag{5.5}$$

在 B 中。因此，y 在 G^* 中。

下一步，假设 y 在 G^* 中。那么，可以将 y 写成 $y = y^+ - y^-$，其中

$$y^+ = \begin{cases} y, y \geqslant 0 \\ 0, y < 0 \end{cases}\tag{5.6}$$

以及

$$y^- = \begin{cases} -y, y \leqslant 0 \\ 0, y > 0 \end{cases}\tag{5.7}$$

y^+ 和 y^- 都在 G^* 中。指示集合是否在 B 中的指示函数能够表述为 x 的波莱尔可测函数。因而，简单的函数（指示函数的线性组合）也可以表述为 x 的波莱尔可测函数。由于 y^+ 总是可以由某个递增的简单函数序列近似，因此，存在一个递增序列 $\{f_n(x) : n \geqslant 1\}$ 几乎总是收敛于 y^+，其中对于每个 n，f_n 是一个波莱尔可测函数。令

$$f^* = \limsup_{n \to \infty} f_n\tag{5.8}$$

以及

$$f^+ = \begin{cases} f^*, f^* < 0 \\ 0, f^* \geqslant 0 \end{cases}\tag{5.9}$$

那么，f^* 和 f^+ 都是波莱尔可测的，并且 $\{f_n(x): n \geqslant 1\}$ 几乎总是收敛于 $f^+(x) = y^+$。类似的论证可以用于构建波莱尔可测函数 f^-，使得 $y^- = f^-(x)$。令 $f = f^+ - f^-$，则 f 是一个波莱尔可测函数，并且 $y = f(x)$。证毕。

接下来，我们将证明，G 上的投影等于以 x 为条件的期望值。

引理 5.2：对于式（5.1）给定的 G，有 $P(z \mid G) = E(z \mid x)$。

证明：注意，就 x 是可测的而言，式（5.2）给定的 B 是最小的西格玛代数。令 b 是 B 的任意集合，并且令 b^* 是 $\mathbf{R}^p$ 中相应的波莱尔集合，使得

$$b = \{\omega: x(\omega) \in b^*\}。\tag{5.10}$$

定义

$$1_b = \begin{cases} 1, & x \in b^* \\ 0, & 其他 \end{cases}\tag{5.11}$$

那么，1_b 在 G 中，因为它是 x 的波莱尔可测函数，并且 $E(1_b^2) < \infty$。对 L^2 中的任意 y，$P(y \mid G)$ 是正交问题（问题 2.2）的解。因而，有

$$E\{[P(y \mid G) - y]1_b\} = 0,\tag{5.12}$$

或者等价地，有

$$\int_b P(y \mid G) dPr = \int_b y dPr。\tag{5.13}$$

因为 $P(y \mid G)$ 对于 B 是可测的，并且式（5.13）对 B 中的任意 b 都是成立的，由此可以得到 $P(y \mid G) = E(y \mid x)$。[5]证毕。

根据引理 5.2 可知，只要构建 G 中的元素时允许采用任意（波莱尔可测）非线性预测规则，条件期望就求解了最小二乘预测问题（问题 2.1）。因而，条件期望是投影的特例。

下一步，我们从以随机向量为条件转换为以向量随机过程的当前值和过去值为条件来考虑条件期望。令 $\{x(t): -\infty < t < +\infty\}$ 是一个 p 维随机过程，且令

$$H_n(t) = \{y \in L^2 : y = f[x(t), x(t-1), \cdots, x(t-n)],\ f\text{ 是某个波莱尔可测函数，将 }\mathbf{R}^{p(n+1)}\text{ 映射入 }\mathbf{R}\}。\tag{5.14}$$

那么，引理 5.1 保证了 $H_n(t)$ 是 L^2 的闭的线性子空间，而引理 5.2 保证了 $H_n(t)$ 上的投影等同于以 $x(t), x(t-1), \cdots, x(t-n)$ 为条件的期望。我们定义 $H(t)$ 为下式的闭包（closure）

$$\bigcup_{n=1}^{\infty} H_n(t)。\tag{5.15}$$

引理 4.1 表明，对足够大的 n，$H(t)$ 上的投影可以由 $H_n(t)$ 的投

影来近似。这就提出了如下问题：$H(t)$ 上的投影是否可以解释为以 $\{x(t-n):n\geqslant 0\}$ 为条件的期望?

引理 5.3: $P[z\mid H(t)]=E[z\mid x(t),x(t-1),\cdots]$。

证明: 对每个 $n\geqslant 1$，令

$$B_n=\{b:b=\{[x(t)',x(t-1)',\cdots,x(t-n)']'\in b^*\}, \text{对 } \mathbf{R}^{p(n+1)} \text{ 中某个波莱尔集合成立}\}。\tag{5.16}$$

那么，$\{B_n:n\geqslant 1\}$ 是 A 的递增西格玛代数序列。令

$$B^*=\bigcup_{n\geqslant 1}B_n。\tag{5.17}$$

事件 B^* 的集合是一个代数，因为对 B^* 中的任意 b_1 和 b_2，b_1 和 b_2 的并集也在 B^* 中；并且对 B^* 中的任意 b，b 的补集也在 B^* 中。但是 B^* 并不必然是一个西格玛代数。对于 B^* 中的任意 b，对某个正整数 m，随机变量

$$1_b=\begin{cases}1, & \text{在 } b \text{ 上}\\ 0, & \text{其他}\end{cases}\tag{5.18}$$

在 $H_m(t)$ 中。因而，对 L^2 中的任意 y 和所有的 $n\geqslant m$，$y-P[y\mid H_n(t)]$ 正交于 1_b。由引理 3.3 和引理 4.1 得到

$$E\{\{y-P[y\mid H(t)]\}1_b\}=\lim_{n\to\infty}E\{\{y-P[y\mid H_n(t)]\}1_b\}=0。\tag{5.19}$$

因此，$y-P[y\mid H(t)]$ 正交于 B^* 中集合的所有指示函数，或者等价地有

$$\int_b y\,dPr=\int_b P[y\mid H(t)]dPr\tag{5.20}$$

对 B^* 中所有集合 b 成立。

在引理 5.1 的证明过程中，将 y 写成 $y=y^+-y^-$，其中 y^+ 和 y^- 分别由式 (5.6) 和式 (5.7) 给定。由于式 (5.20) 对 L^2 中的任意 y 成立，那么必定对 y^+ 也成立。对于某个给定的 y^+，定义一个 B^* 上的测度 μ 为

$$\mu(b)=\int_b y^+\,dPr=\int_b P[y^+\mid H(t)]dPr。\tag{5.21}$$

令 B_o 为包含 B^* 的最小的西格玛代数，它也是使得 $x(t),x(t-1),\cdots$ 可测的最小的西格玛代数。从 B^* 到 B_o，存在测度 μ 的唯一扩展[6]，因此，

$$\mu(b)=\int_b y^+\,dPr=\int_b P[y^+\mid H(t)]dPr\tag{5.22}$$

对 B_o 中所有 b 成立。回顾前面，$\{P[y^+\mid H_n(t)]:n\geqslant 1\}$ 收敛于

$P[y^+ \mid H(t)]$。Riesz-Fischer 定理（见附录）意味着空间

$$G = \{y^* \in L^2 : y^* \text{ 对集合 } B^* \text{ 而言是可测的}\} \tag{5.23}$$

是完全的。因此，$P[y^+ \mid H(t)]$ 对集合 B_o 是可测的，并且满足 $E[y^+ \mid x(t), x(t-1), \cdots]$ 的定义性特征。[7]

类似的论证也可以用于 y^-。综合这些结论，并且运用引理 2.6 得到

$$\begin{aligned} P[y \mid H(t)] &= P[y^+ \mid H(t)] - P[y^- \mid H(t)] \\ &= E[y^+ \mid x(t), x(t-1), \cdots] - E[y^- \mid x(t), x(t-1), \cdots] \\ &= E[y \mid x(t), x(t-1), \cdots]。 \end{aligned} \tag{5.24}$$

证毕。

对于计算投影的简便方法可表述为：先获得被投影的线性子空间的正交分解；然后计算这些更小的正交子空间上的各个投影，并且将其加总。这个方法可以用于计算 $H(t)$ 的投影，因为子空间序列 $\{H(t-n): n \geqslant 0\}$ 是递减的。引理 4.6 说明了如何得到该递减序列的无穷维分解。该分解使用了如下子空间：

$$U(t-n) = \{u : u = h - P[h \mid H(t-1-n)] \text{ 对于 } H(t-n) \text{ 中的某个 } h \text{ 成立}\} \tag{5.25}$$

其中 $n \geqslant 0$。一般而言，这些子空间是无穷维的。并且，$U(t)$ 上的投影不能解释为条件期望，但是可以解释为条件期望的修改。在下一节中将考虑另外一种预测概念，它在式（5.25）中 $U(t-n)$ 对应的空间是无穷维的情况下有计算上的优势。

6. 线性预测理论

本节考虑另一种不同于条件期望的预测概念。它具有更容易刻画相关的正交分解的优势。为简单化起见，我们将预测规则限制在基础随机变量集的线性函数上。正如第 5 节，闭的线性空间序列由 p 维随机过程 $\{x(t): -\infty < t < +\infty\}$ 生成。假设对每个时期 t，$x(t)$ 的每个分量都在 L^2 中，且定义

$$H_n(t) = \{h : h = \alpha_1 \cdot x(t) + \alpha_2 \cdot x(t-1) + \cdots + \alpha_n \cdot x(t-n+1)\text{，其中 } \alpha_1, \alpha_2, \cdots, \alpha_n \text{ 是 } \mathbf{R}^p \text{ 中的某些向量}\}。 \tag{6.1}$$

引理 4.2 保证了对每个 t 和每个 $n \geqslant 1$，$H_n(t)$ 都是 L^2 的闭的线性子空间。且 $\{H_n(t): n \geqslant 1\}$ 对每个 t 是递增的子空间序列。定义 $H(t)$ 为式

(6.2) 的闭包

$$\bigcap_{n=1}^{\infty} H_n(t)。\tag{6.2}$$

引理 4.1 表明，当 n 的值很大时，$H(t)$ 上的投影可由 $H_n(t)$ 上的投影来近似。将 $H(t)$ 上的投影算子解释为给定 $x(t)$ 当前值和过去值的最优线性预测算子。

可能有人会认为，$H(t)$ 中的任意元素可表述为

$$\sum_{\tau=0}^{\infty} \alpha_\tau \cdot x(t-\tau) \tag{6.3}$$

其中，$\{\alpha_\tau : \tau \geqslant 0\}$ 是 $\mathbf{R}^p$ 中的某个序列。但这并不总是正确的。例如，假设 $p=1$，且令

$$x(t) = v(t) - v(t-1) \tag{6.4}$$

其中

$$\begin{aligned} &E[v(t)^2] = 1\text{，对所有 } t \text{ 成立} \\ &E[v(t)v(t-\tau)] = 0\text{，对所有 } t \text{ 和所有 } \tau \neq 0 \text{ 成立} \end{aligned} \tag{6.5}$$

首先，我们将证明 $v(t)$ 在 $H(t)$ 中。为了得到这一点，令

$$y_n(t) = (n/n)x(t) + [(n-1)/n]x(t-1) + \cdots + (1/n)x(t-n+1)。\tag{6.6}$$

那么有 $y_n(t)$ 在 $H(t)$ 中，并且

$$y_n(t) = v(t) - (1/n)\sum_{\tau=1}^{n} v(t-\tau)。\tag{6.7}$$

注意，

$$E\left\{\left[(1/n)\sum_{\tau=1}^{n} v(t-\tau)\right]^2\right\} = (1/n)。\tag{6.8}$$

因此，$\{y_n(t) : n \geqslant 1\}$ 收敛于 $v(t)$，证明了 $v(t)$ 在 $H(t)$ 中。该结果表明，$v(t)$ 不能表述为

$$v(t) = \sum_{\tau=0}^{\infty} \alpha_\tau \cdot x(t-\tau)。\tag{6.9}$$

为了说明这一点，假设相反的情况即式 (6.9) 成立。式 (6.9) 两边同时乘以 $v(t-j)$，并取期望值，得到

$$\begin{aligned} &1 = \alpha_0, && \text{对 } j = 0 \text{ 成立} \\ &0 = \alpha_j - \alpha_{j-1}, && \text{对 } j \geqslant 1 \text{ 成立} \end{aligned} \tag{6.10}$$

这些计算运用了引理 3.3。关系式 (6.10) 意味着，对所有 $j \geqslant 1$，$\alpha_j = 1$。然而

$$\sum_{\tau=0}^{n} x(t-\tau) = v(t) - v(t-n-1)。\tag{6.11}$$

因而

$$v(t)-\sum_{\tau=0}^{n}x(t-\tau)=v(t-n-1)。\qquad(6.12)$$

很明显，当 n 趋向无穷大的时候，式（6.12）的右边不会收敛于零。因此，$v(t)$ 不存在式（6.3）形式的表述。因而，我们并不必然能够将 $H(t)$ 的元素刻画为 $x(t)$ 当前值和过去值的无穷阶线性组合。

通常地，按照正交分解的方法刻画 $H(t)$ 更有意义。正如第 5 节所给的定义

$$U(t)=\{u:u=h-P[h\mid H(t-1)]\text{ 对 }H(t)\text{ 中的某个 }h\text{ 成立}\}。\qquad(6.13)$$

下述结论说明了使用线性预测算子的一个优势。

引理 6.1：式（6.13）给定的集合 $U(t)$ 满足

$$U(t)=\{u:u=\alpha\cdot u(t)\text{对 }\mathbf{R}^p\text{ 中的某个 }\alpha\text{ 成立}\},\qquad(6.14)$$

其中 $u(t)=x(t)-P[x(t)\mid H(t-1)]$。[8]

证明：令 $U^*(t)$ 表示式（6.14）右边定义的空间。假设 h 在 $H(t)$ 中，须证明

$$h-P[h\mid H(t-1)]=\alpha\cdot u(t)\qquad(6.15)$$

对 $\mathbf{R}^p$ 中某个 α 成立。因为 h 在 $H(t)$ 中，引理 4.1 意味着存在一个序列 $\{h_n:n\geqslant 1\}$ 收敛于 h，使得

$$h_n=\alpha_0^n\cdot x(t)+\alpha_1^n\cdot x(t-1)+\cdots+\alpha_n^n\cdot x(t-n)\qquad(6.16)$$

对 $\mathbf{R}^p$ 中的某些向量 $\alpha_0^n,\alpha_1^n,\cdots,\alpha_n^n$ 成立。那么，有

$$\begin{aligned}h_n-P[h_n\mid H(t-1)]&=\alpha_0^n\cdot\{x(t)-P[x(t)\mid H(t-1)]\}\\&=\alpha_0^n\cdot u(t)。\end{aligned}\qquad(6.17)$$

对于 $m\geqslant n$，有

$$\begin{aligned}E[(h_n-h_m)^2]&=E\{[(\alpha_0^m-\alpha_0^n)\cdot u(t)]^2\}\\&\quad+E\{P[(h_n-h_m)\mid H(t-1)]^2\}。\end{aligned}\qquad(6.18)$$

因此，$\{\alpha_0^n\cdot u(t):n\geqslant 1\}$ 是 $U^*(t)$ 中的一个柯西序列，其中 $U^*(t)$ 由式（6.14）右边给定。引理 4.3 保证了 $U^*(t)$ 是闭的，因而 $\mathbf{R}^p$ 中存在 α 使得 $\{\alpha_0^n\cdot u(t):n\geqslant 1\}$ 收敛于 $\alpha\cdot u(t)$。类似地，式（6.18）意味着 $\{P[h_n\mid H(t-1)]:n\geqslant 1\}$ 收敛于 $H(t-1)$ 中的某个随机变量 h_o。对于 $H(t-1)$ 中的任意 h^*，有

$$\begin{aligned}E[(h-h_o)h^*]&=\lim_{n\to\infty}E\{\{h_n-P[h_n\mid H(t-1)]\}h^*\}\\&=0\end{aligned}\qquad(6.19)$$

使得 $h_o=P[h\mid H(t-1)]$。因此，$\{h_n-P[h_n\mid H(t-1)]:n\geqslant 1\}$ 收

敛于 $h-P[h \mid H(t-1)]=\alpha \cdot u(t)$。证毕。

引理 6.1 表明，$U(t)$ 是 $H(t)$ 的有限维子空间，其包含了使用 $H(t-1)$ 预测 $x(t)$ 时向前一步预测误差的线性组合。这种刻画构成了时间序列过程的沃尔德分解的基础。令

$$H(-\infty)=\bigcap_{n=1}^{\infty} H(t-n)。\tag{6.20}$$

注意，$H(-\infty)$ 并不依赖于时间 t 的选取。引理 4.6 表明

$$H(t)=\sum_{n=0}^{\infty} U(t-n)+H(-\infty)。\tag{6.21}$$

将 $x(t)$ 投影到 $H(t)$，并且运用引理 4.6，得到

$$x(t)=\sum_{n=0}^{\infty} P[x(t) \mid U(t-n)]+P[x(t) \mid H(-\infty)]。\tag{6.22}$$

根据引理 6.1，我们可以得到

$$x(t)=\sum_{n=0}^{\infty} \beta_n^t u(t-n)+P[x(t) \mid H(-\infty)],\tag{6.23}$$

其中，$\{\beta_n^t : n \geqslant 0\}$ 是 $p \times p$ 实数矩阵序列，满足

$$\sum_{n=0}^{\infty} \operatorname{tr}\{\beta_n^t E[u(t-n) u(t-n)'] \beta_n^{t\prime}\}<\infty。\tag{6.24}$$

表述（6.23）被称为是随机过程的沃尔德分解。注意，该表述的系数依赖于时间 t。特别地，当 $x(t)$ 是协方差平稳随机过程时，它不随时间的变化而变化。在这种情况下，式（6.23）被称为“$x(t)$ 的沃尔德表述”。

在此可以很方便地提出随机过程的两个分类（并非穷尽各种情况）。

定义 6.1：如果 $H(-\infty)=\{0\}$，则称随机过程 $\{x(t):-\infty<t<+\infty\}$ 是线性正则的（linearly regular）。

定义 6.2：如果对所有 t，有 $H(t)=H(-\infty)$，则称随机过程 $\{x(t):-\infty<t<+\infty\}$ 是线性确定性的（linearly deterministic）。

当随机过程是线性正则的，可以将 $P[x(t) \mid H(-\infty)]$ 这一项从沃尔德分解中去掉。当随机过程是线性确定性的，有

$$x(t)=P[x(t) \mid H(t-n)]\tag{6.25}$$

对所有的 n 都成立，因此，在给定过去信息的情况下，可以完美地预测 $x(t)$。这两类随机过程代表了线性预测理论视角下的两个极端。可以证明，任意的随机过程都能够表述为线性正则的随机过程和线性确定性的随机过程之和。令

$$x^*(t)=x(t)-P[x(t) \mid H(-\infty)],\tag{6.26}$$

以及

$$x^{+}(t)=P[x(t)\mid H(-\infty)]。\tag{6.27}$$

很明显地，有

$$x(t)=x^{*}(t)+x^{+}(t)。\tag{6.28}$$

我们将证明，$\{x^{*}(t):-\infty<t<+\infty\}$ 是线性正则的，以及 $\{x^{+}(t):-\infty<t<+\infty\}$ 是线性确定性的。

引理 6.2：随机过程 $\{x^{*}(t):-\infty<t<+\infty\}$ 是线性正则的。

证明：在 $H(t)$ 的定义中以 $x^{*}(t)$ 替代 $x(t)$，并将其定义为 $H^{*}(t)$。并且，令

$$H^{*}(-\infty)=\bigcap_{n=1}^{\infty}H^{*}(t-n)。\tag{6.29}$$

现在有 $x^{*}(t)$ 正交于 $H(-\infty)$ 对所有 t 成立，这意味着 $H^{*}(-\infty)$ 正交于 $H(-\infty)$。然而，对于所有 n，$x^{*}(t-n)$ 包含于 $H(t)$，因而 $H^{*}(t)$ 包含于 $H(t)$。因此，$H^{*}(-\infty)$ 包含于 $H(-\infty)$。因而，$H^{*}(-\infty)$ 与其自身正交。与其自身正交的唯一的子空间是 $H^{*}(-\infty)=\{0\}$，证毕。

引理 6.3：随机过程 $\{x^{+}(t):-\infty<t<+\infty\}$ 是线性确定性的。

证明：在 $H(t)$ 的定义中以 $x^{+}(t)$ 替代 $x(t)$，并将其定义为 $H^{+}(t)$。并且，令

$$H^{+}(-\infty)=\bigcap_{n=1}^{\infty}H^{+}(t-n)。\tag{6.30}$$

现在有 $x^{+}(t)$ 正交于 $H(-\infty)$ 对所有 t 成立，这意味着 $H^{+}(t)$ 正交于 $H(-\infty)$ 对所有 t 成立。令 h 为 $H(-\infty)$ 的任意元素。那么存在一个序列 $\{h_n:n\geqslant 1\}$ 收敛于 h，使得

$$h_n=\alpha_0^n\cdot x(t)+\alpha_1^n\cdot x(t-1)+\cdots+\alpha_n^n\cdot x(t-n)\tag{6.31}$$

对 $\mathbf{R}^p$ 中的某些向量 $\alpha_0^n,\alpha_1^n,\cdots,\alpha_n^n$ 成立。注意，

$$E[(h_n-h)^2]\geqslant E\{P[h_n-h\mid H(-\infty)]^2\}\tag{6.32}$$

因而，$\{P[h_n\mid H(-\infty)]:n\geqslant 1\}$ 收敛于 $P[h\mid H(-\infty)]=h$。然而，$P[h_n\mid H(-\infty)]$ 在 $H^{+}(t)$ 中，这证明了 $H^{+}(t)$ 包含了 $H(-\infty)$。因此，$H^{+}(t)=H(-\infty)=H^{+}(-\infty)$ 对所有 t 成立，证毕。

包括本书在内的经济学的很多应用，通常只是关注于线性正则的随机过程。在做出这样的限制时，所关注的是像式（6.28）这样的分解，这样就可以集中考虑预测问题中与 $x(t)$ 当前值和过去值的向前一步预测误差相关的部分。信息随时间变化而不断累积，因此，从这个意义来说，预测问题的这个部分是动态的。

附　录

在附录中将证明 L^2 空间是完全的。它是 Riesz-Fischer 定理的一个特例。我们应用了单调占优收敛定理来证明这一定理。

定理 A.1：假设 $\{y_n: n\geqslant 1\}$ 是 L^2 中的柯西序列，那么 L^2 中存在一个随机变量 y_o 使得 $\{y_n: n\geqslant 1\}$ 收敛于 y_o。

证明：因为 $\{y_n: n\geqslant 1\}$ 是柯西序列，所以对每个 $k\geqslant 1$，有一个 n_k 使得

$$E[(y_m-y_{n_k})^2]^{1/2}\leqslant 1/2^k\text{，对所有的 } m\geqslant n_k \text{ 成立。} \tag{A.1}$$

因此，有

$$\sum_{j=1}^{\infty}E[(y_{n_{j+1}}-y_{n_j})^2]^{\frac{1}{2}}\leqslant 1\text{。} \tag{A.2}$$

由三角不等式，有

$$E\left\{\left[\sum_{j=1}^{k}|y_{n_{j+1}}-y_{n_j}|\right]^2\right\}^{1/2}\leqslant 1\text{，对所有 } k\geqslant 1 \text{ 成立。} \tag{A.3}$$

对 $k\geqslant 1$，令

$$y_k^*=|y_{n_1}|+\sum_{j=1}^{k}|y_{n_{j+1}}-y_{n_j}|\text{。} \tag{A.4}$$

序列 $\{y_k^*: k\geqslant 1\}$ 是单调递增序列。因而，由下式给定的 y_o^*：

$$y_o^*=\lim_{k\to\infty}y_k^* \tag{A.5}$$

是一个定义良好的随机变量，这个随机变量可能是无穷值。由三角不等式和式（A.3），有

$$[E(y_k^*)^2]^{\frac{1}{2}}\leqslant E[(y_{n_1})^2]^{\frac{1}{2}}+1, \tag{A.6}$$

或者等价地

$$E[(y_k^*)^2]\leqslant\{E[(y_{n_1})^2]^{1/2}+1\}^2\text{，对所有 } k\geqslant 1 \text{ 成立。} \tag{A.7}$$

因此，由单调收敛定理得到

$$\begin{aligned}E[(y_o^{*2})]&=\lim_{k\to\infty}E[(y_k^*)^2]\\&\leqslant\{E[(y_{n_1})^2]^{\frac{1}{2}}+1\}^2,\end{aligned} \tag{A.8}$$

这样，y_o^* 以概率 1 是有限的，且在 L^2 中。

现有，

$$y_{n_k} = y_{n_1} + \sum_{j=1}^{k}(y_{n_{j+1}} - y_{n_j})。\tag{A.9}$$

另外，绝对可求和的实数序列也是可求和的，因而，由下式给定的 y_o：

$$y_o = \begin{cases} \lim\limits_{k\to\infty} y_{n_k}, \text{如果 } y_o^* \text{ 是有限的} \\ 0, \text{否则} \end{cases}\tag{A.10}$$

是一个定义良好的随机变量，因为 y_o^* 是随机变量。等式（A.4）和（A.5）意味着

$$|y_{n_k}| \leqslant y_o^*，\text{对所有 } k \geqslant 1 \text{ 成立}\tag{A.11}$$

这进而意味着

$$|y_o| \leqslant y_o^*。\tag{A.12}$$

因此，y_o 在 L^2 中。不等式（A.11）和（A.12），以及三角不等式保证了

$$(y_o - y_{n_k})^2 \leqslant 4(y_o^*)^2。\tag{A.13}$$

由占优收敛定理得到

$$\lim_{k\to\infty} E[(y_o - y_{n_k})^2] = 0,\tag{A.14}$$

因为在概率测度为 1 的集合上，有

$$\lim_{k\to\infty} y_{n_k} = y_o,\tag{A.15}$$

因而，我们证明了 $\{y_{n_k}: k \geqslant 1\}$ 收敛于 L^2 中的 y_o。

为了完成证明，我们必须证明 $\{y_n: n \geqslant 1\}$ 收敛于 L^2 中的 y_o。给定 $\delta > 0$，有某个 k 使得

$$E[(y_m - y_{n_k})^2]^{\frac{1}{2}} < \delta/2\tag{A.16}$$

对所有的 $m \geqslant n_k$ 成立，以及

$$E[(y_{n_k} - y_o)^2]^{\frac{1}{2}} < \delta/2。\tag{A.17}$$

由三角不等式得到

$$E[(y_m - y_o)^2]^{1/2} \leqslant \delta,\tag{A.18}$$

对所有的 $m \geqslant n_k$ 成立。证毕。

【注　释】

［1］我们遵循通常的惯例，将几乎确定（almost surely）相等的随机变量等价族看成是唯一的随机变量。

［2］这里收敛的概念是由范数（norm）定义的，在 L^2 线性空间中 $\|y\| = E(y^2)^{1/2}$。

［3］这里给出的连续性的定义只考虑了函数在零附近的行为。然而，因为 c 是线性的，在某个单独点上的连续性可以马上转化为所有点上的连续性。

[4] 该引理是 Riesz 表述定理的一种特殊情况。

[5] 我们采用符号 $E(z\mid x)$，表示由 x 生成的以西格玛代数为条件的期望。

[6] 各种测度从代数到西格玛代数的唯一扩展遵循卡拉泰奥多里定理(Carathéodory theorem)，参考霍尔莫斯（Halmos，1950）或者罗伊登（Royden，1968）对这个结论的讨论。

[7] 记住投影只是定义在几乎确定相等的随机变量等价族上。这个等价族的某些（但未必是所有的）元素对集合 B_0 而言是可测的。

[8] 公式 $P[x(t)\mid H(t-1)]$ 中，我们指的是包含 $x(t)$ 各个分量在 $H(t-1)$ 上投影的向量。

第3章　精确线性理性预期模型：设定与估计

拉尔斯·彼得·汉森和托马斯·J·萨金特

引　言

一个含有理性预期的计量经济模型的显著特征之一是不同方程参数出现了交叉约束限制。之所以出现这些限制，是因为人们决策时所依赖的环境是随机的。因此就沿用了描述环境方程的参数来刻画受人们决策影响的变量的方程。结果，即便对变量的线性方程而言，参数之间的交叉方程约束也变得很复杂，并且通常是高度非线性的。

本章提出了一个可简便地刻画一类线性理性预期模型中的交叉方程约束的方法，并且还指明了如何去估计满足这些交叉方程约束的统计表达式。本章的大部分只限于考虑这样一类模型：某一个集合中的变量的未来预测值与另外一个集合中的变量的当前值和过去值之间存在着精确的线性关系。它的关键条件是包含在这个关系中的所有变量必须能够被计量经济学家观察到。尽管只有少数的理性预期模型属于这一类型，但它已发展出一些引人关注的模型，可用于研究利率的期限结构、股票价格、消费和永久收入、生产要素的动态需求以及其他很多方面。

这类精确模型与汉森和萨金特（Hansen and Sargent，1980a）研究的模型相比，主要的差异体现在方程中误差项的各种可能的解释上。在汉森和萨金特（Hansen and Sargent，1980a）的模型中，被计量经济学家视为决策规则中的干扰项的随机过程可以有很多来源。即干扰项可解释为技术冲击或者可以被个人决策者观察到而计量经济学家无法观察到的偏好；干扰项也可以解释为隐藏的决策变量之间的相互作用，这些变量个人决策者们可同时选择，但计量经济学家却不能观察到。最后，根据希勒（Shiller，1972）的研究思路，干扰项还可解释为对未来进行预测中出现的一个现象，即因为数据收集的限制，个人决策者使用的信息集比计量经济学家要大得多。在所有这些误差项的可能解释中，只有最后一个解释能够被本章中提出的这类精确模型所容纳。虽然对误差项的可行解释进行这样的限制会排除很多理性预期模型，但是在一般的精确线性理性预期模型族中依然还有许多有趣的例子。

在线性理性预期模型中，交叉方程约束可以很方便地由模型中变量的向量移动平均表述来刻画。通过直接应用维纳-柯尔莫哥洛夫（Wiener-Kolmogorov）最小二乘预测公式可以很容易地推导这些约束条件。这样，就可以由最大化使用某个近似方法所得到的似然函数来估计出模型的参数。在不受约束的向量移动平均表述中嵌套了含有理性预期约束条件的向量移动平均表述，它可以计算似然率统计量来检验该模型。

刻画约束条件和计算估计量的简便特点是使模型具有向量移动平均形式的一大优势。然而，在该建模策略能够执行之前，还必须解决识别问题。如果没有对参数进行事先的约束，那么很多向量移动平均表述将与某个给定的二阶矩相一致。一个自然且具有重要实践意义的问题是，理性预期交叉方程约束是否提供了充足的事前信息，使得我们能够识别出唯一的移动平均表述。对精确线性理性预期模型的情况，第 3 部分将提供一些结论用以解决识别问题。就识别问题而言，精确理性预期模型和包含前面提到的一种或多种误差项解释的模型之间存在着重大的差异。这是由精确模型中识别问题的特殊性质所导致的，与模型表述和模型估计的适当方法没有特别的关系，这使得我们将本章的研究主要限制在精确线性理论预期模型的分析范围内。在第 6 部分中，我们将简要地指出本章的模型设定和估计方法是如何扩展到非精确线性理性预期模型中的。

由于希勒（Shiller，1979）与汉森和霍德里克（Hansen and Hodrick，1980）已指出本章一般模型中的许多特例，因而在估计模型约束条件下，有可能不需要整个随机向量过程就可以设计出这类模型的最大功效检验。然而，对很多应用而言，研究人员想要的不仅仅是模型的检验，而是希望获得向量过程的完整表述。事实上，尽管该模型是本章研究的主要内容，但我们对受约束的移动平均模型的关注并非完全是因为精确线性理性预期模型。正如我们将在第 6 部分指出的，本章所出现的这些约束条件与能够容纳其他干扰项解释的理性预期模型的约束条件是极其相似的（如 Hansen and Sargent，1980a）。这使得受约束的移动平均模型的估计方法成为克服有关经济政策评估程序的“卢卡斯批判”（Lucas，1976）所必需的且是一个更有用的一般化参数估计方法。

1. 一般模型

在本部分中，我们将设定一个一般的时间序列计量经济模型，并且探讨了该模型解的各种表述。我们依次设定经济当事人的信息集、计量经济学家的信息集，以及经济模型。

经济当事人的信息集

令 J^+ 表示非负整数集合，J 表示所有整数的集合，$x \equiv \{x_t : t \in J\}$ 表示一个协方差平稳且二阶矩有限的 p 维向量随机过程。为简化起见，假设 $Ex_t = 0$。在时刻 t 经济当事人的共有信息集表示为 Ω_t，该集合由 x 的当前值和过去值的（波莱尔可测）函数生成的所有有限二阶矩的随机变量所构成。在时刻 t 进行经济决策时，假设经济当事人基于信息集 Ω_t 能够做出最优的预测。令 $P(\cdot \mid \Omega_t)$ 表示投影算子，该算子能够将有限二阶矩的随机变量映射到信息集 Ω_t，从而得到最优预测。该算子可以解释为以 x 的当前值和过去值为条件的期望算子。

计量经济学家的信息集

假设计量经济学家只能观察到 x 过程的前 q 个成分。我们将由此得到的过程表示为 $y \equiv \{y_t : t \in J\}$。令 Σ_t 表示由 y 的当前值和过去值的线性组合生产的闭的（在均方意义上的）信息集。与使用条件期望进行预测不同，计量经济学家使用 Σ_t 的线性最小二乘投影进行预测。一般地，采用 $P(\cdot \mid \Omega_t)$ 进行预测，其预测误差的二阶矩比采用 $P(\cdot \mid \Sigma_t)$ 进行预测要小。

假设 y 是线性正则且满秩的。这就能充分地确保 Σ_t 的元素被表

述为

$$\sum_{j=0}^{\infty}\alpha_j \cdot v_{t-j}, \tag{1.1}$$

其中，$v \equiv \{v_t:t \in J\}$ 是序列不相关的 q 维过程，满足 $Ev_t=0$，$Ev_tv'_t=I$，这里 v_t 的各个元素在 Σ_t 中。此外，$\alpha \equiv \{\alpha_j:j \in J\}$ 是 $\mathbf{R}^q$ 中的一个序列，满足

$$\sum_{j=0}^{\infty}\alpha_j \cdot \alpha_j < \infty。 \tag{1.2}$$

过程 v 可以看成过程 y 的基本因素（fundamental），v_t 是在形成 Σ_t 时被加入到 Σ_{t-1} 中的新的不相关信息。因 $P(v_{t+1} \mid \Sigma_t)=0$，这样使用 v 的当前值和过去值而不是 y 的当前值和过去值来表示 Σ_t 就更为方便。

假设计量经济学家使用的信息集只是经济当事人信息集的一个子集，并且在进行预测时，使用线性最小二乘投影算子进行计算。这些假设便于应用时间序列方法来研究诸多动态经济模型。

经济模型

将一般模型形式表述为：

$$P\{[A(L); B(L^{-1})]y_t \mid \Omega_{t-\ell}]\}=0, \tag{1.3}$$

其中

$$A(z)=A_n(z)/A_d(z), \tag{1.4}$$

$$B(z)=B_n(z)/B_d(z), \tag{1.5}$$

$A_n(z)$ 是一个 $(r \times r)$ 的矩阵多项式，其行列式在复平面单位圆之外有零点（零点指的是，使得行列式的值等于零的 z 的值）；$B_n(z)$ 一个 $[r \times (q-r)]$ 的矩阵多项式；$A_d(z)$ 和 $B_d(z)$ 是零点在复平面单位圆外的标量（scalar）多项式。

模型的解

令 Λ_t 是由序列不相关的 q 维过程 $w \equiv \{w_t:t \in J\}$ 的当前值和过去值生成的，其中 $Ew_t=0$，$Ew_tw'_t=I$。显然，$P(w_{t+1} \mid \Lambda_t)=0$，且 w_t 的各个成分都在 Λ_t 之中。假设模型的解可以表述为 w 的当前值和过去值的不随时间变化的线性函数：

$$y_t=C(L)w_t=\begin{bmatrix}C_1(L)\\C_2(L)\end{bmatrix}w_t, \tag{1.6}$$

其中

$$C(z) \equiv \sum_{j=0}^{\infty} c_j z^j, \quad \sum_{j=0}^{\infty} \operatorname{tr}(c_j c'_j) < \infty。 \tag{1.7}$$

C_1 是 $(r\times q)$ 的分块矩阵，C_2 是 $[(q-r)\times q]$ 的分块矩阵。

w 的一种可能选择是 $w=v$，在这一情形下，对所有时间 t，有 $\Sigma_t=\Lambda_t$。但是本章不将研究限制在这个设定范围内，而是允许 Λ_t 严格大于 Σ_t。为了达到求解模型的目的，我们令 Λ_t 为 Ω_t 的子集。因为 Ω_t 中的某些成分是计量经济学家所观察不到的，所以 Λ_t 严格大于 Σ_t 是有可能的。

将迭代投影法则应用到式（1.3），得到

$$P\{[A(L);\ B(L^{-1})]y_t \mid \Lambda_{t-\ell}]\}=0, \tag{1.8}$$

或者等价地

$$P\{[A(L);B(L^{-1})]y_t \mid \Lambda_t]\}=D_1(L)w_t, \tag{1.9}$$

其中 $D_1(z)$ 是 $\ell-1$ 阶的 $(r\times q)$ 矩阵多项式。当 $\ell=0$ 时，$D_1(z)=0$。式（1.6）也意味着

$$[0;\ I]y_t=D_2(L)w_t\ 。 \tag{1.10}$$

其中 $D_2(z)=C_2(z)$。我们的目标是用 $[A(z),B(z),C(z)]$ 这三个要素来求解 $C(z)$，其中

$$D(z)=\begin{bmatrix} D_1(z) \\ D_2(z) \end{bmatrix}。 \tag{1.11}$$

关系式（1.9）意味着

$$\left\{[A(z);\ B(z^{-1})]\begin{bmatrix} C_1(z) \\ C_2(z) \end{bmatrix}\right\}_+ = D_1(z), \tag{1.12}$$

或者等价地

$$A(z)C_1(z)+[B(z^{-1})C_2(z)]_+=D_1(z), \tag{1.13}$$

其中 $[\cdot]_+$ 是下述定义的湮没算符（annihilation operator）。矩阵 $B(z^{-1})C_2(z)$ 在 $\rho<|z|<1$ 且 $\rho<1$ 的情况下有良好的定义。特别地，可以选择 ρ 使得 ρ^{-1} 等于 $B_d(z)$ 的最小零点（smallest zero）的模。矩阵函数 $B(z^{-1})C_2(z)$ 在 $\{z:\rho<|z|<1\}$ 区域有双边的洛朗(Laurent) 级数展开。那么，$[B(z^{-1})C_2(z)]_+$ 是由幂级数展开定义的函数，其中幂 z 为非负数。负的幂 z 对应于 w_t 的未来值。因此，这些项在 $\sum_t$ 上的投影等于零。求解 $C_1(z)$，得到

$$C_1(z)=A(z)^{-1}\{D_1(z)-[B(z^{-1})D_2(z)]_+\},$$
$$C_2(z)=D_2(z)。 \tag{1.14}$$

。

方程（1.14）可以视为将矩阵函数 $D(z)$ 映入矩阵函数 $C(z)$ 的线性转换。在本章通篇中，$D(z)$ 的不同选择将引出式（1.8）的不同解。我们对 $D(z)$ 施加的唯一的限制是，$D_1(z)$ 是阶数为 $\ell-1$ 的多项式，$D_2(z)$ 是系数平方可加的幂级数展开。

为了获得 $C(z)$ 的简便表述，我们按照汉森和萨金特（Hansen and Sargent，1980a）的思路，将湮没算符应用于 $B(z^{-1})D_2(z)$ 函数以刻画该函数在复平面单位圆内的特征。函数 $D_1(z)$ 和 $D_2(z)$ 都是单位圆内的解析函数；函数 $B(z^{-1})$ 在相同的区域内也处处是解析的，除了在 $B_d(z^{-1})$ 等于零以及 $z=0$ 处。$B_d(z)$ 的零点全部在复平面的单位圆之外，意味着 $B_d(z^{-1})$ 的零点全部在单位圆之内。因为 $B_d(z)$ 是有限阶多项式，所以 $B_d(z^{-1})$ 有有限个零点。因而，$B(z^{-1})D_2(z)$ 在单位圆内除了有限个点之外处处是解析的。在每个不可解析的点上，$B(z^{-1})D_2(z)$ 有一阶极点（pole）。

为了计算 $[B(z^{-1})D_2(z)]_+$，我们采用部分分数展开，即在每个极点附近构造洛朗级数展开的主要部分，然后从 $B(z^{-1})D_2(z)$ 中减去这些主要部分之和。令 z_k 表示第 k 个极点，$G_k(z^{-1})$ 表示 $B(z^{-1})D_2(z)$ 在 z_k 附近的洛朗级数展开的主要部分。回顾可知，$B(z^{-1})D_2(z)$ 在 z_k 附近的洛朗级数展开的主要部分 $G_k(z^{-1})$ 只由严格负数 j 次幂的 $(z-z_k)^j$ 项组成。因为 z_k 是一阶极点，所以 $G_k(z^{-1})$ 就只是有限个这样的项之和。那么，$B(z^{-1})D_2(z)-G(z^{-1})$ 在单位圆内是解析的，其中

$$G(z^{-1})\equiv\sum_k G_k(z^{-1})。\tag{1.15}$$

换句话说，$B(z^{-1})D_2(z)-G(z^{-1})$ 有一个在复平面单位圆内收敛的幂级数展开。

按照这个构造，$G(z)$ 要满足如下限制条件：

限制条件 R1：$G(z)$ 是在包含 $\{z:|z|\leqslant 1\}$ 和 $G(0)=0$ 的开集中的一个（$r\times q$）解析函数。

对满足 R1 的任意函数 G，G 有一个首项系数为 0 且收敛半径超过 1 的幂级数展开。因此，在包含 $\{z:|z|\geqslant 1\}$ 的域内，$G(z^{-1})$ 可以表述为

$$G(z^{-1})=\sum_{j=1}^{\infty}q_j z^{-j}。\tag{1.16}$$

由于 $B(z^{-1})D_2(z)-G(z^{-1})$ 在单位圆内是解析的，且 $G(z)$ 满足 R1，则有

$$[B(z^{-1})D_2(z)]_+=B(z^{-1})D_2(z)-G(z^{-1})。\tag{1.17}$$

总之，式（1.14）右边的一个简便计算方法是，首先计算 $G(z^{-1})$，然

后将其从 $D(z^{-1})-B(z^{-1})D_2(z)$ 中减去。将结果代入式（1.14）得到

$$C_1(z)=A(z)^{-1}[D_1(z)-B(z^{-1})D_2(z)+G(z^{-1})]$$
$$C_2(z)=D_2(z)。\tag{1.18}$$

方程（1.18）意味着

$$[A(z);B(z^{-1})]C(z)=z^{\ell}H(z^{-1}),\tag{1.19}$$

其中

$$H(z^{-1})\equiv z^{-\ell}[D_1(z)+G(z^{-1})]。\tag{1.20}$$

那么，按照这个构造，$H(z)$ 满足 R1。而且，对满足 R1 的某个 $H(z)$ 且满足公式（1.19）的任意 $C(z)$，存在一个可行的 $D(z)$ 使得式（1.14）得到满足，其中可行的 $D(z)$ 是系数平方可加且上部分块矩阵为 $(r\times q)$ 的 $\ell-1$ 阶矩阵多项式。依照关系式（1.20），有

$$D_1(z)=\sum_{j=1}^{\ell}d_jz^j,\tag{1.21}$$

并且依照公式（1.14），有

$$D_2(z)=C_2(z)。\tag{1.22}$$

因此，对某个可行的 $D(z)$，满足公式（1.14）的 $C(z)$ 的等价特征是，对某个满足 R1 的 $H(z)$ 而言，$C(z)$ 满足公式（1.19）。特征式（1.14）的优点在于其解可以由 $D(z)$ 显性参数化表示。然而，第 3 节表明，特征式（1.19）在探讨关于 $D(z)$ 的识别以及 $C(z)$ 的问题时也是很有帮助的。

检验式（1.19）时的充分条件是，验证 $H(z)$ 在区域 $\{z:|z|<1\}$ 而不是在包含 $\{z:|z|\leqslant 1\}$ 的开集是解析的，因为式（1.19）的左边在区域 $\{z:\rho<|z|<1\}$ 中是解析的。因此，若 $H(z)$ 在复平面单位圆内是解析的，那么它在更大的集合 $\{z:|z|<(1/\rho)\}$ 内也是解析的。

2. 例子

在这个部分中，我们展示第 1 节设定和求解的一般模型的五个例子。

例 1：债券定价的对数正态模型

诸如勒罗伊（LeRoy，1973）、罗宾斯坦（Rubinstein，1976）、卢卡斯（Lucas，1978）、布里登（Breeden，1979）与考克斯、英格索尔

和罗斯（Cox，Ingersoll and Ross，1985）以及其他人等研究的跨期资产定价模型的一个含义是，未来 n 时期支付 1 美元的纯贴现债券的价格要满足

$$\exp(p_t^n) = \mathrm{P}[\exp(m_{t+n} - m_t) \mid \Omega_t] \tag{2.1}$$

其中 $\exp(p_t^n)$ 是债券价格，$\exp(m_t)$ 是货币的间接边际效用，Ω_t 是经济当事人可得的信息，时期都是 t。按照汉森和辛格尔顿（Hansen and Singleton，1983）、汉森和霍德里克（Hansen and Hodrick，1983）、坎贝尔（Campbell，1986）、哈维（Harvey，1988）以及汉森和辛格尔顿（Hansen and Singleton，1990）的思路，假设 $m_t - m_{t-1}$ 是 x_t 的一个成分，其中 x 是平稳的正态过程。[1]那么，式（2.1）意味着

$$\begin{aligned} p_t^n &= \mathrm{P}[(m_{t+n} - m_t) \mid \Omega_t] + c_n \\ &= \mathrm{P}[(m_{t+1} - m_t) + (m_{t+2} - m_{t+1}) + \cdots \\ &\quad + (m_{t+n} - m_{t+n-1}) \mid \Omega_t] + c_n \end{aligned} \tag{2.2}$$

其中 c_n 等于 $m_{t+n} - m_t$ 的条件方差的一半。扣除常数项，关系式（2.2）是第 1 节刻画的一般模型的一个特例，其中 $y_{1t} = p_t^n$；y_{2t} 的第一项等于 $m_t - m_{t-1}$，其余各项是计量经济学家可以观察到的且对预测 $m_t - m_{t-1}$ 未来值有潜在价值的变量；$A(z) = 1$，$B(z) = (z + z^2 + \cdots + z^n)[1;0]$ 以及 $\ell = 0$。因此，$C(z)$ 满足

$$\begin{aligned} C_1(z) &= -[1;0][(z^{-1} + z^{-2} + \cdots + z^{-n})D_2(z)]_+, \\ C_2(z) &= D_2(z)。 \end{aligned} \tag{2.3}$$

接下来假设货币的间接边际效用是计量经济学家所观察不到的，但是能够获得一期贴现债券的价格。令式（2.2）中的 $n = 1$，得到

$$p_t^1 = \mathrm{P}[(m_{t+1} - m_t) \mid \Omega_t] + c_1。 \tag{2.4}$$

对式（2.2）应用迭代投影法则（参见第 2 章引理 3.5），并使用式（2.4）进行替代，得到

$$p_t^n = \mathrm{P}[(p_t^1 + p_{t+1}^1 + \cdots + p_{t+n-1}^1) \mid \Omega_t] + c_n - nc_1。 \tag{2.5}$$

再一次扣除常数项，关系式(2.5）也是第1节提出的一般模型的形式，现在这里 y_{2t} 的第一项是 p_1^t，并且 $B(z) = (1 + z + z^2 + \cdots + z^{n-1})[1;0]$。

最后，用 n 期贴现债券的一期回报率替代公式（2.5）中的 $-p_t^n/n$，并用一期债券的一期回报率替代 p_t^1，可以得到萨金特（Sargent，1979）利率期限结构的理性预期模型的版本。

例 2：现值模型

令 d_t 表示时期 t 的红利或支出，p_t 表示从时期 t 开始的红利过程要

求权在时期 t 的价值。假设这两个变量通过现值公式联系起来：

$$p_t = \mathrm{P}\left(\sum_{j=0}^{\infty}\lambda^{\tau}d_{t+\tau} \mid \Omega_t\right), \tag{2.6}$$

其中 λ 是常数贴现因子。[2] 在勒罗伊和波特（LeRoy and Porter，1981）以及希勒（Shiller，1981）的论文中，d_t 是支付给股票持有者的红利，p_t 是股票价格。在汉米尔顿和弗莱文（Hamilton and Flavin，1986）以及罗伯兹（Roberds，Chapter 6）中，d_t 是政府的净剩余（税收减去支出），p_t 是政府债务。

正如坎贝尔和希勒（Campbell and Shiller，1987）所注意到的，式（2.6）形式的现值模型是第 1 节定义的精确线性理性预期模型的一个特例。为了证实这一点，令 $y_{1t} = p_t$，d_t 是 y_{2t} 的第一项，$A(z) = 1$，$B(z) = -1/(1-\lambda z)[1;0]$ 以及 $\ell = 0$。该模型的解是

$$\begin{aligned} C_1(z) &= [1;0][zD_2(z) - \lambda D_2(\lambda)]/(z-\lambda), \\ C_2(z) &= D_2(z)。\end{aligned} \tag{2.7}$$

例 3：消费的永久收入模型

按照霍尔（Hall，1978）、弗莱文（Flavin，1981）、汉森（Hansen，1987）以及萨金特（Sargent，1987b）的思路，我们考虑如下形式的永久收入模型的理性预期版本：

$$c_t - \rho a_t = (1-\lambda)\mathrm{P}\left(\sum_{j=0}^{\infty}\lambda^{j}e_{t+j} \mid \Omega_t\right) \tag{2.8}$$

其中 a_t 是资产持有量，c_t 是消费，e_t 是消费者在时期 t 的禀赋或者劳动收入。参数 ρ 和 λ 通过公式 $\lambda = 1/(1+\rho)$ 联系起来。该模型因下述的资源约束有内生的随机奇异性（singularity）：

$$c_t + a_{t+1} - a_t = \rho a_t + e_t。 \tag{2.9}$$

出于这个原因，我们不将 a_t、c_t 和 e_t 处理为不同的过程，而是探讨 $c_t - \rho a_t$ 和 e_t 的含义。以这些转换后的过程表示，方程（2.8）的模型本质上与现值模型一样。

众所周知，永久收入模型有如下性质：对 $j \in J^+$，$c_{t+1} - c_t$ 与 y_{t-j} 不相关。为了验证这个性质，注意到

$$\begin{aligned} c_{t+1} - c_t &= (c_{t+1} - \rho a_{t+1}) - (c_t - \rho a_t) + \rho(a_{t+1} - a_t) \\ &= (c_{t+1} - \rho a_{t+1}) - (c_t - \rho a_t) - \rho(c_t - \rho a_t) + \rho e_t \\ &= (L^{-1} - \lambda^{-1})(c_t - \rho a_t) + \rho e_t \\ &= [\lambda^{-1}(\lambda - L)C_1(L) + \rho[1;0]LC_2(L)]w_{t+1} \\ &= -(1-\lambda)[1;0]D_2(\lambda)w_{t+1}。\end{aligned} \tag{2.10}$$

式（2.10）的含义将在第 5 章中进一步探讨。

例 4：跨期加总的鞅模型

正如汉森和辛格尔顿（Hansen and Singleton，1983，1990）、格罗斯曼、梅利罗和希勒（Grossman，Melino and Shiller，1987）以及霍尔（Hall，1988）注意到的，很多跨期资产定价模型的含义是：计量经济学家观察到的变量向量的某个线性组合是鞅差分序列。用 $\gamma \cdot y_t$ 表示该线性组合，其中 $\gamma' = [\gamma_1 \gamma_2']$ 是 q 维向量，γ_1 不等于 0。因此，有

$$P(\gamma \cdot y_t \mid \Omega_{t-1}) = 0。 \tag{2.11}$$

通过令 $A(z)$ 等于由 γ 的第一项给定的标量，$B(z)$ 等于由剩余的 $q-1$ 维子向量给定的 $q-1$ 维行向量，以及 $\ell = 1$，该模型可以变成第 1 节提出的一般模型的特例。

与直接观察到 y_t 不同，假设计量经济学家只能观察到 y_t 的跨期加总数据。正如格罗斯曼、梅利罗、希勒（Grossman，Melino and Shiller，1987）、霍尔（Hall，1988）以及汉森和辛格尔顿（Hansen and Singleton，1990）的论文一样，假设

$$\gamma \cdot y_t = \int_0^1 \alpha(\tau) \cdot dW(t-\tau), \tag{2.12}$$

其中 W 是平稳增量的连续时间鞅向量，α 是 $[0, 1]$ 上的向量连续函数。关系式（2.12）清楚地表明，离散时间过程 $\gamma \cdot y_t$ 是鞅差分过程。令 y_t^a 是 y_t 对应的跨期加总数据，那么

$$\gamma \cdot y_t^a = \int_0^1 \left[\int_0^1 \alpha(\tau) dW(t-\tau-s)\right] ds。 \tag{2.13}$$

正如霍尔（Hall，1988）所强调的，从式（2.13）可得

$$P(\gamma \cdot y_t^a \mid \Omega_{t-2}) = 0。 \tag{2.14}$$

换言之，跨期加总有这样的效应：将信息集向后多移动一个时期，以致 ℓ 要设为 2，这样对跨期加总模型，$C(z)$ 由下式给定：

$$\begin{aligned} C_1(z) &= (\gamma_1)^{-1}[D_1(z) - \gamma_2' D_2(z)], \\ C_2(z) &= D_2(z), \end{aligned} \tag{2.15}$$

其中 $D_1(z)$ 是一阶多项式。

例 5：一种生产要素的动态需求函数

萨金特（Sargent，1978）和凯南（Kennan，1979）通过推导线性约束条件下的二次目标函数最优化问题，研究了各种生产要素的线性需求函数。我们集中研究萨金特的模型，该模型变量的重新解释将会得到

凯南模型。假设不存在技术冲击，且只有一种生产要素，可证明需求函数是：

$$n_t = \delta_{n_{t-1}} - \theta \mathrm{P}\Big[\sum_{j=0}^{\infty}(\beta\delta)^{\tau} p_{t+j} \mid \Omega_t\Big], \tag{2.16}$$

其中 $0<\beta<1$，$0<\delta<1$，$\theta>1$，n_t 是时期 t 的要素需求量，p_t 是时期 t 要素的租金率。该模型可转换成第 1 节提出的模型形式：令 $y_{1t}=n_t$，y_{2t} 的第一项等于 p_t，$A(z)=(1-\delta z)$，$B(z)=1/(1-\beta\delta z)[\theta;0]$ 以及 $\ell=0$。那么，$C(z)$ 满足：

$$C_1(z)=[-\theta;0][zD_2(z)-\beta\delta D_2(\beta\delta)]/[(1-\delta z)(z-\beta\delta)];$$
$$C_2(z)=D_2(z)。\tag{2.17}$$

沿着汉森和萨金特（Hansen and Sargent，1981a）和柯林特扎斯（Kollintzas，1985）的思路，可以很容易地构建该例子的多要素版本。

还可以扩展更多的例子，以包括用于研究大量宏观和微观现象的线性理性预期模型。前述的例子足以表明精确线性理性预期模型的广泛应用。

3. 识别

第 1 节中，我们研究了向量移动平均表述的模型：

$$y_t = C(L)w_t\ , \tag{3.1}$$

其中 y 是 q 维的协方差平稳过程；对满足 R1 的某个 $H(z)$ 而言，$C(z)$ 满足式（1.19）。换句话说，$C(z)$ 满足经济模型隐含的交叉方程约束。由于 $C(z)$ 的幂级数展开系数是平方可加的，可以通过令

$$C[\exp(-i\theta)] = \sum_{j=0}^{\infty} c_j \exp(-i\theta j) \tag{3.2}$$

在 $[-\pi,\pi]$ 上几乎处处定义为均方极限矩阵[3]，将 $C(z)$ 从单位圆内部扩展到单位圆。y 的频谱密度由下式给定：

$$S(\theta) \equiv C[\exp(-i\theta)]C[\exp(i\theta)]', \tag{3.3}$$

其中符号（$'$）表示转置（但不是共轭复数）。通过下述公式，可以由频谱密度得到 y 的自协方差：

$$E(y_t y'_{t-\tau}) = (1/2\pi)\int_{-\pi}^{\pi} \exp(i\theta\tau)S(\theta)d\theta。\tag{3.4}$$

综合起来，公式（3.3）和公式（3.4）以 $C(z)$ 函数的形式给出了 y 的协方差，而 $C(z)$ 用于将 y 表述为向量白噪声的移动平均。

在没有对 $C(z)$ 施加限制条件时，C 存在多种选择，可以得到相同的频谱密度，以及由此得到的相同的自协方差序列。放宽地说，存在一个矩阵函数 C 的等价族，可以通过在初始矩阵 C 后面乘以正交矩阵对应的泛函来生成等价族中的另一个 C。在时间序列隐含的自协方差序列基础上，不可能区分这个等价族中不同的 C。换句话说，在将 y 表述为向量白噪声干扰项的单边移动平均过程中，存在着识别问题。

在很多情况下，特别是在预测问题中，这个识别问题可以部分地通过使用 v 过程构造移动平均表述予以解决，其中 v 过程是 y 的基本要素：

$$y_t = F(L)v_t。\tag{3.5}$$

我们称式（3.5）为基本移动平均表述。给定由函数 $F(z)$ 刻画的某个基本移动平均表述，所有其他的基本表述可以通过在 F 后面乘以正交矩阵 U 来获得，其中 $UU' = I$ 是满足 U 的实数矩阵。

移动平均表述的基本限制一旦放松，就会存在一个大得多的可观察到的移动平均表述等价类。再一次地，这些移动平均表述可以通过用 $U(z)$ 右乘 $F(z)$ 来获得，除了现在 $U(z)$ 可以是下面将要定义的正交矩阵函数。

定义：如果 $U(z)$ 是复变量的 $(q\times q)$ 矩阵函数，其幂级数展开 $U(z)=\sum_{j=0}^{\infty}u_j z^j$，满足：(i) 对 $j\in J^+$，u_j 的元素是实数；(ii) $\sum_{j=0}^{\infty}\operatorname{tr}(u_j u'_j)<\infty$；(iii) 几乎处处有 $U[\exp(-i\theta)]U[\exp(i\theta)]'=I$，则称 $U(z)$ 是 q 维正交矩阵函数。

给定决定基本移动平均表述的矩阵函数 $F(z)$，以及 q 维正交矩阵函数 $U(z)$，我们能够通过如下公式构造其他移动平均表述：

$$C(z) = F(z)U(z) \tag{3.6}$$

[例如，参见罗扎诺夫（Rozanov，1967）第 62 页]。根据（i），C 的幂级数展开系数矩阵的元素是实数。根据（ii）和（iii），C 在单位圆上的边界值满足：

$$\begin{aligned} &C[\exp(-i\theta)]C[\exp(+i\theta)]' \\ &\quad = F[\exp(-i\theta)]U[\exp(-i\theta)]U[\exp(i\theta)]'F[\exp(i\theta)]' \\ &\quad = F[\exp(-i\theta)]F[\exp(i\theta)]'。\end{aligned}\tag{3.7}$$

因此，从式（3.3）和式（3.4）可知，$C(z)$ 蕴含的频谱密度函数和自协方差序列与 $F(z)$ 所蕴含的是一样的。其结果是，对某个给定的基本表述式（3.5），我们能够选择 q 维正交矩阵函数 $U(z)$，像式（3.6）一样形成 $C(z)$，并且通过下式形成 w_t：

$$w_t = U(L^{-1})'v_t\,, \tag{3.8}$$

其中

$$U(L^{-1})' = \sum_{j=0}^{\infty} u_j' L^{-j}。 \tag{3.9}$$

由此能够构建形如式（3.1）的其他可观察的等价移动平均表述。注意，（ⅲ）意味着 $U(L^{-1})' = U(L)^{-1}$。由式（3.8）可得 $v_t = U(L)w_t$，使得 v_t 仅依赖于 w_t 的当前值和滞后值。因此，由 w_t 的当前值和滞后值生成的线性空间 Λ_t 至少和由 v_t 的当前值和滞后值生成的线性空间 Σ_t 一样大。当对某个 $j \geqslant 1$，$u_j \neq 0$ 时，Λ_t 严格大于 Σ_t。

考虑由式（3.6）构建的、由不同的 q 维正交矩阵函数 $U(z)$ 表示的 $C(z)$ 族。假设对某个满足 R1 的 $\hat{H}(z)$，该族中至少有一个（比如说 $\hat{C}(z)$）满足式（1.19）。并非所有剩余的 $C(z)$ 族都必然满足交叉方程约束。因而，交叉方程约束至少部分程度上减少了可观察的移动平均表述等价族。本部分的其余内容研究减少的程度有多大。

有所不同的是，我们感兴趣的是 $D(z)$ 的可观察等价族。公式（1.14）刻画的是从可行的 $D(z)$，例如 $D_1(z)$ 是 $\ell - 1$ 阶多项式的 $D(z)$，到满足限制条件的 $C(z)$ 族的映射。式（3.3）和式（3.4）刻画了从用于 y 的移动平均表述的 $C(z)$ 族到 y 的频谱密度函数族和自协方差序列族的映射。综合起来，这些公式给出了从可行的 $D(z)$ 空间到 y 的可行自协方差空间的映射。我们所分析的识别问题与该映射的逆映射有关。什么是与给定的可行的自协方差序列相关的可行的 $D(z)$ 族?

由于我们只考虑可行的自协方差序列，至少存在一个可行的 $D(z)$ 能够产生这样的序列，比如说 $\hat{D}(z)$。对应于该 $\hat{D}(z)$ 的是由公式（1.20）给定的 $\hat{C}(z)$ 和 $\hat{H}(z)$。对某个 q 维正交矩阵函数 $U(z)$，考虑任意其他的 $C(z) = F(z)U(z)$。矩阵函数 $C(z)$ 和 $\hat{C}(z)$ 通过下式联系起来：

$$C(z) = \hat{C}(z)\hat{U}(z^{-1})'U(z)。 \tag{3.10}$$

由于 $\hat{C}(z)$ 和 $\hat{H}(z)$ 满足方程（1.19），则有

$$[A(z);\ B(z^{-1})]\hat{C}(z) = z^{\ell}\hat{H}(z^{-1})。 \tag{3.11}$$

式（3.11）两边同时右乘 $\hat{U}(z^{-1})'U(z)$，得到

$$[A(z);\ B(z^{-1})]C(z) = z^{\ell}\hat{H}(z^{-1})\hat{U}(z^{-1})'U(z)。 \tag{3.12}$$

因此，$C(z)$ 满足限制条件当且仅当：

限制条件 R2：$\hat{H}(z)\hat{U}(z)'U(z^{-1})$ 在 $\{z: |z| < 1\}$ 域上是解析的。

我们已经建立了如下引理：

引理 1：假设对 q 维正交矩阵函数 $U(z)$ 有 $C(z)=F(z)U(z)$，那么，对任意可行的 $D(z)$，$C(z)$ 满足式（1.14）当且仅当 $U(z)$ 满足 R2。

由于 $\hat{H}(z)$ 在复平面单位圆内是解析的，一个满足 R2 的简便的充分条件是：

限制条件 R3：$\hat{U}(z)'U(z^{-1})$ 在 $\{z: |z|<1\}$ 域上是解析的。

当 U 是独立于 z 的常数正交矩阵时，限制条件 R3 总是能够得到满足。因而，对基本移动平均表述而言，限制条件总能得到满足。更一般地，注意到

$$\begin{aligned} y_t &= \hat{C}(L)\hat{w}_t \\ &= C(L)U(L^{-1})'\hat{U}(L)\hat{w}_t \\ &= C(L)w_t。 \end{aligned} \tag{3.13}$$

因此，w 过程必须满足：

$$w_t = U(L^{-1})'\hat{U}(L)\hat{w}_t。 \tag{3.14}$$

当限制条件 R3 得到满足时，w_t 的各个元素在由 $\hat{w}_t$ 的当前值和过去值生成的闭线性空间 $\hat{\Lambda}_t$ 之中。因此，由 w_t 的当前值和过去值生成的闭线性空间 Λ_t 不大于 $\hat{\Lambda}_t$。根据引理 1，对于与信息约简（information reduction）相关的任意移动平均表述而言，可以保留限制条件。换个方式讲，引理 1 的这种特例可以通过下述方式给予证明：假设式（1.8）满足信息集 $\hat{\Lambda}_{t-\ell}$，并运用迭代投影法则（见第 2 章，引理 3.5）证明式（1.8）也满足更小的信息集 $\Lambda_{t-\ell}$。

可以证明，限制条件 R2 比限制条件 R3 来得弱。因而，引理 1 包含了除与信息约简相关之外的其他情况。为了说明这一点，考虑下面这个例子。

例 1：令 λ 为任意实数，使得 $|\lambda|<1$。构造对称半正定矩阵的谱分解：

$$\hat{H}(\lambda)'\hat{H}(\lambda) = U_1VU_1'， \tag{3.15}$$

其中 $U_1U_1'=U_1'U_1=I$，V 是对角矩阵，其第一块的对角元素是正实数，第二块的对角元素为零。那么，$\hat{H}(\lambda)U_1$ 的第二列块只包含零元素。正如罗扎诺夫（Rozanov，1967，p. 47）指出的，我们可以构造如下形式的正交矩阵函数 $U_2(z)$

$$U_2(z) = \begin{bmatrix} I & 0 \\ 0 & \beta(z)I \end{bmatrix} \tag{3.16}$$

其中，$\beta(z)$ 是布拉施克因子（Blaschke factor）：

$$\beta(z) \equiv (z-\lambda)/(1-\lambda z)。 \tag{3.17}$$

注意，

$$\begin{aligned}\beta(z)\beta(z^{-1}) &= (z-\lambda)(z^{-1}-\lambda)/[(1-\lambda z)(1-\lambda z^{-1})] \\ &= 1。\end{aligned} \tag{3.18}$$

因此，$U_2(z)$ 是 q 维正交矩阵函数。令

$$U(z) = \hat{U}(z)U_1U_2(z)。 \tag{3.19}$$

那么，$U(z)$ 也是 q 维正交矩阵函数。注意，

$$\hat{H}(z)\hat{U}(z)'U(z^{-1}) = \hat{H}(z)U_1U_2(z^{-1})。 \tag{3.20}$$

虽然 $U_2(z^{-1})$ 在 $z=\lambda$ 处有一个极点，但是可以通过构造去除 $z=\lambda$ 的奇异性，使得 $\hat{H}(z)U_1U_2(z^{-1})$ 在 $\{z: |z|<1\}$ 域上是解析的。这个结论由如下事实得到：$\hat{H}(\lambda)U_1$ 的第二列块全部等于零，而 $U_2(z^{-1})$ 在 $z=\lambda$ 处的极点出现于第二行块。因此，由式（3.19）给定的 $U(z^{-1})$ 满足 R2。而且，

$$\hat{U}(z)'U(z^{-1}) = U_1U_2(z^{-1}), \tag{3.21}$$

该式在 $z=\lambda$ 处有一个不可去除的极点，因此，$U(z)$ 不满足 R3。

根据例 1 的构造，能够生成丰富的 $U(z)$ 族，该族中每一个 $U(z)$ 满足 R2 但是不满足 R3。例如，可以使用满足 $|\lambda|<1$ 的任意实数 λ。此外，给定任意有限个满足 R2 但是不满足 R3 的 $U(z^{-1})$，这些 $U(z^{-1})$ 的乘积也拥有相同的性质。最后，只要进行稍微的修改，例 1 的构造方式可以类似地用于构造 λ 为复数的情况。首先，在构造半正定的（共轭）对称矩阵时，式（3.15）左边的矩阵 $\hat{H}(\lambda)'$ 应该由其共轭来替代；其次，由此得到的 $U(z)$ 的幂级数展开的系数矩阵可能并非全部为实数。然而，通过在第二阶段使用 λ 的共轭复数，并且右乘一个适当选择的单位矩阵，重复这个构造就可避免该问题。总之，存在一个丰富的 q 维正交矩阵函数集合满足 R2 但是不满足 R3。

实践中，通常对 $\hat{D}_2(z)$ 采用有限维参数化。这种设定对分析的影响应值得关注。假设 $\hat{D}_2(z)$ 由下述多项式之比给定：

$$\hat{D}_2(z) = \hat{D}_n(z)/\hat{D}_d(z), \tag{3.22}$$

其中 $\hat{D}_n(z)$ 和 $\hat{D}_d(z)$ 是有限阶多项式，并且 $\hat{D}_n(z)$ 的零点全部在单位圆之外。令 N 表示 $\hat{D}_n(z)$ 的阶。假设我们只允许 $C(z)$ 以下述形式由 $D_2(z)$ 构造而来：

$$D_2(z) = D_n(z)/\hat{D}_d(z), \tag{3.23}$$

其中 $D_n(z)$ 的阶不超过 N。我们选择 $D_n(z)$ 由下式给定：

$$D_n(z) = \hat{D}_n(z)\hat{U}(z^{-1})'U(z)。 \tag{3.24}$$

根据假设，$D_2(z)$ 以及式（3.24）的右边在复平面单位圆内是解析的。然而，式（3.24）的右边并不必然是一个多项式。因而，$D_n(z)$ 是与 $\hat{D}_n(z)$ 同阶的有限阶多项式，这个限制进一步限制了可行的 $C(z)$ 族。

首先，考虑更严格的限制条件 R3 得到满足的情况。在这种情况下，式（3.24）右边在复平面内处处是解析的。而且，由于 $\hat{U}(z^{-1})'U(z)$ 有 z 的负幂次单边洛朗级数展开，其可以扩展到 ∞ 处是解析的。因此，

$$\lim_{z\to\infty} z^{-N+1}\hat{D}_n(z)\hat{U}(z^{-1})'U(z)=0。\tag{3.25}$$

由此得到，$\hat{D}_n(z)\hat{U}(z^{-1})'U(z)$ 在 ∞ 处有有限阶极点，并且该极点的阶不超过 N。因此，$\hat{D}_n(z)\hat{U}(z^{-1})'U(z)$ 是一个有限阶多项式，其阶数不超过 N。因而，要求 $D_n(z)$ 是第 N 阶多项式并不改变 R3 的分析。

接下来，我们考虑更一般的限制条件 R2，并问即使当 R3 不成立时，能否满足 R2。

例 2：我们将证明如何修改例 1 的构造，以考虑 $D_n(z)$ 的阶的限制。因为 $A(z)$、$B(z)$ 和 $D(z)$ 是有理函数矩阵，所以 $\hat{H}(z)$ 也是有理函数矩阵。在例 1 中，我们探讨了矩阵 $\hat{H}(\lambda)'\hat{H}(\lambda)$ 总是奇异的情况。然而，在这个例子中，我们必须将注意力限制在有限个 λ 值。特别地，令

$$\det\begin{bmatrix}\hat{H}(z^{-1})\\ \hat{D}_n(z)\end{bmatrix}=\hat{\delta}_n(z)/\hat{\delta}_d(z)\ ,\tag{3.26}$$

其中 $\hat{\delta}_n(z)$ 和 $\hat{\delta}_d(z)$ 没有共同的零点。假设存在一个实数 λ 使得 $|\lambda|<1$，且 λ^{-1} 是 $\hat{\delta}_n(z)$ 的零点但不是 $\hat{D}_d(z)$ 的零点（例如，λ 不是 $\hat{D}_2(z)$ 的极点）。这样的 λ 并不总是存在的，但是在大部分的情况下存在。

正如在例 1 中使用 λ 来构造 $U(z)$，在本例中我们从形成对称半正定矩阵的谱分解开始：

$$\hat{H}(\lambda)'\hat{H}(\lambda)+\hat{D}_n(\lambda^{-1})'\hat{D}_n(\lambda^{-1})=U_1VU_1'。\tag{3.27}$$

V 中至少有一个元素，即右下角那个元素，必须等于零，因为 λ^{-1} 是 $\hat{\delta}_n(z)$ 的零点。注意，按照这个构造，$\hat{H}(\lambda)U_1$ 和 $\hat{D}_n(\lambda^{-1})U_1$ 的第二列块都等于零。使用与例 1 中用过的相同的正交矩阵函数 $U_2(z)$ 和 $U(z)$：

$$\hat{D}_n(z)\hat{U}(z^{-1})'U(z)=\hat{D}_n(z)U_1U_2(z)。\tag{3.28}$$

正如在例 1 中一样，$H(z)$ 在单位圆内也是解析的。然而，在这个例子中，我们也保留了 $D_n(z)$ 是阶数不大于 N 的多项式的要求，因为 $\hat{D}_n(\lambda^{-1})U_1$ 的第二列块为零，并且 $U_2(z)$ 的一阶极点出现于第二行块。因此，可以去除 $\hat{D}_n(z)U_1U_2(z)$ 在 λ^{-1} 处的奇异性。

与例1一样，例2中λ也是实数。然而，$\hat{\delta}_n(z)$可能有模超过1的复数零点，同时这些零点不是$\hat{D}_d(z)$的零点。这样的零点以共轭复数对（conjugate pairs）的形式出现。这些零点的共轭复数对也可以用相似的方式（虽然要复杂一点）构造正交矩阵函数，满足$D_n(z)$的阶的限制条件。阶的限制条件确实限制了我们只能选择有限个λ，因为$\hat{\delta}_n(z)$有有限个零点。只要任意给定的λ使用的次数不超过其作为$\hat{\delta}_n(z)$某个零点的多样性，则可以形成这样的正交矩阵函数的有限乘积。

例3：我们将通过演示证明有可能出现下述情况：若$\hat{\delta}_n(z)$有一个在复平面单位圆之外的零点，同时这个零点不是$\hat{D}_d(z)$的零点。设$A(z)=1$，$B(z^{-1})=z^{-1}$，$\ell=0$和$\hat{D}_n(z)=[1+2z+z^2,1]$以及$\hat{D}_d(z)=1$。因而$n=2$，$\hat{D}_1(z)=0$以及$\hat{H}(z^{-1})=[1\ 1]$。注意，

$$\det\begin{bmatrix}\hat{H}(z^{-1})\\ \hat{D}_n(z)\end{bmatrix}=-2z-z^2=\hat{\delta}_n(z)。\tag{3.29}$$

多项式$\hat{\delta}_n(z)$有一个单位圆之外的零点，即$z=-2$。因此，$\lambda=-1/2$可以用于例2中刻画的构造。

总之，在这个部分中，我们探讨了精确理性预期模型族蕴含的交叉方程约束能够用于缩小可观测等价移动平均表述族的程度。可以看到，用于标示不同解的函数$D_2(z)$未被识别。即使将$D_2(z)$限制于事先设定阶数的多项式之比，$D_2(z)$也可能无法识别。

简化形式的时间序列分析的标准方法是仅集中考虑基本的移动平均表示。正如我们已经指出的，基本表示将满足模型蕴含的限制条件。要求$C(z)$是基本的，等价于限制：

$$C(z)=F(z)U\tag{3.30}$$

对某个独立于z的正交矩阵U成立。然而，限制$D(z)$族使得由此得到的$C(z)$满足式（3.30）的计算过程可能极其冗长。而且，这个额外的限制是事后施加的，经济当事人面临的基本信息结构仍然未被识别。[4]

虽然从$D_2(z)$识别的角度看，这些结论有点令人沮丧，但它并没有推翻基于似然率推断的有效性。而且尽管有约束和无约束似然函数通常有多个极点，但是人们感兴趣的极点都有相同的值。

本部分的分析将$A(z)$和$B(z^{-1})$视为给定的来集中考虑$D(z)$以及$C(z)$的识别。更一般地，可能仅知道$A(z)$和$B(z^{-1})$是有限维参数向量。即使难以识别$D(z)$，通常也有可能识别支配$A(z)$和

$B(z^{-1})$ 的参数。当 $A(z)$ 和 $B(z)$ 无法识别时，可观测等价 $D(z)$ 族很可能迅速扩大。

4. 一阶差分隐含的限制条件

到目前为止的分析中，我们假设 y 过程是协方差平稳的。虽然我们可以把这个假设看成是偏离线性时间趋势的合理假设，另外一种可选的策略是假设 y_2 的一阶差分是协方差平稳的，其中过程 $y' = [y_1' \; y_2']$ 以与 $C(z)$ 相容的方式进行分块。我们保持模型的限制条件式（1.3），为方便起见，将其写成下面的式子：

$$P\{[A(L);B(L^{-1})]y_t \mid \Omega_{t-\ell}\} = 0。\tag{4.1}$$

记住，$B(z) = \sum_{j=0}^{\infty} b_j z^j$，令

$$\begin{aligned} b_j^* &\equiv \sum_{k=j}^{\infty} b_j, j = 0,1,\cdots, \\ y_{2t}^* &\equiv y_{2t} - y_{2,t-1}, \end{aligned}\tag{4.2}$$

以及

$$B^*(z) \equiv \sum_{j=1}^{\infty} b_j^*(z)。$$

现有 $b_j = b_j^* - b_{j+1}^*$，则意味着[5]

$$B(L^{-1})y_{2t} = B^*(L^{-1})y_{2t}^* + b_0^* y_{2t}。\tag{4.3}$$

将式（4.3）代入式（4.1）中，可得

$$P[A(L)y_{1t} + b_0^* y_{2t} + B^*(L^{-1})y_{2t}^* \mid \Omega_{t-\ell}] = 0。\tag{4.4}$$

定义

$$y_{1t}^* \equiv A(L)y_{1t} + b_0^* y_{2t}。\tag{4.5}$$

那么，可将一阶差分模型写成：

$$P\{[I;B^*(L^{-1})]y_t^* \mid \Omega_{t-\ell}\} = 0,\tag{4.6}$$

其中，假设 $y^{*\prime} = [y_1^{*\prime} \quad y_2^{*\prime}]$ 是协方差平稳的。这只是第 1 节提出的一般模型的一个特例。

比较这里推导的一阶差分模型和萨金特（Sargent，1979）使用的模型是有用的。特别地，萨金特对式（4.1）进行一阶差分，并将式子两边都投影到 $\Omega_{t-\ell-1}$，得到

$$P\{[A(L);B(L^{-1})](y_t - y_{t-1}) \mid \Omega_{t-\ell-1}\} = 0。\tag{4.7}$$

虽然限制条件（4.7）可以使用本章讨论的程序进行检验，将其投影到

$\Omega_{t-\ell-1}$ 而不是 $\Omega_{t-\ell}$ 将丧失式（4.1）的某些含义。另一方面，式（4.6）包含了 $\Omega_{t-\ell}$ 而不是 $\Omega_{t-\ell-1}$ 上的投影，并且比式（4.7）施加了更多的限制。因此，很有可能本部分提出的程序能够检测到假设（4.1）不成立的经验证据，但萨金特程序是做不到的。

5. 似然估计法和推断

在这部分中，我们简要地刻画如何使用基于高斯似然函数的极大似然法进行估计和检验。首先，我们演示如何对移动平均参数施加模型隐含的限制条件；之后阐述两种评价似然函数的不同方法。

施加限制条件

出于示范的目的，我们集中考虑如下第 1 节提出的模型的特例。假设 $A(z)=I$，$B(z)=b_0+b_1z+\cdots+b_kz^k$ 以及 $\ell=0$。而且考虑第 3 节所刻画的 $D_2(z)$ 的有理参数化形式：

$$D_2(z)=D_n(z)/D_d(z), \tag{5.1}$$

其中 $D_n(z)=d_{n0}+d_{n1}z+\cdots+d_{nk}z^k$，$D_d(z)=d_{d0}+d_{d1}z+\cdots+d_{dk}z^k$。出于符号表示的方便，多项式 $B(z)$、$D_n(z)$ 和 $D_d(z)$ 的阶数全部相同。可以用直接的方式对这些多项式施加额外的零限制。为了保证 $D_d(z)$ 有平方可加系数的幂级数展开，我们限制 $D_d(z)$ 的零点在复平面的单位圆之外。要做到这一点的一个简便方法是用莫纳汉（Monahan，1984）提出的参数化方法。

对这里所考虑过的模型特例，式（1.18）可简化为

$$\begin{aligned}C_1(z)&=-B(z^{-1})D_2(z)+G(z^{-1}),\\ C_2(z)&=D_2(z),\end{aligned} \tag{5.2}$$

其中 $G(z)$ 满足 R1。将式（5.1）代入式（5.2），得到

$$C_1(z)D_d(z)=-B(z^{-1})D_n(z)+D_d(z)G(z^{-1})。 \tag{5.3}$$

式（5.3）有两个重要的含义。第一，$C_1(z)D_d(z)$ 是最大阶数为 k 的有限阶多项式。从下面的事实可得：出现在式（5.3）右边的 z 的最大正幂次数为 k，因而，

$$C_1(z)=C_n(z)/D_d(z) \tag{5.4}$$

对某个第 k 阶多项式 $C_n(z)$ 成立。第二，$G(z)$ 是最大阶数为 k 的有限阶多项式。这可由如下事实得出：出现在 $B(z^{-1})$ 中的 z 的最大（绝对

值）负幂次数为 $-k$。

将式（5.4）代入式（5.3），得到

$$C_n(z)=-B(z^{-1})D_n(z)+D_d(z)G(z^{-1}), \tag{5.5}$$

这可以看成是 $C_n(z)$ 和 $G(z)$ 系数的线性方程组。很显然，确定 $G(z)$ 系数的方程并不包含 $C_n(z)$ 的系数，通过这一事实可看出这些方程有一个迭代结构。以矩阵符号表示，第一个方程集合是：

$$\begin{bmatrix}0\\0\\\vdots\\0\end{bmatrix}=-\begin{bmatrix}b_k&0&\cdots&0\\b_{k-1}&b_k&\cdots&0\\\vdots&\vdots&\ddots&\vdots\\b_1&b_2&\cdots&b_k\end{bmatrix}\begin{bmatrix}d_{n0}\\d_{n1}\\\vdots\\d_{n,k-1}\end{bmatrix}+\left\{\begin{bmatrix}d_{d0}&0&\cdots&0\\d_{d1}&d_{d0}&\cdots&0\\\vdots&\vdots&\ddots&\vdots\\d_{d,k-1}&d_{d,k-2}&\cdots&d_{d0}\end{bmatrix}\otimes I\right\}\begin{bmatrix}g_k\\g_{k-1}\\\vdots\\g_1\end{bmatrix}, \tag{5.6}$$

其中 $G(z)=g_1z+g_2z^2+\cdots+g_kz^k$。由于式（5.6）中 $\{\cdot\}$ 的矩阵是非奇异的，因而可以求解这个方程组而得出 G 的系数。给定这些系数，可以通过下式计算 $C_n(z)$ 的系数：

$$\begin{bmatrix}c_{n0}\\c_{n1}\\\vdots\\c_{nk}\end{bmatrix}=-\begin{bmatrix}b_0&b_1&\cdots&b_k\\0&b_0&\cdots&b_{k-1}\\\vdots&\vdots&\ddots&\vdots\\0&0&\cdots&b_0\end{bmatrix}\begin{bmatrix}d_{n0}\\d_{n1}\\\vdots\\d_{nk}\end{bmatrix}+\left\{\begin{bmatrix}d_{d1}&d_{d2}&\cdots&d_{dk}\\d_{d2}&d_{d3}&\cdots&0\\\vdots&\vdots&\ddots&\vdots\\0&0&\cdots&0\end{bmatrix}\otimes I\right\}\begin{bmatrix}g_1\\g_2\\\vdots\\g_k\end{bmatrix}。 \tag{5.7}$$

可见，$C_n(z)$ 的系数可使用简单的矩阵运算而得到。[6]

似然函数评价

高斯似然函数可表述为数据（比如 $y_1,y_2,\cdots,y_T$）的均值向量、协方差矩阵和未知参数的函数。在本章中，我们抽象掉均值向量的限制，探讨协方差的限制。这些协方差限制可等价地看成是对 y 的谱密度的限制。在第1节、第3节和本节的前半部分，我们描述了 $D(z)$ 到 y 的谱密度矩阵的映射。限制条件的这个表述使其可很方便地按照汉南（Hannan，1970）、罗宾逊（Robinson，1977）、邓斯缪尔和汉南（Dunsmuir and Hannan，1976）以及邓斯缪尔（Dunsmiur，1978）的建议，使用频率域方法近似得到似然函数。

该近似依照如下方法来构造。首先，形成 y 序列的有限傅里叶变换：

$$Y(\theta_j)=\sum_{t=1}^{T}y_t e^{-i\theta_j t}, \tag{5.8}$$

其中，$\omega_j=\frac{2\pi j}{T}, j=1,2,\cdots,T-1$。因为从时间序列中扣除了样本均值，我们省略频率零。这样，周期图（periodogram）定义为：

$$I(\theta_j)=\frac{1}{T}Y(\theta_j)Y(-\theta_j)'。 \tag{5.9}$$

那么，样本 $\{y_t: t=1,2,\cdots,T\}$ 的对数似然函数可以近似为：

$$\begin{aligned}L=&\frac{nT}{2}\log 2\pi-\frac{1}{2}\sum_{j=1}^{T-1}\log\det S(\theta_j)\\&-\frac{1}{2}\sum_{j=1}^{T-1}\operatorname{tr} S(\theta_j)^{-1}I(\theta_j),\end{aligned} \tag{5.10}$$

其中 $S(\theta_j)$ 是式（3.3）和式（2.3）定义的理论谱密度。注意，$S(\theta_j)$ 可以通过式（1.14）和式（3.3）使用 $D(z)$ 的自由参数来表示。为了表示对 $C(z)$ 以及 $D(z)$ 的依赖性，可以将式（3.3）代入式（5.10），得到：

$$\begin{aligned}L=&-\frac{nT}{2}\log 2\pi-\frac{1}{2}\sum_{j=1}^{T-1}\log\det\left[C(e^{-i\theta_j})C(e^{i\theta_j})'\right]\\&-\frac{1}{2}\sum_{j=1}^{T-1}\operatorname{tr}\left[C(e^{-i\theta_j})C(e^{i\theta_j})'\right]I(\theta_j)。\end{aligned} \tag{5.11}$$

在计算式（5.11）时，可以利用如下事实：

$$\log\det[C(e^{-i\theta})C(e^{i\theta})']=\log\det\{C[e^{-i(2\pi-\theta)}]C[e^{i(2\pi-\theta)}]'\},$$

以及

$$\begin{aligned}&\operatorname{tr}\left[C(e^{-i\theta})C(e^{i\theta})'\right]^{-1}I(\theta)\\&=\operatorname{tr}\{C[e^{-i(2\pi-\theta)}]C[e^{i(2\pi-\theta)}]'\}^{-1}I(2\pi-\theta)。\end{aligned} \tag{5.12}$$

这些公式使得能够将式（5.10）改写为只有 $T/2$ 频率上的和。$D(z)$ 的自由参数可通过在约束条件式（1.14）下最大化式（5.11）来进行估计。

此外，通过适当地限制 $D(z)$，通常可以避免对似然函数进行近似而使用过滤方法进行评价。例如，考虑第 1 节中给出的模型和 $D(z)$ 的参数化。在这种情况下，$C(z)$ 可以表述为

$$C_1(z) = C_n(z)/D_d(z),$$
$$C_2(z) = D_n(z)/D_d(z), \tag{5.13}$$

其中 $C_n(z)$、$D_n(z)$ 和 $D_d(z)$ 是有限阶多项式。在这种情况下，y 过程是一个向量自回归移动平均（ARMA）过程。众所周知，这样的过程可以用状态空间表述。(例如，参考安德森和莫尔（Anderson and Moore，1979)，p. 236。)

$y_1, y_2, \cdots, y_T$ 的联合密度可以表述为条件密度的乘积，比如说给定 $y_1, y_2, \cdots, y_{T-1}$ 时 y_T 的密度，给定 $y_1, y_2, \cdots, y_{T-2}$ 时 y_{T-1} 的密度，……，以及 y_1 的边际密度的乘积。这些密度都是高斯分布的，因而可使用给定的条件均值和协方差矩阵来构造。给定状态空间表述，可以使用安德森和莫尔（1979）提出的多种可能的过滤算法中的一种来迭代计算所需的条件期望和条件协方差矩阵。这些算法所需的初始协方差矩阵可以使用加倍（doubling）算法进行计算。(参考安德森和莫尔（1979)，p. 67。)[7]

本部分的分析将 $A(z)$ 和 $B(z^{-1})$ 视为给定的，集中考虑 $D(z)$ 以及 $C(z)$ 的识别。如果仅知道 $A(z)$ 和 $B(z^{-1})$ 是有限维参数向量，只会使得 $D(z)$ 的识别更困难。然而，即使 $D(z)$ 无法充分识别，通常也有可能识别支配 $A(z)$ 和 $B(z^{-1})$ 的参数。

6. 将干扰项解释为隐藏变量的非精确模型

本章到目前为止，只局限于分析精确线性理性预期模型。在这个部分中，我们将简要地指出，本章所分析的哪些方面可以很方便地扩展到更一般的线性理性预期模型，以及哪些方面需要修改。结果表明，只要进行稍微的修改，就可扩展交叉方程约束表述和参数估计方法。但对于识别问题的处理，则须进行相当多的修改。

按照萨金特（Sargent，1978）与汉森和萨金特（Hansen and Sargent，1980a）的研究，假设 y_{2t} 的某个子向量是计量经济学家所观察不到的。这样，将 y_{2t} 分块为 $y'_{2t} = [y^{o'}_{2t}, y^{u'}_{2t}]$，其中过程 y^o_2 是计量经济学家能够观察到的，y^u_2 是观察不到的。相应地，对 $C(z)$ 进行分块，使得 y 的移动平均表述是

$$\begin{bmatrix} y_{1t} \\ y^o_{2t} \\ y^u_{2t} \end{bmatrix} = \begin{bmatrix} C_1(L) \\ C^o_2(L) \\ C^u_3(L) \end{bmatrix} w_t。 \tag{6.1}$$

类似地，我们将 $B(z)$ 分块为 $B(z)=[B^o(z);B^u(z)]$。因而，可以将方程（1.3）写成：

$$A(L)y_{1t}+\mathrm{P}[B^o(L^{-1})y_{2t}^o\mid\Omega_t]=-\mathrm{P}[B^u(L^{-1})y_{2t}^u\mid\Omega_t], \quad (6.2)$$

其中假设 $\ell=0$。将这样的模型称为非精确理性预期模型，因为存在 $P[B^u(L^{-1})y_{2t}^u\mid\Omega_t]$ 这一项。引入该项意味着，即使经济当事人能够进行完美的预测，计量经济学家所能观察到的关系是非精确的。

就模型设定和求解的优点而言，这里给定的非精确模型等同于精确模型。然而，就识别和可检验的限制条件而言，非精确模型却有相当大的差异。例如，假设 $B^u(z)$ 在复平面单位圆内和单位圆上是非奇异的，意味着 y_2^u 有 r 个元素。将 $D_2(z)$ 分块为：

$$D_2(z)=\begin{bmatrix}D_2^o(z)\\D_2^u(z)\end{bmatrix}。\quad (6.3)$$

那么有

$$\mathrm{P}[B^u(L^{-1})y_{2t}^u\mid\Lambda_t]=K^u(L)w_t\ , \quad (6.4)$$

其中

$$K^u(z)\equiv[B^u(z^{-1})D_2^u(z)]_+。\quad (6.5)$$

将关系式（6.5）取逆，得到

$$D_2^u(z)=[B^u(z^{-1})^{-1}K^u(z)]_+。\quad (6.6)$$

因此，如果不对 $D_2^u(z)$ 进行限制，那么对 $K^u(z)$ 也不存在限制，因而关系式（6.2）对计量经济学家可观察到的 $[y_1',y_2^{o\prime}]'$ 过程也不施加任何限制。结果是，模型（6.2）的经验研究内容取决于施加于 $D_2(z)$ 的先验限制。

限制 $D_2(z)$ 的一个方法是要求其为分块对角矩阵：

$$D_2(z)=\begin{bmatrix}D_2^o(z)\\D_2^u(z)\end{bmatrix}=\begin{bmatrix}D_2^{oo}(z)&0\\0&D_2^{uu}(z)\end{bmatrix}, \quad (6.7)$$

其中，$D_2^{uu}(z)$ 是方阵。在这种情况下，

$$K^u(z)=[0\quad[B^u(z^{-1})D_2^{uu}(z)]_+], \quad (6.8)$$

以及

$$\begin{bmatrix}C_1(z)\\C_2^o(z)\end{bmatrix}=\begin{bmatrix}-A(z)^{-1}[B^o(z^{-1})D_2^{oo}(z)]_+&-A(z)^{-1}[B^u(z^{-1})D_2^{uu}(z)]_+\\D_2^{oo}(z)&0\end{bmatrix}。\quad (6.9)$$

式（6.9）右边的第一列块是：

$$\begin{bmatrix} -A(z)^{-1}[B^o(z^{-1})D_2^{oo}(z)]_+ \\ D_2^{oo}(z) \end{bmatrix}, \tag{6.10}$$

这是一个方阵，与式（1.14）给定的 $C(z)$ 有相同的结构。因此，第 3 节的分析也适用于这一成分。注意到，不可观察的过程 y_2^u 只影响了 $[y_1', y_2^{o}]'$ 谱密度的上面的 $(q\times q)$ 部分。

记得 $D_2(z)$ 的列数等于随机过程 y 的元素的数目。施加这个限制以保证 y 是随机非奇异的。由于 $D_2^{uu}(z)$ 是方阵，$D_2^{o}(z)$ 的列数比行数多 $q-r$（其中 r 是 y_1 的维数）。限制 $D_2(z)$ 的第二种方法是使 $D_2^{o}(z)$ 也是方阵，从而对称地处理 y_2^u 和 y_2^o。在这种情况下，y 过程是随机奇异的，但是计量经济学家观察到的过程 $[y_1', y_2^{o\prime}]'$ 一般而言是随机非奇异的。现在式（6.10）中的矩阵函数不是方阵，第 3 节的分析过程也将不再适用。

有趣的问题是进一步探讨 $D_2(z)$ 的第二种限制。给定矩阵结构 $\begin{bmatrix} C_1(z) \\ C_2^o(z) \end{bmatrix}$，有

$$\det \begin{bmatrix} C_1(z) \\ C_2^o(z) \end{bmatrix}$$

$$= -\det[D_2^{oo}(z)] \det \{[1-A(z)^{-1}][B^u(z^{-1})D_2^{uu}(z)]_+\}。\tag{6.11}$$

因此，$\begin{bmatrix} C_1(z) \\ C_2^o(z) \end{bmatrix}$ 行列式的零点必定也是 $[D_2^{oo}(z)]$ 行列式的零点或者 $\{-A(z)^{-1}[B^u(z^{-1})D_2^{uu}(z)]_2\}$ 行列式值的零点。正如萨金特（Sargent，1978）与汉森和萨金特（Hansen and Sargent，1980a）所论证的，如果限制 $D_2^{oo}(z)$ 在复平面单位圆内是非奇异的，那么 y_1 不应该是 y_2^o 的格兰杰（Granger，1969）意义上的原因。这是模型可检验的含义之一。

即使 $D_2^{oo}(z)$ 是非奇异的，移动平均表述式（6.9）仍然可能不是基本的，因为 $\{-A(z)^{-1}[B^u(z^{-1})D_2^{uu}(z)]_+\}$ 的行列式在复平面单位圆内可能有零点。正如汉森和萨金特（Hansen and Sargent，1980a）所强调的，即使当 $D_2^{uu}(z)$ 在单位圆内部所有点都是非奇异的，这样的零点也可能存在。然而，汉森和萨金特也注意到，可以构造满足限制条件的 y 的可观察成分的基本表述。为了说明这一点，定义

$$K^{uu}(z) \equiv [B^u(z^{-1})D_2^{uu}(z)]_+。\tag{6.12}$$

当 $K^{uu}(z)$ 在单位圆内的孤立点上是奇异的时，根据沃尔德分解定理可知，存在单位圆内非奇异的矩阵 $K^{uu*}(z)$ 满足：

$$K^{uu}[\exp(-i\theta)]K^{uu}[\exp(-i\theta)]' = K^{uu*}[\exp(-i\theta)]$$
$$K^{uu*}[\exp(-i\theta)]' \quad (6.13)$$

几乎处处成立（见第 3 节）。定义

$$D_2^{uu*}(z) \equiv [B^u(z^{-1})^{-1}K^{uu*}(z)]_+。 \quad (6.14)$$

那么，D_2^* 可观测地等价于 D_2，其中 D_2^* 通过用 $D_2^{uu*}(z)$ 替代 $D_2^{uu}(z)$ 构造而来。然而，下面的情况并不必然为真：

$$D_2^{uu}[\exp(-i\theta)]D_2^{uu}[\exp(i\theta)]' = D_2^{uu*}[\exp(-i\theta)]$$
$$D_2^{uu*}[\exp(-i\theta)]', \quad (6.15)$$

使得 y 的不可观测成分的隐含的序列相关性质不同。因此，如果没有额外的限制，不可观察的过程 y_2^u 的谱密度函数是不可识别的。而且，$D^{uu*}(z)$ 很可能在复平面单位圆内有零点。换句话说，可能需要使用一个非基本的不可观察的过程 y_2^u 的移动平均表述来构造与可观察的过程 $[y_1', y_2^{o\prime}]'$ 的基本移动平均表述相关的 $D_2^*(z)$。[8]

结 论

正如第 2 节给出的例子所表明的，本章刻画的程序可以应用于一系列线性理性预期模型。因此，精确理性预期模型的求解程序、识别特征以及估计和推断方法对指导范围广泛的经验应用研究是有用的工具。本书的第 6 章包含了一个应用。[9]

【注 释】

[1] 事实上，所有这些论文都没有施加 $m_t - m_{t-1}$ 的平稳性假设。在第 4 节中，我们将看到如何对模型进行变换以考虑过程 y 中的单位根问题。

[2] 该公式不包含对支出过程风险的显性调整。当需要时，这样的调整必须并入列常数项，或者必须将资产支付和价值按照使用价格未定权益过程的适当比例进行调整。另一种办法是坎贝尔和希勒（Campbell and Shiller，1988）提出的考虑风险调整的对数线性近似。

[3] 该均方收敛背后的概率空间以 $[-\pi,\pi]$ 作为样本点的集合，以 $[-\pi,\pi]$ 的波莱尔可测子集作为一个西格玛代数，以及以 $1/2\pi$ 比例调整的勒贝格（Lebesgue）测度作为概率测度。

[4] 即使施加了式（3.30）的限制，矩阵 U 仍然无法识别；然而可以识别与这些 $C(z)$ 相关的信息结构。正如坎贝尔和希勒（Campbell and Shiller，1988）证明的，现值模型（第 2 节例 2）意味着对 y 的一阶向量自回归表述施加线性限制。这

提供了一个施加于式（3.30）的简便的参数化方法。

[5] 给定我们对 $B(z)$ 和 y 的假设，为了得到式（4.3），可以合理地重新安排无穷项之和中的项。

[6] 限制条件的这个表述要优于萨金特（Sargent，1979）使用的方法。虽然当前的限制条件是 $D_d(z)$ 系数的非线性函数，但是比起萨金特（Sargent，1979）对向量自回归表述直接施加的限制，计算起来要容易得多。

[7] 似然函数的时域近似方法假设 $C(z)$ 在复平面单位圆内和单位圆上是非奇异的，可能不便于对 $D(z)$ 的多种参数化，因为要对 $D(z)$ 的参数进行限制使得 $C(z)$ 是非奇异的可能很困难。

[8] 本章的工作论文版本（Hansen and Sargent，1981e）包含了利率期限结构的一个应用。

[9] 一个非常类似的现象出现于富蒂亚（Futia，1981）。在他的分析中，两个可选的理性预期均衡互相比较。一个直接假设经济当事人能够观察外生的驱动过程，另一个假设该过程的信息只能够从内生决定的价格观察中提取。富蒂亚证明，当内生信息足以解释外生信息时，两个均衡是一致的。否则，第二个均衡将不存在。

第4章 向量自回归模型诠释中的两个难题

拉尔斯·彼得·汉森和托马斯·J·萨金特

引 言

典型的动态理性预期模型的均衡是一个协方差平稳的（$n\times1$）维向量随机过程 $z(t)$。这个随机过程决定了随着时间的变化，经济环境的冲击对当事人决策以及最终的市场价格和数量起作用的方式。如当事人信息集因各种意外所受到的随机冲击，促使当事人修改其应对计划，从而对均衡价格和数量有明显的影响。

每一个（$n\times1$）维协方差平稳随机过程 $z(t)$ 可以表述为（任意有限阶的）向量自回归形式。因此，很自然地可将动态理性预期模型的均衡表述为其向量自回归形式。向量自回归模型引出了新息向量，该向量通过西姆斯（Sims，1980）发明的“新息核算”（innovation accounting）技术可得出向量随机过程的特征。

在解释这些新息核算时，理解以下两方面的关系是非常有帮助的：一方面是由向量自回归模型复原的新息，另一方面是当事人信息集受到的随机冲击。如果没有施加来自正式的经济理论的限制条件，那么从解释所估计的向量自回归模型的角度看，一个可取的方式是希望能够将由向量自回归模型复原的新息一般地等同于当事人信息集受到的冲击，或者这些随机冲击的某个简单可解释的函数。本章刻画了两种重要的模型设定，在这两种情况下不存在这种简单的联系。在这些设定中，如果没有施加明确的经济理论隐含的限制条件，就不可能做出有关冲击对当事人信息集起作用方式的正确推断。此外，我们也简要地指出，在每一种情形下，如何使用经济理论推断出有关冲击对当事人信息集起作用方式的正确结论。

令 $z(t)$ 是 $(n\times 1)$ 维向量协方差平稳的随机过程。可设像 $z(t)$ 为抽样时间间隔 Δ 的离散时间点上观察到的向量。向量自回归模型由下述投影方程定义：

$$z(t)=\sum_{j=1}^{\infty}A_j^{\Delta}z(t-\Delta j)+a(t),\quad t=0,\pm\Delta,\pm 2\Delta,\cdots,\tag{1}$$

其中 $a(t)$ 是来自回归的 $(n\times 1)$ 维总体残差向量，$Ea(t)a(t)^T=V$；以及 A_j^{Δ} 是 $(n\times n)$ 矩阵，其通常由正交条件（或者正规方程）唯一地确定：

$$E\,z(t-\Delta j)a(t)^T=0,\quad j\geqslant 1。\tag{2}$$

A_j^{Δ} 通常是“平方可加的”，即它们满足：

$$\sum_{j=1}^{\infty}\mathrm{tr}(A_j^{\Delta}A_j^{\Delta T})<+\infty\ ,\tag{3}$$

其中上标 T 表示转置。方程（1）至方程（3）意味着 $a(t)$ 有两个重要的性质。第一，方程（1）和方程（2）意味着

$$Ea(t)a(t-\Delta j)^T=0,\quad j\neq 0\ ,$$

以致 $a(t)$ 是一个向量白噪声。第二，方程（1）和方程（3）意味着 $a(t)$ 在由 $\{z(t),z(t-\Delta),z(t-2\Delta),\cdots\}$ 生成的闭线性空间中。而且，通过依次消除方程（1）中 $z(t)$ 的所有滞后项，可得向量移动平均表述：

$$z(t)=\sum_{j=0}^{\infty}C_j^{\Delta}a(t-\Delta j)\ ,\tag{4}$$

其中 C_j^{Δ} 是 $(n\times n)$ 矩阵，满足

$$-\sum_{j=0}^{\infty}C_j^{\Delta}A_{s-j}^{\Delta}=\begin{cases}I, & s=0\\ 0, & s\neq 0\end{cases},$$

其中 $A_0^{\Delta}\equiv -I$。公式（4）中 C_j^{Δ} 满足

$$\sum_{j=0}^{\infty}\mathrm{tr}(C_j^{\Delta}C_j^{\Delta T})<+\infty。\tag{5}$$

方程（4）和方程（5）意味着 $z(t)$ 在由 $\{a(t),a(t-\Delta),a(t-2\Delta),\cdots\}$ 生成的闭线性空间中。因而，由 $\{z(t),z(t-\Delta),z(t-2\Delta),\cdots\}$ 生成的闭线性空间等于 $\{a(t),a(t-\Delta),a(t-2\Delta),\cdots\}$ 生成的闭线性空间。实际上，随机过程 $a(t)$ 构成随机过程 $z(t)$ 的正交基，其能够通过格拉姆-施密特（Gram-Schmidt）过程由 $z(t)$ 构造而来。$a(t)$ 的白噪声性质包

含于 $z(t)$ 的当前值和滞后值生成的线性空间，意味着“$a(t)$ 是 $z(t)$ 过程的基本白噪声”。

由向量自回归模型自动复原的基本白噪声表示的 $z(t)$ 是一个移动平均表述。[1]然而，除此之外，还有大量其他如下形式的 $z(t)$ 的移动平均表述：

$$z(t)=\sum_{j=0}^{\infty}\widetilde{C}_j^{\Delta}\tilde{a}(t-\Delta j), \tag{6}$$

其中 $\tilde{a}(t)$ 是 $(n\times1)$ 维向量白噪声，由 $\{\tilde{a}(t),\tilde{a}(t-\Delta),\cdots\}$ 生成的线性空间严格大于由 $z(t)$ 的当前值和滞后值生成的线性空间。在这样的表述中，$z(t)$ 的当前值和滞后值无法“充分显示”（fully revealing）向量白噪声 $\tilde{a}(t)$。

表述（4）引致了如下向前 j 步预测误差分解[2]：

$$\begin{aligned}&E(z(t)-\hat{E}_{t-j}z(t))(z(t)-\hat{E}_{t-j}z(t))^T\\&=\sum_{k=0}^{j-1}C_k^{\Delta}\,V\,C_k^{\Delta T}。\end{aligned} \tag{7}$$

通过研究分解公式（7）的不同版本[3]，西姆斯证明了如何将向前 j 步预测误差方差分解为归属于向量 $z(t)$ 的特定分量新息的部分。

西姆斯刻画了估计向量自回归模型和获得不同的基本移动平均表述的方法。基于分解公式（7），他也创造了所谓的“新息核算”这一有用的方法。在西姆斯和其他熟练的研究人员手中，这些方法已成功地用于侦测数据中的有趣模式，并且以人们对意外事件的反应系统的方式提供了可能的解释。

本章所要关注的问题是，动态经济理论是否易于以基本的移动平均表述（4）的形式出现，使得由向量自回归模型复原的向量白噪声 $a(t)$ 可以解释为作用于经济模型中的当事人信息集的白噪声。这个问题很重要，因为它影响到能否容易地解释方差分解（或者新息账户），以及与基本移动平均（4）相关的新息 $a(t)$ 的响应。

本章安排如下。第 1 节刻画了一类离散时间模型，其均衡可以表述为如下形式：

$$z_t=\sum_{j=0}^{\infty}D_j\varepsilon_{t-j}, \tag{8}$$

其中 ε_t 是 $(n\times1)$ 维向量白噪声；对于每个 j，D_j 是 $(n\times n)$ 维矩阵；且 $\sum_{j=0}^{\infty}\mathrm{tr}(D_jD_j^{\ T})<\infty$。这里 ε_t 表示当事人信息集受到的冲击的集合。我们研究表述公式（8）中的 ε_t 是如何与（沃尔德）表述公式（4）中的 $a(t)$ 相关联的，公式（8）中的 D_j 是如何与公式（4）中的 C_j^{Δ} 相关联

的。在我们刻画的背景中，$a(t)$ 无法与 ε_t 匹配，C_j^{Δ} 无法与 D_j 匹配，因为 $z(t)$ 无法完全揭示 ε_t 。这样的例子最早出现在汉森和萨金特（Hansen and Sargent，1980a）、富蒂亚（Futia，1981）以及汤森德（Townsend，1983）的研究中。第 1 节的讨论假设抽样间隔 Δ 等于经济模型正确设定时的抽样间隔。

第 2 节刻画了一类连续时间模型，其均衡可以表述为如下形式：

$$z_t = \int_0^{\infty} p(\tau) w(t-\tau) d\tau \,, \tag{9}$$

其中 $w(t)$ 是一个 m 维的连续时间白噪声；$p(\tau)$ 是 $(n\times m)$ 维函数，满足 $\int_0^{\infty} \mathrm{tr}(p(\tau)p(\tau)^T)d\tau < +\infty$。在公式（9）中，$w(t)$ 代表当事人信息集受到的冲击。假设经济决策按照公式（9）在连续时间过程中发生，但是计量经济学家只拥有离散时间间隔的数据。第 2 节研究了公式（9）中 $w(t)$ 和公式（4）中 $a(t)$ 的关系，也研究了公式（9）中 $p(\tau)$ 和公式（4）中 C_j^{Δ} 的关系。一般地，如果没有施加来自动态经济理论的限制，那么这两对研究对象无法以确定的方式相互匹配。[4]

1. 未揭示的（unrevealing）的随机过程

我们考虑一类离散时间线性理性预期模型，其能够表示为如下随机差分方程组的解：

$$\begin{aligned} H(L)y_t &= E_t J(L^{-1})^{-1} p x_t \,, \\ x_t &= K(L)\varepsilon_t \,, \end{aligned} \tag{1.1}$$

其中

$$\begin{aligned} H(L) &= H_0 + H_1 L + \cdots + H_{m_1} L^{m_1} \,, \\ J(L) &= J_0 + J_1 L + \cdots + J_{m_2} L^{m_2} \,, \\ K(L) &= \sum_{j=0}^{\infty} K_j L^j \,, \quad K_0 = I \,, \\ \varepsilon_t &= x_t - E(x_t \mid x_{t-1}, x_{t-2}, \cdots) \,。 \end{aligned} \tag{1.2}$$

在公式（1.1）中，y_t 是 $(n_1\times 1)$ 维向量，x_t 是 $(n_2\times 1)$ 维向量。在公式（1.2）中，J_j 和 H_j 是 $(n_1\times n_1)$ 维矩阵，K_j 是 $(n_2\times n_2)$ 维矩阵。在公式（1.1）中，p 是 $(n_1\times n_2)$ 维矩阵。假设 $H(z)$ 的行列式值的零点处在单位圆之外，$J(z)$ 的行列式值的零点处在单位圆之内，$K(z)$ 的行列式值的零点不在单位圆之外。

很多离散时间线性理性预期模型是公式（1.1）的特例。例如，卢卡斯-普雷斯科特（Lucas - Prescott）均衡模型的相互关联要素需求版本是 $J(L^{-1})=H(L^{-1})^T$ 以及 $H(L^{-1})^T H(L)$ 是虚构的社会计划模型欧拉方程解的矩阵因素分解的特例。可参考汉森和萨金特（Hansen and Sargent，1981a）以及艾肯鲍姆（Eichenbaum，1983）的例子。个体当事人要参数化驱动变量，且从全市场范围变量到驱动变量反馈过程的基德兰德、普雷斯科特（Kydland - Prescott）均衡构成了一类 $H(L^{-1})^T \neq J(L^{-1})$ 的特例（参考 Sargent，1981）。其他 $H(L^{-1})^T \neq J(L^{-1})$ 的例子出现在线性二次微分博弈的各种占优参与者均衡中（参考 Hansen，Epple，Roberds，1985）。最后，下面将要研究的一个例子——凯南（Kennan，1988）-萨金特（Sargent，1987b）类型的市场均衡模型，求解了 $H(L^{-1})^T \neq J(L)$ 情况下公式（1.1）的一个版本。怀特曼（Whiteman，1983）研究了这一类一般模型。

汉森和萨金特（Hansen and Sargent，1981a）展示了与公式（1.1）相关但不完全等同的模型的解的方便表述。为了适应他们的结论，首先取得 $J(z^{-1})^{-1}$ 的部分分数表述，有 $J(z^{-1})^{-1}=\mathrm{adj}J(z^{-1})/\det J(z^{-1})$。令

$$\det J(z^{-1})=\lambda_0(1-\lambda_1 z^{-1})\cdots(1-\lambda_k z^{-1}),$$

其中 $k=m_2\cdot n_1$；且对于 $j=1,\cdots,k$，$|\lambda_j|<1$。λ_j 是 $J(z^{-1})$ 行列式值的零点，假设 λ_j 互不相同，那么，有

$$J(z^{-1})^{-1}=\sum_{j=1}^{k}\frac{M_j}{(1-\lambda_j z^{-1})}, \tag{1.3}$$

其中

$$M_j=\lim_{z\to\lambda_j}J(z^{-1})^{-1}(1-\lambda_j z^{-1})。 \tag{1.4}$$

将式（1.3）代入式（1.1），得到

$$H(L)y_t=E_t\sum_{j=1}^{k}\frac{M_j}{1-\lambda_j L^{-1}}px_t, \tag{1.5}$$

汉森和萨金特（Hansen and Sargent，1980a）建立了下述公式：

$$E_t\frac{M_j}{1-\lambda_j L^{-1}}p\,x_t=M_j\,p\left(\frac{LK(L)-\lambda_j K(\lambda_j)}{L-\lambda_j}\right)\varepsilon_t。 \tag{1.6}$$

定义算子 M 为

$$M(K(L))=\sum_{j=1}^{k}M_j\,p\left(\frac{LK(L)-\lambda_j K(\lambda_j)}{L-\lambda_j}\right)。 \tag{1.7}$$

那么，使用式（1.5）、式（1.6）和式（1.7），我们可以获得解的表述：

$$H(L)y_t=M(K(L))\varepsilon_t,$$

$$x_t = K(L)\varepsilon_t 。\tag{1.8}$$

一般地，由式（1.8）支配的向量随机过程（y_t^T, x_t^T）在所有频率上有奇异的谱密度，因为（y_t^T, x_t^T）包含了 $n_1 + n_2$ 个变量，这 $n_1 + n_2$ 个变量被仅 n_2 个白噪声所驱动。这样的模型意味着，下述模型的各种前 n_1 个方程，等价于式（1.8）[5]：

$$H(L)y_t = M(K(L))K(L)^{-1}x_t$$

$$x_t = K(L)\varepsilon_t$$

将有完美的拟合结果（即不同样本拟合的 $\bar{R}^2$ 等于 1）。

在仍然保留模型时，为了避免模型方程的这种无误差项含义，所建议的路径是假设计量经济学家试图估计式（1.8），但是计量经济学家只拥有（y_t, x_t）变量某个子集的数据。一个常用但不是唯一的程序是由汉森和萨金特（Hansen and Sargent，1980a）刻画的程序。假设式（1.8）成立，但是计量经济学家只拥有 x_t 的子集 x_{2t} 的观测值。进一步假设，式（1.1）的第二个方程可以分块且限制为

$$x_t \begin{bmatrix} x_{1t} \\ x_{2t} \end{bmatrix} = \begin{bmatrix} K_1(L) & 0 \\ 0 & K_2(L) \end{bmatrix} \begin{bmatrix} \varepsilon_{1t} \\ \varepsilon_{2t} \end{bmatrix}。\tag{1.9}$$

那么，式（1.8）假设了一种特殊情况，可以表述为：

$$\begin{pmatrix} H(L) & 0 \\ 0 & I \end{pmatrix} \begin{bmatrix} y_t \\ x_{2t} \end{bmatrix} = \begin{bmatrix} M(K_1(L)) & M(K_2(L)) \\ 0 & K_2(L) \end{bmatrix} \begin{bmatrix} \varepsilon_{1t} \\ \varepsilon_{2t} \end{bmatrix}。\tag{1.10}$$

其思路是设想计量经济学家缺乏足够数量的观测序列，即那些形成 x_{1t} 的序列，使得式（1.10）刻画的（y_t^T, x_{2t}^T）过程在所有频率上有非奇异谱密度矩阵。为了做到这一点，通常的充分条件是向量（y_t^T, x_{2t}^T）的维数要小于或者等于（$\varepsilon_{1t}^T, \varepsilon_{2t}^T$）的维数。在下面的论证中，我们将考虑实践中常会遇到的一种情况，即其中（y_t^T, x_{2t}^T）和（$\varepsilon_{1t}^T, \varepsilon_{2t}^T$）有相同的维数。因此，假设 x_{1t} 是一个（$n_1 \times 1$）维向量，因而，ε_{1t} 也是一个（$n_1 \times 1$）维白噪声向量。[6]

方程（1.10）意味着（y_t, x_{2t}）的移动平均表述是：

$$\begin{bmatrix} y_t \\ x_{2t} \end{bmatrix} = \begin{bmatrix} H(L)^{-1}M(K_1(L)) & H(L)^{-1}M(K_2(L)) \\ 0 & K_2(L) \end{bmatrix} \begin{bmatrix} \varepsilon_{1t} \\ \varepsilon_{2t} \end{bmatrix}。\tag{1.11}$$

方程（1.11）将（y_t, x_{2t}）表述为白噪声（$\varepsilon_{1t}, \varepsilon_{2t}$）当前值和滞后值的移动平均，（$\varepsilon_{1t}, \varepsilon_{2t}$）是模型中当事人信息集（$x_{1t}, x_{2t}$）的新息。等价地，（$\varepsilon_{1t}, \varepsilon_{2t}$）是 x_{1t}, x_{2t} 的基本因素，在使用其自身过去值预测 x_{1t}, x_{2t} 时，向前一步误差可以表述为 $\varepsilon_{1t}, \varepsilon_{2t}$ 的线性组合。

假定（$\varepsilon_{1t}, \varepsilon_{2t}$）当前值和滞后值生成的线性空间等于当事人信息集（$x_{1t}, x_{2t}$）当前值和滞后值所生成的线性空间，该空间是否等于计量经

济学家信息集（y_t, x_{2t}）的当前值和滞后值所生成的空间仍然是一个问题。显然，从式（1.11）的构造可见，后者包含于前者，而问题是它们是否相等。从解释向量自回归模型的角度看这个问题是很重要的，因为依此所构造的向量自回归模型将复原（y_t, x_{2t}）的一个向量移动平均过程，该过程由（y_t, x_{2t}）的基本向量白噪声驱动，例如（y_t, x_{2t}）当前值和滞后值生成的线性空间中的向量白噪声。如果该空间小于当事人信息集（$\varepsilon_{1t}, \varepsilon_{2t}$）当前值和滞后值生成的线性空间，那么从当事人的角度看，由向量自回归模型复原的移动平均表述通常会扭曲系统对意外的响应。

向量白噪声（$\varepsilon_{1t}, \varepsilon_{2t}$）是（$y_t, x_{2t}$）的基本因素，当且仅当

$$\det\begin{bmatrix} H(z)^{-1}M(K_1(z)) & H(z)^{-1}M(K_2(z)) \\ 0 & K_2(z) \end{bmatrix}$$
$$= \det H(z)^{-1} \cdot \det M(K_1(z)) \cdot \det K_2(z)$$

的零点不在单位圆之内。根据假设，行列式 $\det K_2(z)$ 的零点不在单位圆之内，并且 $\det H(z)^{-1} = 1/\det H(z)$ 是一个所有极点都在单位圆之外的函数。因此，向量白噪声（ε_{1t}，ε_{2t}）是（y_t，x_{2t}）的基本因素的充分必要条件是

$$\det M(K_1(z)) = 0 \Rightarrow |z| \geqslant 1, \tag{1.12}$$

或者等价地，使用公式（1.7）表示为：

$$\det \sum_{j=1}^{k} M_j\, p\left(\frac{zK_1(z) - \lambda_j K_1(\lambda_j)}{z - \lambda_j}\right) = 0 \Rightarrow |z| \geqslant 1, \tag{1.12$'$}$$

一般地，无法满足条件式（1.12）。对于 $K_1(L)$ 和 $J(L^{-1})$ 的某些设定，这些设定通过式（1.3）～式（1.4）决定了（M_j，λ_j），使得条件式（1.12）可以得到满足，而对其他设定则无法满足。汉森和萨金特（Hansen and Sargent，1980a）处理了一类例子，其中条件式（1.12）无法满足。而且，从任何自然的含义看，条件式（1.12）无法满足的情况并不少见。我们的结论是，对式（1.1）～式（1.2）定义的模型族而言，通常不能期待以当事人信息集的基本白噪声所表示的移动平均表述式（1.11）也就是计量经济学家信息集（y_t, x_{2t}）的基本因素。它等于说，（y_t, x_{2t}）当前值和滞后值无法完全揭示（$\varepsilon_{1t}, \varepsilon_{2t}$）的当前值和滞后值。

为方便起见，我们将公式（1.10）改写为

$$S(L)z_t = R(L)\varepsilon_t\,, \tag{1.13}$$

其中

$$S(L) = \begin{bmatrix} H(L) & 0 \\ 0 & I \end{bmatrix}, R(L) = \begin{bmatrix} M(K_1(L)) & M(K_2(L)) \\ 0 & K_2(L) \end{bmatrix},$$

$$\varepsilon_t = \begin{bmatrix} \varepsilon_{1t} \\ \varepsilon_{2t} \end{bmatrix},\ z_t = \begin{bmatrix} y_t \\ x_{2t} \end{bmatrix}。$$

那么，ε_t 是 z_t 的基本因素的条件可表示为 $\det R(z)$ 的零点不在单位圆之内。如果违背这个条件，那么从向量自回归复原的 z_t 的沃尔德分解将与表述式（1.13）以如下所述的方式相关。可以证明[7]，存在一个矩阵多项式 $G(L)^T = \sum_{j=0}^{\infty} G_j^T L^j$ 有如下的性质：

（ⅰ）$G(L^{-1})G(L)^T = I$；

（ⅱ）$G(L)^T$ 是单边的 L 的非负幂级数；

（ⅲ）$R(z)G(z^{-1})$ 有平方可加系数的幂级数展开，且 $\det(R(z)G(z^{-1}))$ 的零点不在复平面单位圆之内。

很明显地，我们能够将 $R(L)$ 表述为

$$R(L)\varepsilon_t = R(L)G(L^{-1})G(L)^T\varepsilon_t ,$$

或者

$$R(L)\varepsilon_t = R^*(L)\varepsilon_t^* , \tag{1.14}$$

其中

$$R^*(L) = R(L)G(L^{-1}) , \tag{1.15}$$

以及

$$\varepsilon_t^* = G(L)^T\varepsilon_t 。 \tag{1.16}$$

那么，对应于式（1.13）的 z_t 的沃尔德分解是：

$$S(L)z_t = R^*(L)\varepsilon_t^* 。 \tag{1.17}$$

依此构造，式（1.16）定义的 ε_t^* 过程是 z_t 过程当前值和滞后值所生成的空间中的向量白噪声，换句话说，ε_t^* 是 z_t 的基本因素。正是性质（ⅲ）保证了生成条件得到满足。除此之外，如果 $R^*(L)$ 的逆函数是单边的 L 的非负幂级数，那么我们能够得到以 z_t 当前值和滞后值表示的 ε_t 的表述：

$$\varepsilon_t^* = R^*(L)^{-1}S(L)z_t 。 \tag{1.18}$$

一般地，式（1.15）给定的 $R^*(L)$ 与 $R(L)$ 有很大的不同，使得系统对 ε_t（当事人信息集的新息）的脉冲响应与对 ε_t^*（计量经济学家信息集的新息）的脉冲响应看起来有很大的不同。上述方程（1.16）和性质（ⅱ）表明，ε_t^* 是 ε_t 当前值和滞后值的单边滞后分布，以至于在时刻 t 时新息 ε_t^* 反映的信息是模型中当事人过去的信息。只有在 $\det R(z)$ 的零点没有一个在单位圆之内使得 $G(L)^T$ 可看成单位算子的特殊情况下，方程（1.16）给定的 ε_t^* 才只对当事人拥有的当期信息 ε_t 做出反应。在 $G(L)^T \neq I$ 的情况下，通常有[8]

$$E(R_0^*\varepsilon_t^*)(R_0^*\varepsilon_t^*)^T > E(R_0\varepsilon_t)(R_0\varepsilon_t)^T 。 \tag{1.19}$$

$R_0^*\varepsilon_t^*$ 的同期协方差矩阵大于 $R_0\varepsilon_t$ 的同期协方差矩阵，这个陈述简明地

概括了 ε_t^* 为何比 ε_t 包含了有关 z_t 过程的更少信息。

现在我们刻画一个具体的假想的数值例子，其中计量经济学家只观察到 y，而没有观察到 x，因此，式（1.10）以如下特殊形式出现：

$$H(L)y_t = M(C_1(L))\varepsilon_{1t}。\tag{1.20}$$

该模型是单一市场中价格和数量动态模型之一，与萨金特（Sargent，1987b）和凯南（Kennan，1988）所研究的模型有关。市场两边当事人的行为——供给与需求分别由线性欧拉方程刻画。供应方的欧拉方程是

$$-E_t\{[h_s + g_s(1-\beta L^{-1})(1-L)]q_t\} + p_t = s_t,\tag{1.21}$$

其中 p_t 是时刻 t 的价格，q_t 是时刻 t 的供给量，s_t 是时刻 t 的供给冲击，β 是 0 和 1 之间的某个贴现因子，h_s 和 g_s 是供应商成本函数的参数。方程（1.21）是典型的欧拉方程，刻画了面临调整成本为 $(1-L)q_t$ 的二次函数的竞争性厂商的最优决策问题。

需求方的欧拉方程是：

$$-E_t\{h_d + g_d[a(\beta L^{-1})a(L)]\}q_t - p_t = d_t,\tag{1.22}$$

其中 $a(L)=a_0+a_1L+a_2L^2+a_3L^3+a_4L^4$。在公式（1.22）中，$h_d$ 和 g_d 是偏好参数，而参数 $[a_0,a_1,a_2,a_3,a_4]$ 刻画了时刻 t 的购买量 q_t 对需求方随后各期产生效用的方式。在公式（1.22）中，d_t 是需求受到的随机干扰过程。

为了完成模型设定，我们设定驱动过程即需求和供给冲击的随机运动规律。假设这些冲击满足

$$\begin{aligned} s_t &= B_s(L)w_{st}, \\ d_t &= B_d(L)w_{dt}, \end{aligned}\tag{1.23}$$

其中 $B_s(z)$ 和 $B_d(z)$ 是零点在单位圆之外的标量多项式。w_{st} 和 w_{dt} 过程是互不相关的白噪声，使得 w_{st} 是供给冲击 s_t 的新息，w_{dt} 是需求冲击 d_t 的新息。假设经济当事人能够观察到两个冲击的当前值和过去值，因而也可以观察到两个冲击的新息。

假设典型的供应方和需求方都将随机过程 p_t、d_t、s_t 看成是他们无法控制的，并且选择 q_t 的某个随机过程。在时刻 t，供应方和需求方拥有相同的信息集 $\{p_r,d_r,s_r,q_{r-1};r\leqslant t\}$。供应方和需求方选择的应对计划 q_t 是该信息集的函数。正如凯南（Kennan，1988）和萨金特（Sargent，1987b）所讨论的，差分方程（1.21）～（1.22）的均衡解是 $\{q_t,p_t\}$ 的平稳随机过程。[9]

该模型可以按照如下方式纳入本章的一般设定式（1.1）。令

$$y_t = \begin{pmatrix} q_t \\ p_t \end{pmatrix},\ \varepsilon_t = \begin{pmatrix} w_{st} \\ w_{dt} \end{pmatrix}, K_2(L)=0,$$

$$x_{2t}\equiv 0,\ K_1(L)=\begin{pmatrix} B_s(L) & 0 \\ 0 & B_d(L) \end{pmatrix}。$$

定义如下矩阵多项式：

$$E(L)=\begin{pmatrix}-(h_s+g_s(1-L)(1-\beta L^{-1})) & 1\\ -(h_d+g_d a(L)a(\beta L^{-1})) & -1\end{pmatrix}。$$

那么，可以得到单边的 L 的非负幂级数的多项式矩阵 $H(L)$ 和 $J(L)$，使得

$$J(L^{-1})H(L)=E(L),$$

并且使得 $\det J(z)$ 的零点在单位圆之内，而 $\det H(z)$ 的零点在单位圆之外。参见怀特曼（Whiteman，1983），格夫伯格、兰开斯特和罗德曼（Gohberg，Lancaster and Rodman，1982）对这样的矩阵因式分解存在性的证明，以及获得因式分解算法的描述。[10]

在这个模型中，有可能需求和供给冲击生成的信息集严格大于数量和价格当前值和过去值生成的信息集。因此，计量经济学家利用从数量和价格观测推导而来的新息账户（innovation accounts）是不能获得与需求和供给冲击同期的新息的线性组合构成的新息的。

模型的均衡可以表述为：

$$S(L)\begin{pmatrix}q_t\\ p_t\end{pmatrix}=R(L)\begin{pmatrix}w_{dt}\\ w_{st}\end{pmatrix}, \tag{1.24}$$

其中 $S(L)=H(L)$，$R(L)=M(C_1(L))$，$S(L)$ 是 L 的 (2×2) 四阶矩阵多项式，且 $\det S(z)$ 的零点在单位圆之外。该例中 $\det R(z)$ 的零点可以在单位圆之内或者之外。只有当 $\det R(z)$ 的零点不在单位圆之内时，价格和数量的向量自回归模型的向前一步预测误差才能表示为同期的需求和供给冲击新息 (w_{st},w_{dt}) 的线性组合。

我们计算了上述讨论的模型的一个数值例子以阐明模型的思想。[11]模型的参数设定如下[12]：

$$h_s=h_d=1,\ g_s=10,\ g_d=0.1,$$
$$a(L)=1+0.8L+0.6L^2+0.4L^3+0.2L^4,$$
$$B_d(L)=(1+0.6L)(1+0.4L)(1+0.2L),$$
$$B_s(L)=(1-0.8L)(1+0.4L)(1+0.2L),$$
$$\beta=1/1.05$$
$$Ew_{st}^2=5,\ Ew_{dt}^2=4,\ Ew_{st}w_{dt}=0。$$

图 1 显示了 (q_t,p_t) 对当事人信息集的新息脉冲的响应函数。这对应于式（1.13）或者式（1.24）的表述。图 2 显示了 (q_t,p_t) 对基本的（沃尔德）新息 ε_t^* 的响应函数，对应于表述（1.17）或者

$$S(L)\begin{bmatrix}q_t\\ p_t\end{bmatrix}=R^*(L)\varepsilon_t^*。 \tag{1.25}$$

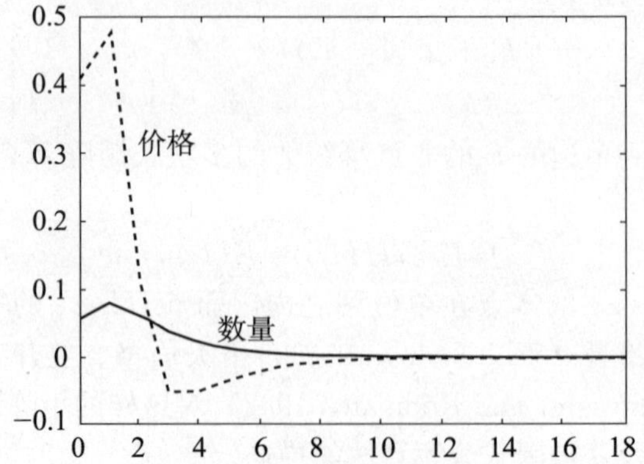

图 1a $S(L)\begin{bmatrix}q_t\\p_t\end{bmatrix}=R(L)\varepsilon_t$ **中第一个新息的脉冲响应函数**

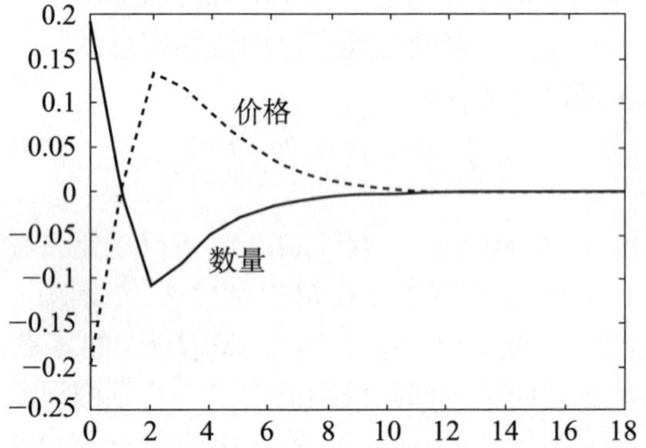

图 1b $S(L)\begin{bmatrix}q_t\\p_t\end{bmatrix}=R(L)\varepsilon_t$ **中第二个新息的脉冲响应函数**

在图 2 中，我们遵循了西姆斯（Sims，1980）标准化 R_0^* 和 ε_t^* 的方法，即通过选择某个有对角同期协方差矩阵的 ε_t^*，其中 ε_{1t}^* 的方差最大。这等同于在正交化同期协方差矩阵的格拉姆-施密特（Gram-Schmidt）程序中“令 q_t 排在第一”。[13] 图 3 展示了正交化程序中“p_t 排在第一”的沃尔德表述中的脉冲响应函数。

图 3 中的表述与图 2 中的表述通过下述方程相互关联：

$$S(L)\begin{bmatrix}q_t\\p_t\end{bmatrix}=(R^*(L)U)(U^T\varepsilon_t^*),$$

其中 U 是正交矩阵，在格拉姆-施密特（Gram-Schmidt）程序中使得 p_t 在正交化过程中排在第一。

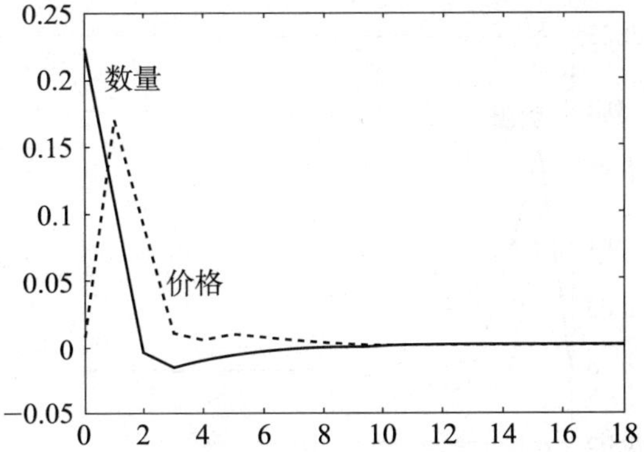

图 2a　$S(L)\begin{bmatrix}q_t\\p_t\end{bmatrix}=R^*(L)\varepsilon_t^*$ 中第一个新息的脉冲响应函数，数量是正交向量的第一个元素

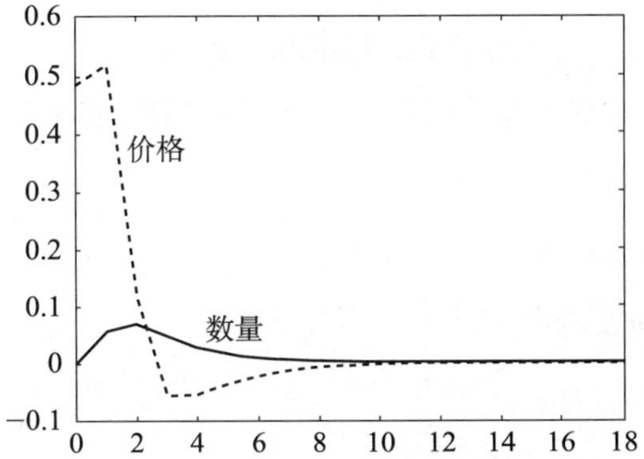

图 2b　$S(L)\begin{bmatrix}q_t\\p_t\end{bmatrix}=R^*(L)\varepsilon_t^*$ 中第二个新息的脉冲响应函数，数量是正交向量的第一个元素

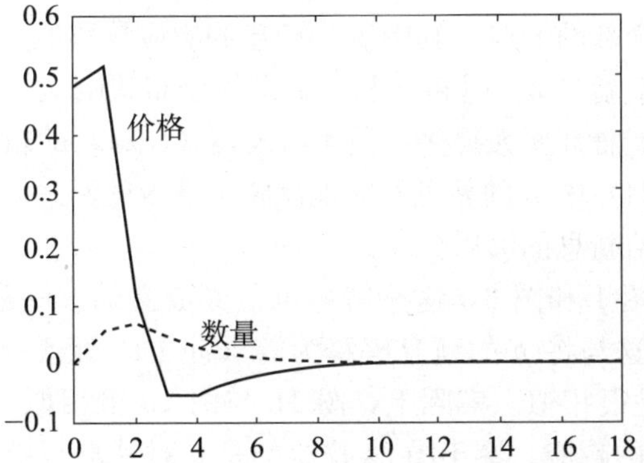

图 3a　$S(L)\begin{bmatrix}q_t\\p_t\end{bmatrix}=R^*(L)UU'\varepsilon_t^*$，$UU'=I$ 的脉冲响应函数，价格是正交向量的第一个元素

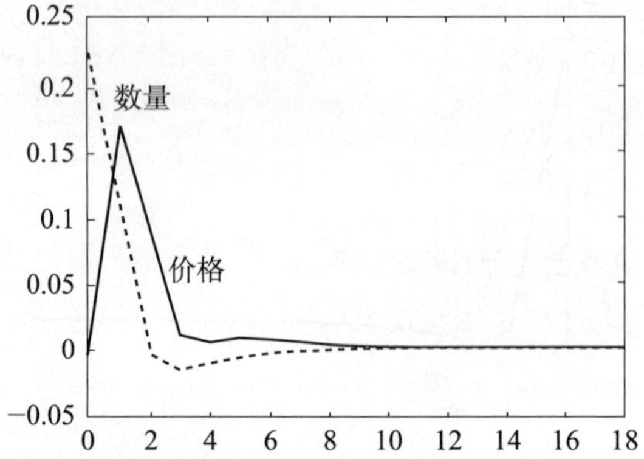

图 3b $S(L)\begin{bmatrix} q_t \\ p_t \end{bmatrix} = R^*(L)UU'\varepsilon_t^*$，$UU'=I$ **的脉冲响应函数，价格是正交向量的第一个元素**

图 2 和图 3 非常相似，反映了 $R_0^*\varepsilon_t^*$ 同期协方差矩阵几乎是对角矩阵的这个事实：

$$E(R_0^*\varepsilon_t^*)(R_0^*\varepsilon_t^*)^T = \begin{bmatrix} 0.0517 & -0.0332 \\ -0.0337 & 0.2354 \end{bmatrix}。$$

从对应于图 1 的表述式（1.24），可计算得：

$$E(R_0\varepsilon_t)(R_0\varepsilon_t)^T = \begin{bmatrix} 0.0374 & -0.0149 \\ -0.0149 & 0.2121 \end{bmatrix}。$$

因而，在我们的例子中，不等式（1.19）严格成立。

图 4 描绘了 ε_t^* 对当事人信息集的新息（w_{dt}, w_{st}）的响应，对应于表述式（1.16），即 $\varepsilon_t^* = G(L)^T\varepsilon_t$。注意，需求新息 w_{dt} 引起 p 和 q 的新息几乎是同时全部的响应，其中 p 的新息的响应从数值上看似乎要大得多。然而，供给新息 w_{st} 引起 p 和 q 新息的分布式响应，其中 q 的新息的响应从数值上看却要大得多。图 4 与表述（1.24）的粗略估计是一致的，表述（1.24）中 p 的新息及时地反映了需求的新息，但是 q 的新息则主要是因供给新息的滞后分布。

我们对比图 1 和图 2，这些解释也是能成立的。注意，图 1a 与图 2b 极其相似，这与将 p 的新息解释为需求冲击的新息一致。然而，图 1b 与图 2a 不是很相似。实际上，图 1b 与图 4b 更相似，图 4b 描绘了 ε_t^* 对供给新息的响应。鉴于图 2a 描绘的是 q 对其自身新息的几乎全部同期响应，这一点是可以理解的。

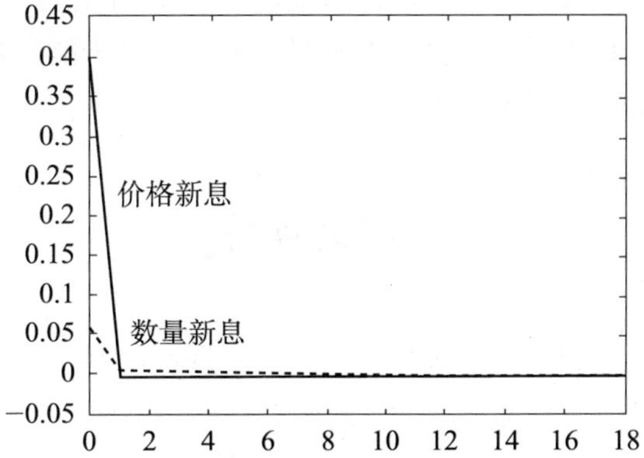

图 4a　$\varepsilon_t^* = G(L)'\varepsilon_t$ 的脉冲响应函数，ε_t^* 对需求新息的响应

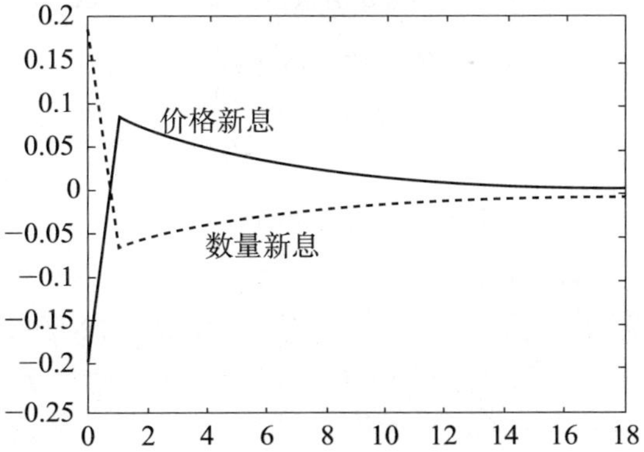

图 4b　$\varepsilon_t^* = G(L)'\varepsilon_t$ 的脉冲响应函数，ε_t^* 对供给新息的响应

1a. 离散时间的补救办法

如果在估计过程中施加了充分约束的动态经济理论，就可以克服前述的困难。汉森和萨金特（Hansen and Sargent，1980a）描述了广泛的理性预期交叉方程约束下 $S(L)$ 和 $R(L)$ 的估计方法。其方法是使用极大似然法估计偏好和约束集合的自由参数，并从返回函数中得到 $S(L)$ 和 $R(L)$ 的参数。这些方法不需要对 $\det R(z)$ 的零点进行限制，甚至当 $\det R(z)$ 的某些零点在单位圆之内时，仍然能够复原 $R(z)$ 的优良估计量。

简单地以表述式（1.13）为例，通过对该式两边进行双边逆矩阵 $R(L)^{-1}$ 的操作运算，得到

$$\varepsilon_t = R(L)^{-1}S(L)z_t 。\tag{1.26}$$

当 $\det R(z)$ 的某些零点在单位圆之内时，$R(L)^{-1}$ 是双边的，因此式（1.26）将 ε_t 表示为 z_t 的过去值、当前值和未来值的线性函数。通过使

用该方程与模型参数的估计值，有可能将 ε_t 的估计值构建成 $\{z_t\}$ 观察记录的函数。方程（1.26）再一次阐明了 ε_t 是怎么未能处在 z 的当前值和滞后值生成的线性空间之中的。

2. 时间加总

考虑一个以连续时间形式构想出的线性经济模型，其可表示为

$$z(t)=\int_0^{\infty} p(\tau)w(t-\tau)dz, \tag{2.1}$$

式中 $z(t)$ 是 $(n\times 1)$ 维向量随机过程，$w(t)$ 是 $(m\times 1)$ 维向量白噪声，其中 $Ew(t)w(t-s)^T=\delta(t-s)I$，$\delta$ 是狄拉克 δ 一般函数（Dirac delta general function）；$p(\tau)$ 是 $(n\times m)$ 维矩阵函数，满足 $\int_0^{\infty}\mathrm{tr}(p(\tau)p(\tau)^T)d\tau<+\infty$。令 $P(s)=\int_0^{\infty}e^{-s\tau}p(\tau)d\tau$，即 $P(s)$ 是 $p(\tau)$ 的拉普拉斯变换。有时候，我们会发现将式（2.1）以算子符号表示更为方便：

$$z(t)=P(D)w(t), \tag{2.2}$$

其中 D 是导数算子。我们将假设 $\det P(s)$ 在复平面右半边没有零点。这保证了 $(z(t-s),s\geqslant 0)$ 和 $(w(t-s),s\geqslant 0)$ 的平方可积泛函能够生成相同的线性空间，等价于设定式（2.1）是 $z(t)$ 的沃尔德表述。

大量的连续时间随机线性理性预期模型设定为式（2.1）或式（2.2）表现形式的均衡。汉森和萨金特（Hansen and Sargent，1981d）提供了一些例子。在这些例子中，连续时间白噪声 $w(t)$ 通常可以解释为当事人预测中不控制过程的新息，这些不可控制的过程随机地驱动模型。这些过程包括计量经济学家和私人当事人可观察到的过程（例如，各种相对价格和数量），以及那些私人当事人可以观察到但计量经济学家不可观察到的过程（例如，技术、偏好甚至是诸如努力或特种资本等特定生产要素的随机干扰）。从经济上讲，可以将 $w(t)$ 过程解释为私人当事人受到的连续时间新息，因为私人当事人在时刻 t 对 $t+\tau$ 进行预测时，模型变量的预测误差能够表示为 $w(s)$，$t<s<t+\tau$ 的加权和。因而，对私人当事人而言，$w(t)$ 过程代表了新闻或意外。

在理性预期模型中，通常 $P(D)$ 存在全面的跨行限制条件。一般地，这些限制条件使得 $w(t)$ 过程当前值和滞后值生成的线性空间可能大于 $z(t)$ 过程当前值和滞后值生成的线性空间。即使 $w(t)$ 过程的维

数 m 小于或者等于 $z(t)$ 过程的维数 n，这个结果仍然可能发生。这是我们在前一部分中处理的离散时间情况下的现象在连续时间情况下的翻版。在这个部分，我们将通过假设 $\det P(s)$ 在复平面右半边没有零点来忽略这个现象。

对于该连续时间设定，存在一个离散时间移动平均表述：

$$z_t = C(L)a_t, \tag{2.3}$$

其中 $C(L)$ 是滞后算子 L 的有限阶（$n\times n$）多项式；a_t 是向量白噪声，$Ea_ta_t^T = W$，以及 $a_t = z_t - \hat{E}[z_t \mid z_{t-1},\cdots]$。算子 $C(L)$ 和半正定矩阵 W 求解了下述方程（2.4），其约束条件是 $\det C(z)$ 的零点不在单位圆之内[14]：

$$C(e^{-i\omega})WC(e^{-i\omega})^T = \sum_{j=-\infty}^{+\infty} P(i\omega+2\pi ij)P(-i\omega-2\pi ij)^T。 \tag{2.4}$$

当 z_t 可以表述为离散时间自回归时，离散时间新息 a_t 通过如下的公式与 $w(t)$ 过程相关联：

$$a_t = C(L)^{-1}P(D)w(t),$$

或者

$$a_t = V(L)P(D)w(t) = V(L)\int_0^\infty p(\tau)w(t-\tau)d\tau, \tag{2.5}$$

其中定义了 $V(L)=C(L)^{-1} = \sum_{j=0}^{\infty}V_jL^j$，$V_0 = I$。此处，$-V_j$ 是 z 的向量自回归第 j 个（$n\times n$）维滞后系数矩阵。从式（2.5）可直接得出：

$$a_t = \int_0^\infty f(\tau)w(t-\tau)d\tau, \tag{2.6}$$

其中[15]

$$f(\tau) = \sum_{j=0}^{\infty}V_jp(\tau-j)。 \tag{2.7}$$

从式（2.6）以及对整数 t 的恒等式 $C(L)a_t = P(D)w(t)$，可以得到

$$p(\tau) = \sum_{j=0}^{\infty}C_jf(\tau-j)。 \tag{2.8}$$

式（2.6）和式（2.7）说明了离散时间新息 a_t 是如何大体上反映连续时间新息 $w(t)$ 的所有过去值的。

向量自回归模型的分析通常会使用各种方式来概述 $C(L)$ 的形状，并试图对该形状进行解释。基于分解公式（7）的西姆斯新息核算方法是概述 $C(L)$ 形状分析过程的好例子。在离散时间例子中，我们以作用于个体当事人的经济力量解释离散时间向量自回归模型，从这个角度

看，一个令人期待的结果是能否将离散时间和连续时间移动平均表述以某些简单又解释得通的方式匹配起来。特别地，我们期待能够有下述两个不同但又相关的特征。第一，离散时间新息 a_t 能否紧密地反映 t 时刻附近 $w(s)$ 的行为。或许最期待的结果是 a_t 能否表示为

$$a_t = \int_0^1 f(\tau)w(t-\tau)d\tau, \tag{2.9}$$

使得在公式（2.6）中，对于 $\tau > 1$，有 $f(\tau)=0$ 成立。在这种情况下，a_t 将是单位预测区间上连续时间新息的加权和。更令人期待的是，当 $f(\tau)=p(\tau)$ 时，式（2.9）是否成立，因为这时 a_t 将等于连续时间系统中向前一步预测误差。第二，假设 $p(\tau)$ 是一个平滑的函数，我们期待的是离散时间移动平均系数 $\{C_0, C_1, C_2, \cdots\}$ 是否类似于连续时间移动平均核 $\{p(\tau), \tau \geqslant 0\}$ 的某个抽样版本。之所以希望得出这个结果，是因为这时 C_j 的模式将如实地反映连续时间中系统对新息的响应。我们将依次考虑这些必要条件。

我们首先研究在某些条件下，对于 $\tau > 1$，有 $f(\tau)=0$ 成立。考虑下述分解：

$$\begin{aligned} a_t &= z(t)-\hat{E}[z(t)\mid w(t-s), s\geqslant 1] \\ &\quad +\hat{E}[z(t)\mid w(t-s), s\geqslant 1]-\hat{E}[z_t \mid z_{t-1}, \cdots] \\ &= \int_0^1 p(\tau)w(t-\tau)d\tau + \int_1^\infty p(\tau)w(t-\tau)d\tau \\ &\quad -\hat{E}\left[\int_1^\infty p(\tau)w(t-\tau)d\tau \mid z_{t-1}, \cdots\right]。\end{aligned}$$

最后一个等式意味着，如果式（2.9）成立，那么必须有

$$\hat{E}[z(t)\mid w(t-s), s\geqslant 1] = \hat{E}[z_t \mid z_{t-1}, \cdots], \tag{2.10}$$

这进而意味着对 $0 \leqslant \tau \leqslant 1$，有 $p(\tau)=f(\tau)$。必要条件式（2.10）的解释是在单位时间区间上 $z(t)$ 的离散时间和连续时间预测刚好重合。

当条件式（2.9）得到满足时，$P(D)$ 和 $C(L)$ 的联系将特别简单。使用 $f(\tau)=0$，$\tau > 1$，方程（2.8）将变成：

$$p(\tau) = C_j f(\tau - j), \; j \leqslant \tau < j+1。\tag{2.11}$$

方程（2.11）意味着，对使得 $f(\tau)=0$，$\tau > 1$ 的特定连续时间过程族而言，连续时间移动平均系数完全取决于离散时间移动平均系数以及定义在该单位区间的函数 $f(\tau)$。这个关系存在混淆问题，因为无法从离散时间数据推出 $f(\tau)$。如果缺乏额外的限制条件，那么所有满足 $\int_0^1 f(\tau)f(\tau)^T d\tau = W$ 的函数 $f(\tau)$ 将是观察上等价的。关系式（2.11）也意味着，在一般情况下，如果没有对 $p(\tau)$ 施加更多的限制，那么条

件式（2.9）对离散时间移动平均系数将不会有任何约束。

然而，在很多（即使不是大多数）应用中，通常施加额外的要求，即连续时间移动平均系数是 τ 的连续函数。[16] 这个必要条件连同式（2.11）一起，对离散时间移动平均表述施加了非常严格的限制。特别地，式（2.11）意味着

$$C_j f(0) = C_{j-1} f(1), \tag{2.12}$$

其中 $f(\tau)$ 在该式中是单位区间上的连续函数。若 $w(t)$ 和 $z(t)$ 有相同的维数（$m = n$）且 $f(0)$ 是非奇异的，那么关系式（2.12）意味着

$$C_j = [f(1)f(0)^{-1}]^j,$$

以及

$$C(L) = [I - f(1)f(0)^{-1}L]^{-1}。$$

这意味着，要使式（2.9）成立，那么离散时间过程必须有一阶自回归表述。因此，我们证明了，条件式（2.9）和 $p(\tau)$ 连续性的必要条件不仅对可行的连续时间移动平均系数施加了充分的限制，也对离散时间移动平均系数施加了充分的限制。

因而，$p(\tau)$ 是连续函数时，一般地，关系式（2.9）不成立。作为替代，由式（2.6）给定的 a_t 是 $w(t)$ 所有当前值和滞后值的函数，$w(t)$ 可以设想为模型中当事人受到的冲击，该函数的性质对用连续时间白噪声 $w(t)$ 解释 a_t 提出了几个相互关联的问题。第一，正如离散时间的情况一样，$w(t)$ 过程在连续时间中未必是 $z(t)$ 的基本因素。第二，式（2.6）中的矩阵函数 $f(\tau)$ 通常不是对角的，因此，a_t 的每个元素通常是 $w(t)$ 所有元素的函数。这是格韦克（Geweke，1978）所谓的"污染"（contamination）的一个说法，它发生于多个相互关联的滞后分布的跨时加总过程中。这也与众所周知的现象相关，即跨时加总通常会导致离散抽样的 y 到 x 的格兰杰因果关系，即使当 y 在连续时间中不是 x 的格兰杰原因时。第三，对所有的 $\tau > 0$，式（2.5）的矩阵函数 $f(\tau)$ 通常是非零的，因此，a_t 通常依赖于 $w(t-\tau)$ 久远的过去的值。

接下来我们考虑第二个必要条件，即序列 $\{C_j\}_{j=0}^{\infty}$ 类似于函数 $p(\tau)$ 的某个抽样情形。为了研究这个问题，设 $m = n$，因为我们感兴趣的是研究即使当 a_t 中的白噪声数量 n 等于 $w(t)$ 中的数量 m 时 $\{C_j\}$ 仍然无法反映 $p(\tau)$ 的情况。这里的大多数问题都可以用单变量的例子表示，因此在大部分讨论中，设定 $m = n = 1$。同时，可很方便地以 z_t 在连续时间中具有有理的谱密度情况作为例子进行研究。因此设定

$$\theta(D)z_t = \psi(D)w(t), \tag{2.13}$$

其中，z_t 是一个标量随机过程，且 $\theta(s) = (s-\lambda_1)(s-\lambda_2)\cdots(s-\lambda_r)$，$\psi(s) = \psi_0 + \psi_1 s + \cdots + \psi_{r-1}s^{r-1}$。假设 $\theta(s)$ 的零点 $\lambda_1, \lambda_2, \cdots, \lambda_r$ 的实数部分小于零，但是 $\psi(s)$ 的零点的实数部分不受限制。只有当 $\psi(s)$ 零点的实数部分小于零，$z(t)$ 和 $w(t)$ 的当前值和过去值才生成相同的线性空间。如果 $\psi(s)$ 的某个零点的实数部分大于零，那么 $w(t)$ 当前值和过去值生成的空间将比 $z(t)$ 当前值和过去值生成的空间大。上述方程可表示为

$$z_t = P(D)w(t), \tag{2.14}$$

其中 $P(D) = \psi(D)/\theta(D)$。$P(D)$ 的部分分数表述为

$$P(D) = \sum_{j=1}^{r} \frac{\delta_j}{D-\lambda_j}, \tag{2.15}$$

其中

$$\delta_j = \lim_{s\to\lambda_j} P(s)(s-\lambda_j)。 \tag{2.16}$$

因此，有

$$p(\tau) = \sum_{j=1}^{r} \delta_j e^{\lambda_j \tau}。 \tag{2.17}$$

因而，连续时间移动平均表述中的权重函数 $p(\tau)$ 是 r 的指数衰减函数之和。现在我们要做的是求取与离散时间系数 B_k 相似的式（2.17）的表达式。

我们知道，隐含在式（2.13）的离散时间过程 z_t 是一个第 r 阶自回归 $r-1$ 移动平均过程。令 $z_t = \frac{c(L)}{d(L)}a_t$，其中 $c(L) = \sum_{j=0}^{r-1} c_j L^j$，$d(L) = \sum_{j=0}^{r} d_j L^j$。要得到这个表述，就得使用式（2.4）。菲利普斯（A. W. Phillips，1959）以及汉森和萨金特（Hansen and Sargent，1983b）证明，对过程式（2.13），式（2.4）右边的项可表述为

$$\sum_{j=-\infty}^{+\infty} P(i\omega + 2\pi i j)P(-i\omega - 2\pi i j) = \sum_{j=1}^{r}\left[\frac{w_j}{(1-e^{\lambda_j}e^{-i\omega})} + \frac{w_j e^{\lambda_j}e^{+i\omega}}{(1-e^{\lambda_j}e^{+i\omega})}\right],$$

其中

$$w_j = \lim_{s\to\lambda_j} P(s)P(-s)(s-\lambda_j)。$$

令 $z = e^{-i\omega}$，要得到所需的混合移动平均自回归表述，须求解

$$\frac{c(z)c(z^{-1})}{d(z)d(z^{-1})} = \sum_{j=1}^{r}\left[\frac{w_j}{1-e^{\lambda_j}z} + \frac{w_j e^{\lambda_j} z^{-1}}{1-e^{\lambda_j}z^{-1}}\right], \tag{2.18}$$

约束条件是 $c(z)$ 和 $d(z)$ 的零点全部处于单位圆之外。式（2.18）右边的项可表示为

$$\frac{\sum_{j=1}^{r} w_j \prod_{k\neq j}^{r}(1-\alpha_k z)\prod_{k=1}^{r}(1-\alpha_k z^{-1})}{\prod_{j=1}^{r}(1-\alpha_j z)\prod_{k=1}^{r}(1-\alpha_k z^{-1})} + \frac{\sum_{j=1}^{r} w_j\alpha_j \prod_{k=1}^{r}(1-\alpha_k z)\prod_{k\neq j}^{r}(1-\alpha_k z^{-1})z^{-1}}{\prod_{j=1}^{r}(1-\alpha_j z)\prod_{k=1}^{r}(1-\alpha_k z^{-1})}, \quad (2.19)$$

其中 $\alpha_j \equiv e^{\lambda_j}$。注意，因假设 λ_j 的实数部分小于零，所以 $|\alpha_j|<1$。因而，分母已按要求因素化，使得

$$d(z) = \prod_{j=1}^{r}(1-\alpha_j z)。\quad (2.20)$$

分子也须因素化以便得到 $c(z)$。正如汉森和萨金特（Hansen and Sargent，1981a）所描述的，求解标量多项式零点的标准程序可用于获得这样的因素分解。

因而，有

$$z_t = \frac{c(L)}{d(L)}a_t \equiv C(L)a_t。\quad (2.21)$$

采用与连续时间移动平均表述相似的处理方式，可得到 $C(L)$ 的部分分数表述，即

$$C(L) = \sum_{j=1}^{r}\frac{\gamma_j}{1-\alpha_j L}, \quad (2.22)$$

其中

$$\gamma_j = \lim_{z\to\alpha_j^{-1}} C(z)(1-\alpha_j z)。\quad (2.23)$$

回想 $a_j \equiv e^{\lambda_j}$，方程（2.22）意味着

$$C_k = \sum_{j=1}^{r}\gamma_j e^{\lambda_j k}。\quad (2.24)$$

整理和比较主要的结论就有

$$p(\tau) = \sum_{j=1}^{r}\delta_j e^{\lambda_j \tau}, \quad \tau\in[0,\infty)。\quad (2.17)$$

$$C_k = \sum_{j=1}^{r}\gamma_j e^{\lambda_j k}, \quad k=0,1,2,\cdots。\quad (2.24)$$

式（2.17）和式（2.24）意味着，当且仅当 $\gamma_j/\delta_j=\gamma_1/\delta_1$ 对所有 $j=2,3,\cdots,r$ 成立时，C_k 将是（成正比于）$p(\tau)$ 的某个抽样情形。通过将式（2.17）和式（2.24）用于式（2.7）和式（2.8）之中，可以直接证明，对任意 $r\geqslant 2$，该条件无法满足。因而，只有当 $z(t)$ 是一阶自回归过程时，C_k 才证明是 $p(\tau)$ 的某个抽样情形。

表1和图5表示的数值例子说明了前述想法。对单变量过程 $(D^3+0.6D^2+0.4D+0.2)z(t)=\omega(t)$，分别计算了 $j=1,2,3$ 时的 $p(\tau)$、$f(\tau)$、$c(L)$、$d(L)$、$B(L)=c(L)/d(L)$、γ_j、δ_j。例子中，对于 $j\geqslant 2$，有 $\gamma_j/\gamma_1\neq\delta_j/\delta_1$，因此，连续时间和离散时间移动平均的形状，即 $p(\tau)$ 和 C_k 是不同的。图5展示的是 τ 为整数值时的 C_k 和 $p(\tau)$。图6是 $f(\tau)$ 函数图。注意，对于 $\tau>1$，$f(\tau)\neq 0$。特别地，注意，$f(\tau)$ 在 $[1,2]$ 的大部分区间的绝对值要比在区间 $[0,1]$ 上大。$f(\tau)$ 无法集中于区间 $[0,1]$，以及 B_k 无法类似于 $p(\tau)$ 的某个抽样情形，都是下述事实的结果：即它是一个连续时间三阶自回归系统，而不是一阶自回归系统。

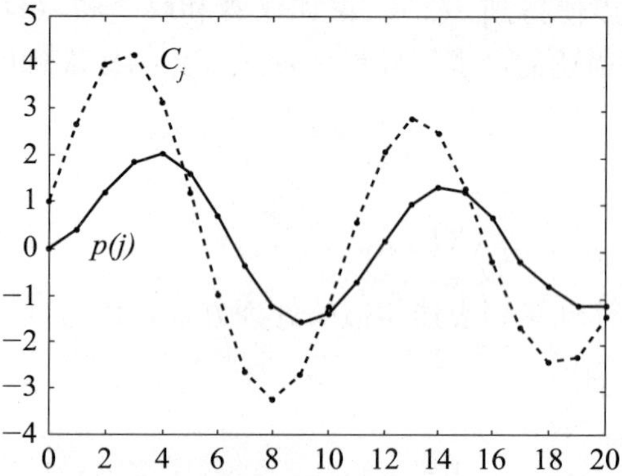

图5 连续时间（$p(j)$）与离散时间（C_j）移动平均核

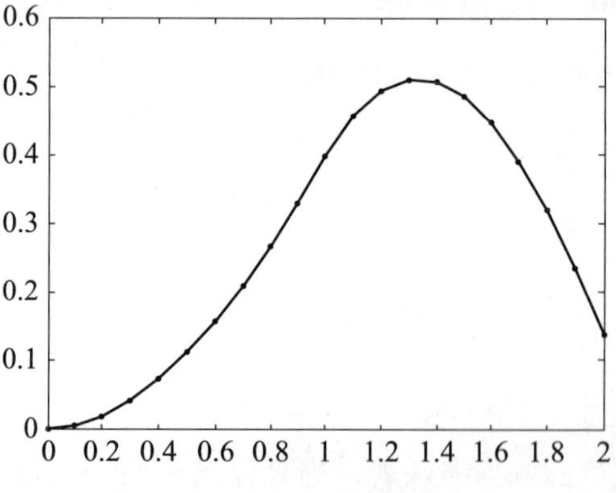

图6 函数 $f(s)$

前述结论和例子很容易一般化到 z_t 为向量随机过程的情况。式(2.17) 和式 (2.24) 的矩阵表达仍然成立，其中 λ_j 是 $\det\theta(s)$ 的零点，δ_j 和 γ_j 是由式 (2.16) 和式 (2.23) 给定的 $(n\times n)$ 矩阵。

表 1　　跨时加总的例子

$\psi(D)=1$

$\theta(D)=0.2+0.4D+0.6D^2+D^3$

λ_j（$\theta(s)$ 的零点）：-0.5424，-0.0288 ± 0.6066

$\psi(D)/\theta(D)$ 部分分数表述中的 δ_j：

			δ_j/δ_1	
j	δ_j 的实数部分	δ_j 的虚数部分	实数	虚数
1	1.583 1	0	1.00	0
2	−0.791 5	0.670 1	−0.50	0.423
3	−0.791 5	0.670 1	−0.50	−0.423

分子多项式（$c(L)$）谱因素分解的零点：

	零点的实数部分	零点的虚数部分	模数
1	−0.044 1	0	0.044
2	−0.435 9	0	0.436

$C(L)$ 部分分数表述中的 γ_j：

			γ_j/γ_1	
j	γ_j 的实数部分	γ_j 的虚数部分	实数	虚数
1	1.798 4	0	1.000	0
2	−0.399 2	2.031 0	−0.222	1.129
3	−0.399 2	−2.031 0	−0.222	1.129

离散时间混合移动平均自回归表述：

$d(L)=1-2.1779L+1.8722L^2-0.5485L^3$

$c(L)=1+0.4800L+0.0192L^2$

τ	$f(\tau)$	$p(\tau)$	C_k
0	0	0	1.000 000
0.100	0.004 900	0.004 900	
0.200	0.019 198	0.010 108	
0.300	0.042 288	0.042 288	
0.400	0.073 563	0.073 563	
0.500	0.112 414	0.112 414	
0.600	0.158 231	0.153 231	
0.700	0.210 404	0.210 404	
0.800	0.268 324	0.268 324	
0.900	0.331 386	0.331 386	
1.000	0.398 987	0.398 987	2.657 971
1.100	0.457 506	0.470 529	
1.200	0.494 395	0.545 421	
1.300	0.510 679	0.623 079	
1.400	0.507 397	0.702 926	

续前表

τ	$f(\tau)$	$p(\tau)$	C_k
1.500	0.485 602	0.784 396	
1.600	0.446 360	0.866 935	
1.700	0.390 751	0.949 999	
1.800	0.319 860	1.033 059	
1.900	0.234 786	1.115 601	
2.000	0.136 629	1.197 125	3.935 901
3.000	−0.073 263	1.860 267	4.144 677
4.000	0.032 542	2.029 242	3.116 763
5.000	−0.014 212	1.593 759	1.188 521
6.000	0.006 197	0.692 895	−0.972 014
7.000	−0.002 701	−0.361 072	−2.631 591
8.000	0.001 178	−1.208 944	−3.259 333
9.000	−0.000 513	−1.576 723	−2.705 194
10.000	0.000 224	−1.368 770	−1.233 866
11.000	−0.000 098	−0.692 635	0.588 609
12.000	0.000 043	0.188 765	2.107 332
13.000	−0.000 019	0.956 663	2.810 459
14.000	0.000 008	1.350 008	2.498 675
15.000	−0.000 004	1.252 755	1.336 741
16.000	0.000 002	0.725 963	−0.224 260
17.000	−0.000 001	−0.020 340	−1.619 749
18.000	0.000 000	−0.722 582	−2.374 213
19.000	−0.000 000	−1.131 496	−2.261 452
20.000	0.000 000	−1.124 345	−1.369 232

2a. 局部不可预测过程和线性二次模型

表 1 中的随机过程 $z(t)$ 是均方可微的[17]，基于 $p(0)=0$ 的事实就可以证明。若 $p(0)=p'(0)=p''(0)=\cdots=p^{(j-1)}(0)=0$，式（2.1）形式的随机过程是 j 次均方可微的（参见萨金特（Sargent，1983）的证明）。因此，可证得 $(0.2+0.4D+0.6D^2+D^3)z(t)=w(t)$ 过程是二次（但不是三次）均方可微的。$p(\tau)$ 在 $\tau=0$ 附近具有平滑性，并且近似为零，正是这样使得 C_j 难以类似于 $p(\tau)$ 的某个抽样情形，并使得 $a(t)$ 是 $\int_0^1 p(\tau)w(t-\tau)d\tau$ 的一个低劣统计量（a poor estimator）。

西姆斯（Sims，1984）论证了存在一类经济变量，这类变量最好以均方不可微的方式进行建模，对这些过程，有 $p(0)\neq 0$。如在式（2.1）形式的过程中，$p(0)\neq 0$，这样的过程称为局部不可预测的（locally unpredictable），因为若 $p(0)\neq 0$，那么

$$\lim_{\delta\to 0}\frac{E(x(t+\delta)-\hat{E}_t x(t+\delta))^2}{E(x(t+\delta)-x(t))^2}=1。\tag{2.25}$$

这里 $\hat{E}_t$ 是线性最小二乘投影算子，以 $\{x(t-s),s\geqslant 0\}$ 为条件。现在，可以很容易证明条件式（2.25）意味着

$$\lim_{\delta\to 0}\frac{E(x(t+\delta)-\hat{E}_t x(t+\delta))^2}{E(x(t+\delta)-\hat{E}(x(t+\delta)\mid x(t),x(t-\delta),x(t-2\delta),\cdots))^2}$$
$$=1。\tag{2.26}$$

在式（2.26）中，$\hat{E}_t x(t+\delta)$ 是以 $\{x(t-s),s\geqslant 0\}$ 为条件的 $x(t+\delta)$ 的线性最小二乘投影，而 $\hat{E}(x(t+\delta)\mid x(t),x(t-\delta),\cdots)$ 是 $x(t+\delta)$ 在离散时间样本 $x(t),x(t-\delta),\cdots$ 上的投影。条件式（2.26）对任意局部不可预测过程都成立，并且表明对于足够小的抽样区间 δ，连续时间过程的 δ 步向前投影误差在均方误差意义上接近于 δ 间隔的离散时间数据的 δ 步向前投影误差。因而，当 $p(0)\neq 0$ 时，对足够小的 δ，新息 a_t 在式（2.21）的 δ 对应部分在均方意义上任意接近于 $\int_0^\delta p(s)w(t-s)ds$。

现在假设 $z(t)$ 由式（2.1）给定，且 $p(0)=0$，因此 $z(t)$ 是均方可微的。按照西姆斯（Sims，1984）的方法，想象经济学家感兴趣的是研究期望变量 $x^*(t)$，其由下式给定：

$$x^*(t)=\hat{E}\left[\int_0^\infty e^{\rho s}z(t+s)ds\mid(z(t-\tau),t\geqslant 0)\right],\tag{2.27}$$

其中 $\rho<0$。汉森和萨金特（Hansen and Sargent，1981d）证明了

$$x^*(t)=\left[\frac{-P(D)+P(-\rho)}{D+\rho}\right]w(t)\equiv G(D)w(t)$$
$$=\int_0^\infty g(s)w(t-s)ds,\tag{2.28}$$

其中 $P(s)=\int_0^\infty e^{-\tau s}p(\tau)d\tau$ 是 $p(\tau)$ 的拉普拉斯变换。现在，如果 $G(s)$ 是 $g(\tau)$ 的拉普拉斯变换，定义域为 $[0,\infty)$，那么拉普拉斯变换的初值定理表明：

$$g(0)=\lim_{s\to\infty}sG(s)。$$

应用初值定理连同式（2.28），可得

$$g(0)=\lim_{s\to\infty}s\left[\frac{-P(s)+P(-\rho)}{s+\rho}\right]=P(-\rho)\neq 0。$$

($P(-\rho)\neq 0$，因为由 $p(\tau)$ 是与 $z(t)$ 的沃尔德表述相关的核的假设，$P(s)$ 在复平面右半边没有零点。）因此，即使 $p(0)=0$，也有 $g(0)\neq 0$，使得几何期望变量 $x^{*}(t)$ 不是均方可微的，因此也是局部不可预测的。对于这样的期望变量，式（2.26）成立。因此，对这样的变量，对于足够小的抽样区间 δ，对应于式（2.21）的离散时间新息 $a(t)$ 在均方意义上接近于 $\int_0^{\delta} p(s)w(t-s)ds$。

这些结论意味着对变量 $x^{*}(t)$ 和充分小的抽样区间 δ，情况并没有像表 1 中的例子描述的那么糟糕。如同西姆斯所指出的，有一些消费理论和资产定价理论意味着消费或资产价格表现像 $x^{*}(t)$，并由式（2.27）的某个表述支配。例如，若 $x^{*}(t)$ 是消费，$z(t)$ 是收入，那么式（2.27）是永久收入理论的一个表述。此外，若 $x^{*}(t)$ 是股票价格，$z(t)$ 是红利过程，那么式（2.27）是资产定价公式的简化形式。

然而，汉森和萨金特（Hansen and Sargent，1981a，1981d）讨论了广泛的一般化调整成本模型，其中可观察变量 $x^{*}(t)$ 是平滑的，因而是均方连续的。在调整成本模型中，决策由 $x^{*}(t)$ 的卷积而不是由 $x^{*}(t)$ 单独驱动的。例如，典型的二次调整成本问题的随机欧拉方程是

$$(D-\rho)k(t)=E_t\left(\frac{1}{D+\rho}\right)z(t),$$

其中 $\rho>0$，或者

$$(D-\rho)k(t)=x^{*}(t)。$$

此处 $k(t)$ 是资本。那么，资本的解是

$$k(t)=\frac{1}{D-\rho}x^{*}(t),$$

或者

$$k(t)=\frac{1}{D-\rho}\left[\frac{-P(D)+P(-\rho)}{D+\rho}\right]w(t),$$

其中，$z(t)=\int_0^{\infty}\rho(s)w(t-s)ds$。令

$$k(t)=\int_0^{\infty}h(\tau)w(t-\tau)d\tau,$$

以及

$$H(s)=\int_0^{\infty}e^{-\tau s}h(\tau)d\tau。$$

则有

$$H(s)=\left(\frac{1}{s-\rho}\right)\left[\frac{-P(s)+P(-\rho)}{s+\rho}\right]。$$

应用初值定理计算 $h(0)$，得到

$$h(0)=\lim_{s\to\infty} sH(s)=0。$$

因而，$k(t)$ 是均方可微的，也是局部不可预测的。（将 $x^*(t)$ 转换为 $k(t)$ 所需的卷积积分，使 $k(t)$ 相对于 $x^*(t)$ 变得平滑了。）

更一般地，若当事人面临的是均方可微驱动过程 $z(t)$，那么内生动态调整成本模型通常也会导致均方可微内生变量。这意味着像这类模型，即在表 1 中所阐述的解释困难是无法借助于极限公式（2.26）的近似方法来避免的。

2b. 连续时间分析中的补救方法

前述的解释中出现的问题是在估计向量自回归模型过程中未对估计施加任何明确的经济理论限制而导致的结果。如果在估计过程中有充分限制且在可靠的动态经济模型中施加限制条件，那么这些问题是完全可以克服的。例如，汉森和萨金特（Hansen and Sargent，1980b，1981d）已经阐述了如何在广泛的线性理性预期模型背景下从离散时间观察数据中识别和估计函数 $p(\tau)$。其基本思想是，刻画了动态线性理性预期模型的大量的交叉方程约束可用于从离散时间数据中识别出唯一的连续时间模型。

如果有 $p(\tau)$ 的估计值可得，那么只要使用 $\{z_t\}$ 的离散时间数据，甚至可能复原当事人在连续时间中做出的向前一步预测的误差的估计值。它可通过将连续时间预测误差处理成隐藏变量来完成，其中该隐藏变量与离散时间过程 $\{z_t\}$ 的协方差是已知的。因而，给定 $p(\tau)$ 的估计值，我们把连续时间数据的向前一步预测误差定义为 $e_t^*=\int_0^1 p(\tau)w(t-\tau)d\tau$。这样就可直接计算下述的二阶矩：

$$E(z_t z_{t-j}^T)=\int_0^\infty p(\tau+j)p(\tau)^T d\tau=\sum_{k=0}^\infty C_{k+j}WC_k^T, j\geqslant 0,$$

$$E(e_t^* z_{t+j}^T)=\begin{cases}\int_0^1 p(\tau)p(\tau+j)^T d\tau, & j\geqslant 0\\ 0, j<0\end{cases}。$$

我们能够估计投影 $\sum_{j=-m_1}^{m_2} D_j z_{t-j}$，投影方程为

$$e_t^*=\sum_{j=-m_1}^{m_2} D_j z_{t-j}+u_t,$$

其中 u_t 正交于所有的 $j=-m_1,\cdots,m_2$，D_j 可以从下述的正规方程中计算得到

$$E(e_t^* z_{t+k}^T)=\sum_{j=m_1}^{m_2} D_j E z_{t-j} z_{t+k}^T, k=-m_2,\cdots,m_1。$$

如果目标是要提取和解释当事人预测误差的估计值，那么这些计算具有重要的用处。在连续时间的各种模型表述中，如在卢卡斯（Lucas，1973）和巴罗（Barro，1977）的模型中，当事人的预测误差是脉冲的主要来源，因此，使用该方法刻画模型的随机性质并进行估计具有重要的意义。

3. 结论

随后的章节将处理本章研究的问题的各个方面。下一章由汉森、罗伯兹和萨金特撰写，该章将阐述离散时间的税收和消费模型，其中向量自回归模型的历史新息不等于当事人拥有的历史信息。这对模型的一个关键特征——现值预算平衡形式的检验提出了难题。对于这些特别的模型，本章刻画并实施了一个检验策略，该策略是上述讨论的离散时间补救办法的一个替代。

第 2 节提出的有关连续时间问题的分析将在马舍特（Marcet）所撰写的第 10 章中进一步研究和扩展，他放松了连续时间谱密度是有理的（rational）这一假设。这使得他能够研究带有间断移动平均核的沃尔德表述的连续时间过程。第 7、8、9 章包含了大量的技术性结论，这些结论对上述讨论的连续时间补救办法的应用是非常有帮助的。

附　录

本附录叙述了用于计算图 1～图 4 的迭代方法。

我们通过将模型映射到汉森和萨金特（Hansen and Sargent，1990）所描述的经济中，并使用他们的计算机程序计算第 1 节所刻画的研究目标。在他们所描述的经济中，均衡配置求解了社会计划问题：选择随机过程 $\{c_t, s_t, \ell_t, g_t, k_t, h_t\}_{t=0}^{\infty}$ 以最大化：

$$-\left(\frac{1}{2}\right)E_0\sum_{t=0}^{\infty}\beta^t[(s_t-b_t)\cdot(s_t-b_t)+\ell_t^2], \tag{A.1}$$

约束条件是

$$\begin{aligned}
&\Phi_c c_t + \Phi_i i_t + \Phi_g g_t = \Gamma k_{t-1} + d_t, \\
&g_t \cdot g_t = \ell_t^2, \\
&k_t = \Delta_k k_{t-1} + \Theta_k i_t, \\
&h_t = \Delta_h h_{t-1} + \Theta_h c_t, \\
&s_t = \Lambda s_{t-1} + \Pi c_t, \\
&z_{t+1} = A_{22} z_t + C_2 w_{t+1}, \\
&b_t = U_b z_t,\ d_t = U_d z_t。
\end{aligned} \tag{A.2}$$

在式(A.1)中，s_t 是消费服务流向量，b_t 是偏好冲击向量，ℓ_t 是劳动供给，c_t 是消费率向量，i_t 是投资率向量，g_t 是"中间产品"向量，k_{t-1} 是资本冲击向量，d_t 是"禀赋冲击"向量，h_t 是耐用消费品向量，$\{w_{t+1}\}$ 是白噪声向量且 $Ew_{t+1}w_{t+1}^T = I$，z_t 是外生的信息状态向量。计划者在（A.2）的约束下最大化（A.1），最优的应对计划 $\{c_t, i_t, \ell_t, g_t, k_t, h_t\}$ 是 t 时刻已知的信息即 $x_t^T \equiv [h_{t-1}^T, k_{t-1}^T, z_t^T]$ 的函数。

上述公式中的符号可能存在一些混淆，因为式（A.1）～式（A.2）中的很多符号在第 1 节的模型中被用于表示不同的对象。为了避免混淆，在这个附录中，我们简单地在第 1 节的模型中使用的变量上加上划线来标示，以免与式（A.1）～式（A.2）中出现的命名相似的变量混淆。

我们首先从式（1.21）和式（1.22）中消去 p_t 来得出 q_t 的单个欧拉方程：

$$\begin{aligned}
&E_t\{[h_d + g_d a(\beta L^{-1})a(L) + h_s + g_s(1-\beta L^{-1})(1-L)]q_t\} \\
&\qquad + d_t + \bar{s}_t = 0。
\end{aligned} \tag{A.3}$$

要得到社会计划问题式（A.1）～式（A.2）的某个形式，该形式中数量（和影子价格）求解了第 1 节的模型，我们的策略是选择式（A.2）中的对象使得问题式（A.1）～式（A.2）的欧拉方程与式（A.3）相匹配。

令 $f_1, f_2, f_3, f_4, f_5, f_6, f_7$ 是为了使得式（A.3）与问题式（A.1）～式（A.2）的欧拉方程相匹配最终要设定的潜在标量。那么，我们对式（A.2）中的对象作如下设定：

$$\begin{aligned}
s_{1t} &= f_2 q_t \qquad\qquad (q_t = c_t), \\
s_{2t} &= f_1[a(L)q_t] \\
&= f_1 a_0 q_t + f_1[a_1\ a_2\ a_3\ a_4]\begin{bmatrix} q_{t-1} \\ q_{t-2} \\ q_{t-3} \\ q_{t-4} \end{bmatrix},
\end{aligned}$$

$$b_{2t}=0,$$

$$b_{1t}=f_4\bar{d}_t。$$

因而，我们设定

$$\underbrace{\begin{bmatrix}s_{1t}\\s_{2t}\end{bmatrix}}_{s_t}=f_1\underbrace{\begin{bmatrix}0&0&0&0\\a_1&a_2&a_3&a_4\end{bmatrix}}_{\Lambda}\underbrace{\begin{bmatrix}q_{t-1}\\q_{t-2}\\q_{t-3}\\q_{t-4}\end{bmatrix}}_{h_{t-1}}+\underbrace{\begin{bmatrix}f_2\\f_1a_0\end{bmatrix}}_{\Pi}\underbrace{q_t}_{c_t},$$

$$\underbrace{\begin{bmatrix}q_t\\q_{t-1}\\q_{t-2}\\q_{t-3}\end{bmatrix}}_{h_t}=\underbrace{\begin{bmatrix}0&0&0&0\\1&0&0&0\\0&1&0&0\\0&0&1&0\end{bmatrix}}_{\Delta h}\underbrace{\begin{bmatrix}q_{t-1}\\q_{t-2}\\q_{t-3}\\q_{t-4}\end{bmatrix}}_{h_{t-1}}+\underbrace{\begin{bmatrix}1\\0\\0\\0\end{bmatrix}}_{\Theta_h}q_t。$$

至于技术问题，我们设定

$$g_{1t}-f_5q_t=f_6\bar{s}_t,$$

$$g_{2t}-f_7i_t=0,$$

$$c_t=k_t,$$

$$k_t=k_{t-1}+i_t。$$

要实施这些设定，则设

$$\underbrace{\begin{bmatrix}1\\-f_5\\0\end{bmatrix}}_{\Phi_c}c_t+\underbrace{\begin{bmatrix}-1\\0\\-f_7\end{bmatrix}}_{\Phi_i}i_t+\underbrace{\begin{bmatrix}0&0\\1&0\\0&1\end{bmatrix}}_{\Phi_g}\begin{bmatrix}g_{1t}\\g_{2t}\end{bmatrix}=\underbrace{\begin{bmatrix}1\\0\\0\end{bmatrix}}_{\Gamma}k_{t-1}+\begin{bmatrix}1\\f_6\bar{s}_t\\0\end{bmatrix},$$

其中，$k_t=1\cdot k_{t-1}+1\cdot i_t$，使得 $\Delta_k=\Theta_k=1$。我们设 $d_{2t}=f_6\bar{s}_t$。

在这些设定下，则有

$$\begin{aligned}(s_t-b_t)\cdot(s_t-b_t)&=(f_2q_t-f_4\bar{d}_t)^2+(f_1a(L)q_t)^2\\&=f_2^2q_t^2+f_4^2\bar{d}_t^2-2f_2f_4q_t\bar{d}_t+f_1^2[a(L)q_t]^2。\end{aligned}$$

也有

$$\begin{aligned}g_t\cdot g_t&=(f_5q_t+f_6\bar{s}_t)^2+f_7^2i_t^2\\&=f_5^2q_t^2+f_6^2\bar{s}_t^2+2f_5f_6q_t\bar{s}_t+f_7^2[k_t-k_{t-1}]^2。\end{aligned}$$

因而，社会计划标准问题可表示为

$$-0.5E\sum_{t=0}^{\infty}\beta^tJ_t, \tag{A. 4}$$

其中

$$J_t=\{f_2^2q_t^2+f_4^2\overline{d}_t^2-2f_2f_4q_t\overline{d}_t+f_1^2[a(L)q_t]^2$$
$$+f_5^2q_t^2+f_6^2\overline{s}_t^2+2f_5f_6q_t\overline{s}_t+f_7^2[k_t-k_{t-1}]^2\}。$$

应用萨金特（Sargent，1987b，ch. IX and XVI），很明显地，式（A. 4）的欧拉方程是

$$E_t\{f_2^2q_t-f_2f_4q_t\overline{d}_t+f_1^2[a(\beta L^{-1})a(L)]q_t$$
$$+f_5^2q_t+f_5f_6\overline{s}_t+f_7^2(1-\beta L^{-1})(1-L)q_t\}=0。\qquad (A.5)$$

要使式（A. 5）与式（A. 3）相匹配，只要使用如下 f_j 的设定就足够了：

$$f_1=(g_d)^{1/2},\ f_5=(h_s)^{1/2},$$
$$f_2=(h_d)^{1/2},\ f_6=(h_s)^{-1/2},$$
$$f_4=-(h_d)^{-1/2},\ f_7=(g_s)^{1/2}。$$

至于信息设定，可设

$$z_t^T=[w_{st},w_{st-1},w_{st-2},w_{st-3},w_{dt},w_{dt-1},w_{dt-2},w_{dt-3}],$$

$$A_{22}=\begin{bmatrix}C_4 & O_4\\ O_4 & C_4\end{bmatrix},\ C_2^T=\begin{bmatrix}1&0&0&0&0&0&0&0\\0&0&0&0&1&0&0&0\end{bmatrix},$$

其中 C_4 是 $[0\ 0\ 0\ 0]$ 的（4×4）维伴随矩阵，O_4 是（4×4）维零矩阵。设

$$U_b=f_4^{-1}\begin{bmatrix}bs & O_{1\times4}\\ O_{1\times8} & \end{bmatrix},\ U_d=f_6^{-1}\begin{bmatrix}O_{1\times8} & \\ O_{1\times4} & bd\\ O_{1\times8} & \end{bmatrix},$$

其中

$$bs=[B_{s0},B_{s1},B_{s2},B_{s3}],$$
$$bd=[B_{d1},B_{d2},B_{d3},B_{d4}],$$

其中 B_{sj} 和 B_{dj} 由式（1. 23）定义。我们设定 U_b 和 U_d 如上，因为我们想要使得 $b_{1t}=f_4\overline{d}_t$ 以及 $b_{2t}=f_6\overline{s}_t$，或者等价的 $\overline{d}_t=f_4^{-1}b_{1t}$ 以及 $\overline{s}_t=f_6^{-1}b_{2t}$。

通过将式（A. 1）～式（A. 2）映射到贴现动态规划问题中，可计算社会计划问题的解。该解以随机差分方程表述为：

$$x_{t+1}=A^o x_t+Cw_{t+1},\qquad (A.6)$$

其中

$$x_t=\begin{bmatrix}h_{t-1}\\ k_{t-1}\\ z_t\end{bmatrix}。$$

汉森和萨金特（Hansen and Sargent，1990）证明了如何通过竞争性均衡分散化社会计划问题。结论表明，在他们的一般均衡模型中，消费的

现价等于第1节模型的价格 p_t 。[18]结论还表明，p_t 不过是状态 x_t 的线性函数，q_t 也是如此。可以证明，该模型中消费（$q_t = c_t$）的边际效用由下式给定：

$$-E_t\{h_d + g_d a(\beta L^{-1})a(L)\}q_t - \bar{d}_t,$$

借由方程（1.22）可知，该式等于 p_t。汉森和萨金特（Hansen and Sargent，1990）以 $M_c x_t$ 形式计算了消费的边际效用，其中 M_c 是与 x_t 可相乘的矩阵。类似地，消费水平 q_t 可以表示为 $q_t = S_c x_t$，他们阐明了如何计算 S_c。

汉森和萨金特的计算方法可用于表述模型解的状态空间形式：

$$\begin{aligned} x_{t+1} &= A^o x_t + C w_{t+1}, \\ z_t &= G x_t, \end{aligned} \tag{A.7}$$

其中 $z_t = \begin{bmatrix} q_t \\ p_t \end{bmatrix}, G = \begin{bmatrix} S_c \\ M_c \end{bmatrix}$。表述式（A.7）是表述式（1.13）的状态空间形式。我们用式（A.7）计算了图1中的脉冲响应函数，其给出了 $S(L)z_t = R(L)\varepsilon_t$ 的脉冲响应。

运用卡尔曼滤波，我们得到与式（A.7）相关的如下新息表述：

$$\begin{aligned} \hat{x}_{t+1} &= A^o \hat{x}_t + K a_t, \\ z_t &= G\hat{x}_t + a_t, \end{aligned} \tag{A.8}$$

其中 $a_t = z_t - E[z_t \mid z_{t-1}, z_{t-2}, \cdots]$，$\hat{x}_t = E[x_t \mid z_{t-1}, z_{t-2}, \cdots]$，$K$ 是卡尔曼增益。表述式（A.8）对应于由表述式（1.17）给定的 z_t 的沃尔德（基本）移动平均表述。式（A.8）中的新息 a_t 等于式（1.17）中的 $R_0^* \varepsilon_t^*$。我们通过从式（A.8）中计算脉冲响应函数得到图2和图3。

为了得到图4，可使用式（A.7）～式（A.8）作为联立方程组。首先，调换式（A.8）以得到白化滤波器（whitener）：

$$\begin{aligned} \hat{x}_{t+1} &= (A^o - KG)\hat{x}_t + K z_t, \\ a_t &= -G\hat{x}_t + z_t。 \end{aligned} \tag{A.9}$$

然后，可将式（A.7）的输出变量 z_t 作为系统（A.9）的输入变量，构造联立方程组。接着使用联立系统计算图4中报告的 a_t（即 $R_0^* \varepsilon_t^*$ ）对 w_t（即 ε_t ）的脉冲响应函数。

【注　释】

[1] 这归根到底是沃尔德分解定理中使用的构造方式。

[2] 贯穿全文，我们使用 $\hat{E}$ 表示线性最小二乘投影算子。

[3] 一旦放松了式（1）中的限制条件 $A_0^o = -I$，即意味着 $C_0^o = I$，那么式（1）中移动平均的各种表述通常不是唯一的。如果放松这个限制条件，那么由公式（4）

中 C_j^{Δ} 和 $a(t-\Delta j)$ 之间调整得到的 UU^T（其中 U 是单位矩阵，$UU^T=I$）生成的任何表述也是一个基本的移动平均表述。也就是说，

$$z(t)=\sum_{j=0}^{\infty}(C_j^{\Delta}U)(U^Ta(t-\Delta j))$$

也是一个基本的移动平均表述。因为 $U^Ta(t)$ 生成了与 $a(t)$ 一样的线性空间。就这样的表述而言，预测误差方程分解是：

$$E(z(t)-\hat{E}_{t-j}z(t))(z(t)-\hat{E}_{t-j}z(t))^T=\sum_{k=0}^{j-1}C_j^{\Delta T}UVU^TC_j^{\Delta T},$$

该式随着 U 选择的不同而不同。西姆斯的正交顺序选择等同于选择了某个 U。

[4] 该文的早期版本考虑了四类例子，其余的两类是非线性性和不同当事人之间的加总。由于论文长度的限制，我们将该文限制于这里研究的两类问题。

[5] 丹尼·柯（Danny Quah）向我们传递了这样的看法：将经济模型（1.8）中的 $\{\varepsilon_t\}$ 过程和向量自回归（1）中的 $\{a_t\}$ 过程匹配的意图背后是数据分析师必须面临的一个决策难题。例如，基于公式（7）的方差分解，分析师想要以改变新息协方差矩阵 V 的不同对角线元素的形式来预测干预的后果，并将这些改变解释为当事人对诸如货币供应等各种经济过程可预测性的变化。

[6] 做出这样的假设的意义在于最大可能地提供将 $\{a_t\}$ 与 $\{\varepsilon_t\}$ 过程匹配起来的机会。如果向量 ε_{1t} 的维数大于 n_1，那么 $(\varepsilon_{1t},\varepsilon_{2t})$ 的当前值和滞后值生成的线性空间通常要比 (y_t,x_{2t}) 生成的线性空间大。

[7] 参见罗扎诺夫（Rozanov，1967）。

[8] 该不等式意味着 $E(R_0^*\varepsilon_t^*)(R_0^*\varepsilon_t^*)^T-E(R_0\varepsilon_t)(R_0\varepsilon_t)^T$ 是一个正定矩阵。

[9] 附录将当前的模型映入社会计划问题，这是汉森和萨金特（Hansen and Sargent，1990）研究的问题的特例。他们将自己的设定解释为一般竞争均衡，使用这个解释可以产生本章中模型的一般均衡解释。

[10] 注意，虽然该系统中从计量经济学上讲没有严格的外生变量，甚至任何由其他变量格兰杰引起的变量，但是系统的参数原则上是可识别的。识别可以通过交叉方程约束获得。即使当 (w_{st},w_{dt}) 处在由 (q_t,p_t) 自身过去值的向前一步预测误差生成的空间中时，也有必要知道模型的结构参数，以便从后者的新息推导前者。

[11] 附录描述了计算的方法。简要地说，我们将问题映射到汉森和萨金特（Hansen and Sargent，1990）论文的一般设定，并且使用它们的计算机程序进行计算。

[12] 通过增加多项式 $B_d(L)$ 和 $B_s(L)$ 零点的绝对值，不等式（1.19）中的两个协方差矩阵的差异将变得更大，在这个意义上，我们能够产生当前讨论的现象的更多“精彩的”例子。

[13] 参见西姆斯（Sims，1980）对正交化顺序的处理。他的不同正交化顺序等同于对正交矩阵 U 选择不同的三角形矩阵，见注释 [3]。如果选取 U^T 为上三角形矩阵，那么 a_t 的第一个成分对应于新的（基础）基本噪声 U^Ta_t 的第一个成分。另

一方面，如果选取U^T为下三角形矩阵，那么a_t的最后一个成分在用于构造U^Ta_t的格拉姆-施密特（Gram-Schmidt）程序中排在第一。

[14] 菲里普斯（Phillips，1959）、汉森和萨金特（Hansen and Sargent，1980b）以及克里斯蒂安诺（Christiano，1980）讨论了$P(s)$是有理的情况下求解该方程的实际方法。

[15] 式（2.7）的另一种推导方法是使用算子演算（operational calculus）。设$L=e^{-D}$，将式（2.5）表示为$a_t=V(e^{-D})P(D)w(t)\equiv f(D)w(t)$。这里，函数$f(\tau)$是$F(i\omega)$的逆傅里叶变换，其定义为

$$F(i\omega)=C(e^{-i\omega})^{-1}P(i\omega)。$$

根据傅里叶变换的卷积性质，可以从上述方程得到方程（2.7）。

[16] 例如，若$P(D)$是有理的，则函数$p(\tau)$将是连续的，这是应用研究中常用的一种设定。函数$p(\tau)$和$f(\tau)$仅仅定义为L^2等价。因此，我们只能对连续时间移动平均系数的某个版本施加连续性限制。

[17] 参见萨金特（Sargent，1983）对均方连续性和均方可微性的定义。

[18] 用汉森和萨金特的话说，消费的现价是p_t^c。

第 5 章　现值预算平衡和消费与税收鞅模型的时间序列含义

拉尔斯·彼得·汉森、威廉·罗伯兹和
托马斯·J·萨金特

1. 引言

令 $\{(r_t, p_t)\}$ 是协方差平稳过程，其中 $r_t - p_t$ 是时刻 t 的净剩余；k_t 是进入 t 时期的资产（或者负债）水平；$(1+\delta_t)$ 是资产在时刻 t 与 $t+1$ 之间的总收益率。假设存在一个预算约束的序列：

$$k_{t+1} = (1+\delta_t)k_t + r_t - p_t, t = 0, 1, \cdots, \tag{1.1}$$

其中 k_0 是给定的。本章研究了一些模型的可观察含义，这些模型对资产 $\{k_t\}$ 施加了终端条件，其效应是将式（1.1）变成跨期预算约束，表明对每个 $t \geqslant 0$，k_t 等于当前和未来剩余按照过程 $\{\delta_t\}$ 生成的利率贴现的现值。

我们研究了两个施加于 δ_t 的替代假设的含义。本章的大部分集中讨论第一个假设，其中对所有的 $t \geqslant 0$，有 $\delta_t = \delta$。在第 7 节中，将简要地研究第二个假设，其中对所有的 $t \geqslant 0$，有 $E_{t-1}\delta_t = \delta$。我们刻画了两个假设之下双变量 $\{(r_t, p_t)\}$ 所受到的限制，且刻画了第二个假设下三元变量 $\{(k_{t+1}, r_t, p_t)\}$ 所受到的限制。可以推测，拥有 $\{(r_t, p_t)\}$ 但没有 $\{k_{t+1}\}$ 数据的计量经济学家将会用施加于双变量过程的限制条件来判断数据是否与现值预算平衡一致。

促使我们去获得这些特征的原因是，在我们所关注的两类模型中的每一个都包括了式（1.1）引起的跨期预算约束和 $\{k_t\}$ 的终端条件。第一类模型只包括跨期预算约束，并试图检验联合过程 $\{(r_t,p_t)\}$ 或者 $\{(k_{t+1},r_t,p_t)\}$ 的观测值是否满足预算约束。这类文献以汉密尔顿和弗莱文（Hamilton and Flavin，1986）、哈克凯尔和拉什（Hakkio and Rush，1986）、斯姆（Shim，1984）以及萨金特（Sargent，1987b）为代表，其中，r_t 被解释为政府支出，p_t 为税收，k_t 为政府债务。这类文献可以解释为要解决终端约束是否起作用（例如，Hamilton and Flavin，1986）的问题，或者政府支出 r_t 和税收 p_t 序列是否以使得式（1.1）隐含的现值约束成立的方式测量的问题（例如，Shim，1984）。[1] 这类文献也试图决定必须对联合随机过程 $\{(r_t,p_t)\}$ 和利率过程 δ_t 施加什么样的不随时间变化的有限维状态限制条件，以便赋予现值预算约束可观测的内容。

在 $\delta_t=\delta(t\geqslant 0)$ 的假设下，萨金特（Sargent，1987b）证明了现值约束导致了对 $\{(r_t,p_t)\}$ 的特定移动平均表述的约束，对于每个新息，$\{r_t-p_t\}$ 响应的现值等于零。但是，即使当预算约束是真的，也可能设定很多其他违背该约束条件的 $\{(r_t,p_t)\}$ 的移动平均表述。实际上，正如下面将要评论的，$\{(r_t,p_t)\}$ 的任何向量自回归表述必须对应于某个违背该约束条件的移动平均表述。然而，移动平均表述并不是唯一的。结果是，对于 $\{(r_t,p_t)\}$ 的任何联合协方差平稳过程，存在满足该约束条件的移动平均表述。这些结论刻画了即使施加了足够的时间不变性条件，现值约束本身从观察上看也是空洞无物的，第 2 节将对此进行描述。

霍尔（Hall，1978）的消费鞅模型的线性二次版本是包含了现值预算约束的第二类模型。模型中，δ_t 在时间上是常数，p_t 是消费，r_t 是劳动收入或者禀赋冲击，k_t 是家庭非人力资产水平或资本存量。巴罗（Barro，1979）的税收平滑模型的线性版本与霍尔的模型具有相同的结果，其中 δ 也是常数，p_t 是时刻 t 的税收，r_t 是政府支出，k_t 是政府债务。现值预算平衡是霍尔和巴罗模型施加的约束条件之一。在第 3 节中，我们阐明了现值预算平衡约束对鞅约束增加了什么（若有的话）。且证明鞅假设与现值假说的结合给后者所添加的内容。实际上，鞅约束使得计量经济学家能够确定私人当事人信息集中的一个成分，将适用于现值预算约束对移动平均响应的新息从中分离出来。

第 4 节扩展了第 3 节的结论，考虑了更多的模型。从解释消费的角度看，这些模型是假设消费品具有某种类型的不可分偏好。这类模型使总消费有可能分解成若干个组成部分，其中任何一个部分产生的服务流（service flow）随时间变化具有不同的特征，从这个意义上讲每一个部分都有不同的耐用性（durability）。我们证明，即使在这个更丰富的框架中，现值预算平衡仍然在最优问题的欧拉方程所施加的鞅约束之上施加了额外的约束条件。第 5 节集中考虑模型解释为消费的问题，虽然也可以按照巴罗的方式，将模型解释为税收平滑，以及将消费的不同组成部分重新解释为政府收入的不同组成部分。

第 5 节使用了美国的消费和收入数据，对第 4 节提出的问题进行了检验。检验结果没有发现任何反对现值预算平衡约束的证据。当然，也可以利用美国政府支出和税收收入数据进行这样的检验，但本章没有做。

第 6 节简要地使用西姆斯（1972a）提出的思路来研究近似问题是如何影响第 4 节约束检验的解释的。结果证明，即使约束条件有可以检验的内容，但该内容也是非常脆弱的，因为存在一系列虚假的模型，满足约束条件且与违背约束的某个已知过程很好地近似。这意味着，在实践中是否拒绝约束条件将视可观测随机过程是否采用足够简约的设定而定。

第 7 节集中考虑在 δ_t 是随机的但是满足 $E_{t-1}\delta_t=\delta\,(t\geqslant 0)$ 的假设下，现值预算平衡对联合过程 $\{(k_{t+1},r_t,p_t)\}$ 和 $\{(r_t,p_t)\}$ 所施加的约束条件。$E_{t-1}\delta_t=\delta$ 的设定不对 $\{(r_t,p_t)\}$ 产生约束，但是确实导致了联合过程 $\{(k_{t+1},r_t,p_t)\}$ 要使用精确线性理性预期模型刻画。我们简要比较了后面的这些约束条件与汉密尔顿和弗莱文（Hamilton and Flavin，1986）提出的那些约束条件。在本书的下一章（第 6 章），罗伯兹利用联合过程 $\{k_{t+1},r_t-p_t\}$ 的精确线性理性预期模型并采用美国联邦预算的数据检验了现值预算平衡。

2. 现值预算平衡的含义

令 $s_t=r_t-p_t$。$\{s_t\}$ 是一个随机过程，该随机过程等于收入减去支出，或者支出减去收入，具体取决于手头的特定模型。存在一系列的预算约束：

$$k_{t+1}=(1+\delta)k_t+s_t,\quad t=0,1,\cdots \tag{2.1}$$

其中 k_0 是初始条件，k_t 度量的是时刻 t 资产或者负债存量，$(1+\delta)$ 是时

刻 t 与 $t+1$ 之间的总收益率。假设该收益率是一个常数。在消费的永久收入模型中，令 k_t 是消费者在时刻 t 开始时的资产，r_t 是外生劳动收入，p_t 是消费。在政府预算模型中，令 k_t 是在开始时刻 t 时的政府债务存量，r_t 是政府支出水平，p_t 是政府税收水平。当计量经济学家能够观察到初始条件 k_0 时，可以使用式（2.1）生成 $\{k_t\}$ 序列。但我们假设该初始水平无法观察，这样，$\{k_t\}$ 也是计量经济学家所无法观察到的。

如果没有对 $\{k_t\}$ 过程进行约束，很明显式（2.1）是不受限制的。事实上，对任意初始条件 k_0 和任意过程 $\{s_t\}$，我们只能使用式（2.1）将 k_{t+1} 迭代地定义为 k_t 和 s_t 的函数。然而，在我们感兴趣的情形中，存在着施加于资产持有量的终端约束，这实际上将式（2.1）转变为贴现限制预算约束。例如，假设对 $t=0,1,2,\cdots,T$，式（2.10）成立，并且 k_{T+1} 被限制为零。那么，可得

$$k_0=-\sum_{t=0}^{T}\lambda^{t+1}s_t, \tag{2.2}$$

其中 $\lambda\equiv 1/(1+\delta)$。当 T 趋向于无穷大时，取极限得

$$k_0=-\sum_{t=0}^{\infty}\lambda^{t+1}s_t, \tag{2.3}$$

其中右边无穷序列被假设为均方收敛。我们将式（2.3）看成是终端条件 k_{T+1} 等于零的无限期的对应物。

令 L^2 是所有标量随机过程 $\{x_t\}$ 的空间，使得

$$E\sum_{t=0}^{\infty}\lambda^t(x_t)^2>\infty。 \tag{2.4}$$

在我们所有的分析中，保持 $\{s_t\}$ 在 L^2 之中。这个约束是充分条件，保证了式（2.3）右边在均方极限上有良好的定义。只要 s_t 的增长被贴现因子 λ 适当地占优，这个条件就可以包括 $\{s_t\}$ 有增长的情况。例如，令 μ 是 $\{s_t\}$ 的共同增长因子。两边同乘以 μ^{-t}，可得

$$\mu^{-t}k_{t+1}=[(1+\delta)/\mu]\mu^{-t+1}k_t+\mu^{-t}s_t。 \tag{2.5}$$

令带有 * 上标的标量按 μ^{-t} 比例进行调整以去除几何增长的效应，且构造 δ^* 使得 $(1+\delta^*)=[(1+\delta)/\mu]$。那么，式（2.4）可表示为

$$k_{t+1}^*=(1+\delta^*)k_t^*+s_t^*, \tag{2.6}$$

这是式（2.1）的变形。随后的分析应用于带 * 号的变量，为了简化符号，我们省略了 * 号。

此外，我们也可以包括其他形式的随机增长，这些随机增长能够通过适当的准差分予以消除。令 $\alpha(L)$ 是有限阶 ℓ 的准差分滤子。将 $\alpha(L)$ 应用到方程（2.1）的两边。在这种情况下，令带 * 号的变量表示应用

了 $\alpha(L)$ 后的变量。则

$$k_{t+1}^{*}=(1+\delta)k_{t}^{*}+s_{t}^{*},t=\ell,\ell+1,\cdots。\tag{2.7}$$

为方便起见，我们将起点从 ℓ 转移到零，并再次省略 * 号。

对任意起始时期 t，重复式（2.3）的推导分析，可得

$$k_{t}=-\sum_{\tau=0}^{\infty}\lambda^{\tau+1}s_{t+\tau}。\tag{2.8}$$

其中序列 $\{k_t\}$ 在 L^2 之中。在本部分的其余内容中将集中考虑如下问题：给定某个过程 $\{y_t\}$，该过程包括了 $\{s_t\}$ 作为其成分之一，在什么样的环境下能够构造出一个过程 $\{k_t\}$ 满足式（2.8）且在 k_t 只依赖于 $t-1$ 时刻及 $t-1$ 时刻之前已发生的随机变量这个意义上讲是预先决定的。

考虑如下经济环境，其中存在某个协方差平稳的 n 维向量鞅差分序列 $\{w_t\}$ 可以用于生成经济中的信息。对于每个 t，时刻 t 的信息集 J_t 由 $w_t,w_{t-1},\cdots$ 生成。[2] 令 H 是 L^2 的子空间，H 包含了过程 $\{x_t\}$，在对于每个 t 有 x_t 在 J_t 之中的意义上，$\{x_t\}$ 适应于 $\{J_t\}$，约束条件 k_t 是前定的可以正式地表述为约束条件 $\{k_{t+1}\}$ 在 H 之中。

为方便起见，假设 $E(w_tw'_t)=I$，净盈余过程 $\{s_t\}$（或者该过程的某个几何比例调整或准差分形式）是 m 维向量过程 $\{y_t\}$ 的第一个部分，该向量过程被假设是该鞅差分序列的不随时间变化的线性函数：

假设 A1：对 $t=0,1,\cdots$，$y_t=C(L)w_t$，其中 $C(z)=\sum_{j=0}^{\infty}c_jz^j$ 以及 $\sum_{j=0}^{\infty}|c_j|^2<\infty$。

一个可能性是 s_t 为 y_t 的唯一部分，在这种情况下 $m=1$。更一般地，y_t 可能包含其他计量经济学家能够观察到且对预测 s_t 未来值有用的变量。可以直接证明，当 A1 得到满足时，$\{s_t\}$ 在 H 之中。

我们将采用下述思路，即从线性预测理论的角度而言，随机过程 $\{y_t\}$ 是随机非奇异的。非正式地讲，随机奇异性要求 y_t 的任何部分都不可以表示为其他部分的当前值、过去值和未来值的无穷线性组合。正式地，这个要求可以用 $\{y_t\}$ 的谱密度矩阵来表示。假设 A1 意味着下述径向极限：

$$C(\theta)\equiv\lim_{\eta\uparrow 1}C[\eta\exp(i\theta)]\tag{2.9}$$

对几乎所有的 $\theta\in(-\pi,\pi]$ 总是存在的。那么，频率 θ 的谱密度矩阵是

$$S(\theta)\equiv C[\exp(-i\theta)]C[\exp(i\theta)]'。\tag{2.10}$$

就谱密度矩阵而言，随机奇异性等价于：

假设 A2：对几乎所有的 $\theta\in(-\pi,\pi]$，$S(\theta)$ 的秩为 m。

现在，我们推导式（2.8）给定的 k_t 是预先决定的这个事实所蕴含的对 $\{y_t\}$ 的约束条件。令 $C(z)$ 的第一行表示为 $\sigma(z)$，那么有

$$s_t = \sigma(L)w_t。 \tag{2.11}$$

将该式代入式（2.8），可以证实，满足式（2.8）的过程 $\{k_t\}$ 由下式给定[3]：

$$k_t = \kappa(L)w_t,$$

其中，$\kappa(z) \equiv -\lambda\sigma(z)/(1-\lambda z^{-1}) = -\lambda z\sigma(z)/(z-\lambda)$。 (2.12)

然而，一般地，函数 $\kappa(z)$ 在 $z=0$ 附近有双边洛朗级数展开，这意味着 k_t 依赖于 w_t 的当前值和未来值。出于这个原因，式（2.12）给定的 k_t 可能不是预先决定的。问题在于函数 $\kappa(z)$ 在 $z=\lambda$ 处可能有一个极点（发散到无穷）。在 $\sigma(\lambda)=0$ 的特殊情况下，$\kappa(z)$ 在 λ 处不再有极点，事实上，$\kappa(z)$ 有单边的幂级数展开。并且，$\kappa(0)=0$，这保证了 k_t 仅依赖于过去的信息。因而，相对于信息集序列 $\{J_t\}$ 而言 k_t 是预先决定的之充分必要条件是 $\sigma(\lambda)=0$，我们将其概括为：

约束条件 R1：$\sigma(\lambda)=0$。

因而，我们建立如下命题：

命题 1：假设 A1 成立，并且经济当事人在时刻 t 可以得到 $\{J_t\}$，那么当且仅当 R1 满足时，由式（2.8）给出的 $\{k_{t+1}\}$ 在 H 之中。

萨金特（Sargent，1987b，pp. 381～385）早前推导并解释了这个结论的一个形式。[4]注意，$\sigma(\lambda)=0$（或者等价地，$\sum_{j=0}^{\infty}\sigma_j\lambda^j=0$）表明，对于 w_t 中的每个新息，盈余的移动平均系数现值等于零。

一般而言，R1 排除了 A1 中的移动平均表述是 $\{y_t\}$ 的沃尔德表述的可能性。记得在沃尔德表述中，由 $\{y_t, y_{t-1}, \cdots\}$ 和 $\{w_t, w_{t-1}, \cdots\}$ 生成的希尔伯特空间必定完全相同。当假设 A2 满足时，要使这两个空间相同的充分必要条件由下述条件给定：

约束条件 R2：对所有的 $|z|<1$，$C(z)$ 的秩为 n。

在假设 A2 下，约束条件 R1 和 R2 不可能同时得到满足，因为 R1 意味着 $C(\lambda)$ 的秩最多等于 $m-1$。因而，要使 R1 和 R2 能够相容，n 必须小于 m。如果 n 小于 m，那么 A2 不成立，并且过程 $\{y_t\}$ 是随机奇异的。我们将这些结果概括为：

命题 2：假设 A1 和 A2 成立，那么对满足 R2 的任意 C，R1 不成立。

这个结论的实践含义是，不能像估计向量自回归模型一样，通过估计沃尔德表述来检验 R1。即使我们假设 $\{y_t\}$ 是协方差平稳的，使其有

沃尔德表述，这个结论也是正确的。约束条件 R1 适用于与沃尔德表述截然不同的移动平均表述。由此，不能通过直接检查得出向量自回归的脉冲响应函数来检验 R1。

那么，还有其他方法来检验 R1 吗？我们将证明，如果没有额外的约束条件，那么答案是没有。假设 $\{y_t\}$ 满足 A1 和 A2，根据协方差平稳过程的沃尔德分解定理可知，存在一个满足 R2 秩条件的移动平均表述。因而，A1 和 A2 的一个含义是：

$$y_t = C^*(L)w_t^*, \tag{2.13}$$

其中 $C^*(z)$ 满足假设 A2，$\{w_t^*\}$ 是同期协方差矩阵为 I 的 m 维协方差平稳白噪声过程。[5] 根据命题 2，C^* 不满足约束条件 R1。

要证明约束条件 R1 是不可检验的，我们将说明，总是可能建立另外一个不同于式（2.13）的移动平均表述满足 R1。给定 $\{w_t^*\}$，首先构造另外一个 m 维序列不相关过程，比如 $\{w_t\}$，依赖于 $\{w_t^*\}$ 的当前值和未来值，并且 $Ew_tw'_t = I$，过程 w_t 满足

$$w_t = D(L^{-1})'w_t^*, \text{其中 } D(z) = \sum_{j=0}^{\infty} d_j z^j, \sum_{j=0}^{\infty} |d_j|^2 < \infty, \tag{2.14}$$

以及

$$D[\exp(i\theta)]D[\exp(-i\theta)]' = I, \text{对于所有 } \theta \text{ 成立。} \tag{2.15}$$

注意，对几乎所有 θ，$D[\exp(i\theta)]$ 是单位矩阵，并且

$$w_t^* = D(L)w_t \tag{2.16}$$

以至于 w_t^* 仅依赖于 w_t 的当前值和过去值。因此，$\{w_t, w_{t-1}, \cdots\}$ 所生成的希尔伯特空间不小于 $\{w_t^*, w_{t-1}^*, \cdots\}$ 所生成的希尔伯特空间。并且，实际上通常是严格大于的。我们能够通过下式用 w_t 表示 y_t：

$$y_t = C(L)w_t, \text{ 其中 } \quad C(z) = C^*(z)D(z)。 \tag{2.17}$$

根据式（2.17），能够通过证实满足式（2.15）并使得 $C^*(\lambda)D(\lambda)$ 的第一行等于零的函数 $D(z)$ 的存在性，证明约束条件 R1 是不可检验的。我们现在提出两个相互替代的方法来证明它。一个可能性是构造 $D(z)$ 使得 $D(\lambda)$ 是一个零矩阵。这样的 $D(z)$ 的一个例子是

$$D(z) = [(z-\lambda)/(1-\lambda z)]I。 \tag{2.18}$$

$D(z)$ 的这个选择满足式（2.15），因为

$$\frac{[\exp(i\theta)-\lambda][\exp(-i\theta)-\lambda]}{[1-\lambda\exp(i\theta)][1-\lambda\exp(-i\theta)]} = 1, \text{ 对于所有 } \theta \text{ 成立。} \tag{2.19}$$

第二个可能性是构造正交矩阵 Q，该矩阵的第一列与 $C^*(\lambda)$ 第一行成正比且模等于 1，Q 的其余列是与 $C^*(\lambda)$ 的第一行正交的 $m-1$ 个正交向量的集合。因此，$C^*(\lambda)Q$ 第一行中除了第一个元素之外的所有元素都等于零。接下来，可以按下述方式使用矩阵 Q 构建 $D(z)$：

$$D(z)=Q\begin{bmatrix}(z-\lambda)/(1-\lambda z) & 0\\ 0 & I\end{bmatrix}, \tag{2.20}$$

其中矩阵 I 有 $m-1$ 行和列。使用式（2.19），可以直接证明，$D(z)$ 满足式（2.15）。注意，$C^*(\lambda)D(\lambda)$ 的第一行和第一列全部等于零。

下面是构造 $C(z)$ 的一个等价方法。使用方程（2.8）和复合过程 $\{x_t\}$ 来构造过程 $\{k_t\}$，其中 $x_t'=[y_t',k_t]$，该复合过程是随机奇异的，因为 k_t 是 s_t 当前值和未来值的无穷线性组合。尽管如此，该过程仍然有以 m 维向量白噪声 $\{w_t^+\}$ 表示的沃尔德移动平均表述：

$$y_t=C^+(L)w_t^+,k_t=\kappa^+(L)w_t^+, \tag{2.21}$$

其中 $x_t,x_{t-1},\cdots$ 的线性组合与 $w_t^+,w_{t-1}^+,\cdots$ 的线性组合生成相同的希尔伯特空间。令 $\sigma^+(z)$ 表示 $C^+(z)$ 的第一行。由于 k_t 满足式（2.8），所以有

$$\kappa^+(z)=-z\lambda\sigma^+(z)/(z-\lambda)。 \tag{2.22}$$

注意，k_t 仅依赖于 w_t^+ 的当前值和过去值，因为式（2.21）是 $\{x_t\}$ 的沃尔德表述。因此，$\sigma^+(z)$ 必定满足约束条件 R1。在附录 A 中，我们证明 $C^+(z)=C^*(z)D(z)$ 可以用于式（2.21）来构造 $\{x_t\}$ 的沃尔德表述，其中 $D(z)$ 由式（2.20）给定。

概括这些结论，我们建立如下命题：

命题 3： 假设 A1 和 A2 成立，那么总是有可能找到一个移动平均表述 $y_t=C^+(L)w_t^+$ 满足约束条件 R1。[6]

这样，命题 3 表明，如果没有额外的约束条件能够帮助 w_t 的识别，那么约束条件 R1 就是不可检验的。命题 2 表明，当 $\{y_t\}$ 是满秩的，那么识别 w_t 的一个常用方法将是不合适的。在接下来的两节中，我们考虑能够用于检验 R1 的移动平均表述成分识别的其他可供选择的方法。

3. 鞅模型

在本节中，我们对这一问题给予更多的结构。首先，我们将盈余过程 $\{s_t\}$ 分解为两个组成部分：即支出和收入。收入过程为外生设定，

但是支出过程被建模为受式（2.3）约束的二次最优化问题的最优决策过程。[7]该最优化问题的目标函数意味着支出过程是鞅模型。由此可以得到霍尔的消费模型或者巴罗的税收模型。除了支出的鞅特征之外，我们将证明，只要贴现因子是事先已知的，那么现值预算平衡提供了可检验的额外的约束条件。

令 $\gamma(L)$ 表示收入过程 $\{r_t\}$ 的平稳性变换。在我们的分析中，取 $\gamma(z)$ 为 1 或 $1-z$，在这些情况下，收入的随机过程有一个单位根。$\gamma(z)$ 的其他设定可以仿效本部分的分析进行探讨。

假设 A3: $\gamma(L)r_t=\rho(L)w_t$，其中 $\rho(z)=\sum_{j=0}^{\infty}\rho_j z^j$，$\sum_{j=0}^{\infty}|\rho_j|^2<\infty$。

令 $\{p_t\}$ 表示支出过程。第 2 节中的净盈余过程 $\{s_t\}$ 由下式给定：

$$s_t=r_t-p_t。\tag{3.1}$$

支出过程 $\{p_t\}$ 由最大化下述目标函数的最优化问题的解决定：

$$-E\Big[\sum_{t=0}^{\infty}\lambda^t(p_t-b)^2\Big],\tag{3.2}$$

其中 $b>0$，约束条件是式（2.1），k_0 给定。过程 $\{p_t\}$ 和 $\{k_{t+1}\}$ 被限制在 H 之中。萨金特（Sargent，1987b）和汉森（Hansen，1987）表述了这个问题的解。p_t 和 k_{t+1} 的最优决策过程满足

$$p_t=\delta k_t+(1-\lambda)E\Big(\sum_{j=0}^{\infty}\lambda^j r_{t+j}\mid J_t\Big),$$

$$k_{t+1}=k_t+r_t-(1-\lambda)E\Big(\sum_{j=0}^{\infty}\lambda^j r_{t+j}\mid J_t\Big)。\tag{3.3}$$

将式（3.3）中的两个方程加总并重新整理，可证实约束条件（2.1）得到满足。

为了推导对 $\{p_t\}$ 的含义，取式（3.3）中的第一个方程，将时刻 $t+1$ 的方程减去时刻 t 的方程，并用第二个方程替代 $k_{t+1}-k_t$。这产生了下述弗莱文（Flavin，1981）的结果：

$$\begin{aligned}p_{t+1}-p_t=&(1-\lambda)E\Big(\sum_{j=0}^{\infty}\lambda^j r_{t+j+1}\mid J_{t+1}\Big)\\&-(1-\lambda)E\Big(\sum_{j=0}^{\infty}\lambda^j r_{t+j+1}\mid J_t\Big)。\end{aligned}\tag{3.4}$$

利用汉森和萨金特（Hansen and Sargent，1980a，1981b）描述的公式，得到

$$p_t-p_{t-1}=[(1-\lambda)\rho(\lambda)/\gamma(\lambda)]w_t,\ t=1,2,\cdots。\tag{3.5}$$

我们现在探讨式（3.5）对过程 $\{s_t\}$ 的含义。$\{s_t\}$ 的平稳性通过取

一阶差分得到

$$
\begin{aligned}
s_t - s_{t-1} &= r_t - r_{t-1} - p_t + p_{t-1} \\
&= \sigma(L)w_t,
\end{aligned} \tag{3.6}
$$

其中

$$\sigma(z) \equiv (1-z)\rho(z)/\gamma(z) - (1-\lambda)\rho(\lambda)/\gamma(\lambda)。 \tag{3.7}$$

为了将现在的分析与第 2 节的分析联系起来，假设 $\{y_t\}$ 至少包含两个组成部分（$m \geqslant 2$），其中第一个部分是 $(1-L)s_t$，第二个部分是 $\gamma(L)r_t$。注意，$(1-z)/\gamma(z)$ 等于 $(1-z)$ 或 1。计算 $\sigma(z)$ 在 $z=\lambda$ 处的值，很明显 $\sigma(z)$ 满足 R1。最后，考虑特例 $\rho(\lambda)=0$。在这个情况下，$p_t - p_{t-1}=0$，这意味着 $\{y_t\}$ 是随机奇异的。因此，考虑到 A3，这种情况被排除了。

更一般地，我们考虑满足如下条件的支出过程

$$p_t - p_{t-1} = \pi w_t, \tag{3.8}$$

其中 $\pi \neq 0$。那么，$\{p_t\}$ 是一个鞅，适应 $\{J_t\}$。在这种情况下，$\sigma(z)$ 满足：

约束条件 R3：对于某个行向量 π，$\sigma(z) = (1-z)\rho(z)/\gamma(z) - \pi$。

约束条件 R3 是霍尔（Hall，1978）和弗莱文（Flavin，1981）研究的重点。注意，R1 和 R3 意味着，对 $\pi = (1-\lambda)\rho(\lambda)/\gamma(\lambda)$，式（3.8）成立。本部分所关注的问题是，一旦 R3 得以满足，R1 是否施加了额外的条件。换句话说，约束条件

$$\pi = (1-\lambda)\rho(\lambda)/\gamma(\lambda) \tag{3.9}$$

是否可检验？

为了回答这个问题，我们构造如下的正交矩阵 Q。由于满足 A2，因此 π 不可能等于零，这样，Q 的第一列是 $\pi'/|\pi|$，其余各列包含了正交于 π' 的 $n-1$ 个正交向量。那么，πQ 是行向量，向量的第一个元素为 $|\pi|$，其余元素为零。定义

$$\sigma^+(z) \equiv \sigma(z)Q,\ \rho^+(z) \equiv \rho(z)Q,\ \pi^+ \equiv \pi Q,\ w_t^+ \equiv Q'w_t。 \tag{3.10}$$

引入变换 Q 使得 w_t^+ 的第一个元素与 πw_t 成正比。因而，$p_t - p_{t-1}$ 仅依赖于 w_t^+ 的第一个元素。将矩阵分块为 $\sigma^+(z) = [\sigma_1^+(z), \sigma_2^+(z)]$，$\rho^+(z) = [\rho_1^+(z), \rho_2^+(z)]$，$w_t^{+\prime} = [w_{1t}^+, w_{2t}^{+\prime}]$，其中 $\sigma_1^+(z)$、$\rho_1^+(z)$、w_{1t}^+ 各有一个元素。上述结果可写成：

$$
\begin{aligned}
s_t - s_{t-1} &= \sigma_1^+(L)w_{1t}^+ + \sigma_2^+(L)w_{2t}^+, \\
\gamma(L)r_t &= \rho_1^+(L)w_{1t}^+ + \rho_2^+(L)w_{2t}^+,
\end{aligned} \tag{3.11}
$$

$$p_t - p_{t-1} = |\pi| w_{1t}^{+}。$$

式（3.9）的一个等价表述是

$$(1-\lambda)\rho_1^{+}(\lambda)/\gamma(\lambda) = |\pi|, \tag{3.12}$$

以及

$$\rho_2^{+}(\lambda) = 0。 \tag{3.13}$$

首先，我们探讨式（3.12）是否可检验。使用式（3.11）计算 $\gamma(L)r_t$ 对 $p_t - p_{t-1}$ 当前值和过去值的回归，或者等价地，对 w_{1t}^{+} 当前值和过去值的回归。这些回归是

$$\begin{aligned}\gamma(L)r_t &= \rho_1^{+}(L)w_{1t}^{+} + e_t \\ &= \beta(L)(p_t - p_{t-1}) + e_t,\end{aligned} \tag{3.14}$$

其中 $\beta(z) \equiv \rho_1^{+}(z)/|\pi|$，回归误差项 e_t 由下式给定：

$$e_t = \rho_2^{+}(L)w_{2t}^{+}。 \tag{3.15}$$

对于 $|z| < 1$，函数 $\beta(z)$ 是可识别的。[8]因此，给定贴现因子 λ 已知，则式（3.12）是一个可以检验的约束条件。[9]

约束条件 R4：$(1-\lambda)\beta(\lambda)/\gamma(\lambda) = 1$。

命题 4：假设 A1～A3 成立，如果对于 $\pi \neq 0$，有 R1 和 R3 得到满足，那么 R4 也得到满足。

在第 2 节中，我们表明，现值预算平衡本身对 $\{y_t\}$ 不施加可检验的约束条件，根本的原因在于与当事人信息集相关的新息不能被识别。那么，连同鞅约束条件（R3），现值预算平衡约束条件获得 R4 概括的内容是如何发生的？这个内容之所以出现，是因为鞅约束条件使得我们能够推断时刻 t 到达经济当事人的新信息的一个成分，即 $p_t - p_{t-1}$。现值预算平衡约束条件适用于这个成分。[10]在第 2 节的分析中，新信息中没有任一成分被识别。结果，所推导的约束条件是不可检验的。

韦斯特（West，1988）注意到了现值预算平衡蕴含的其他含义。[11]他所推导的方差不等式对用于预测 r_t 的经济当事人信息集错误设定是稳健的。约束条件 R4 也具有同样的稳健性，并且事实上意味着韦斯特的方差不等式。然而，反之并不成立。因此，韦斯特的方差不等式并不意味着 R4，原则上，R4 能够用于构造更大功效的统计检验。[12]

最后，我们研究当 $\{p_t\}$ 是一个鞅时（如当 R3 满足时），R4 是否彻底探讨了 R1 的可检验含义。这等同于评价式（3.13）（$\rho_2^{+}(\lambda) = 0$）的经验内容。然而，关系式（3.13）是不可检验的，原因与第 2 节讨论的 $\sigma(\lambda) = 0$ 不可检验一样。为了说明这一点，取 y_t 对 $p_t - p_{t-1}$ 的当前值和过去值生成的希尔伯特空间的最小二乘回归误差，

构造 $m-1$ 维向量 $\hat{y}_t$。由于 y_t 的第一个元素是 r_t-r_{t-1} 和 p_t-p_{t-1} 的线性组合，所以其预测误差是 $\gamma(L)r_t$ 当前值和过去值的线性组合。因而，回归误差的 m 维向量随机过程是随机奇异的。在构造 $\hat{y}_t$ 时，我们只是简单地去除第一个元素，这意味着 e_t 是 $\hat{y}_t$ 的第一个元素。第 2 节的分析也适用于 $(m-1)$ 维过程 $\{\hat{y}_t\}$，其中 e_t 扮演了 s_t 的角色。因而，我们有：

命题 5：假设 A1 至假设 A3 成立，如果 R3 和 R4 得到满足，那么总是有可能找到一个移动平均表述 $y_t=\hat{C}(L)\hat{w}_t$ 满足 R1。

命题 5 对 R1 和 R3 蕴含的约束条件的统计检验提出了忠告。对于某个给定的 ρ^+ 的参数化，我们可能想要检验是否 $\rho_2^+(\lambda)=0$。保持 ρ_2^+ 的特定有限维参数化不变，这个约束条件可以使用诸如似然率检验方法来检验。命题 5 提供的信息说明，这样的检验不是特别有用，因为总是存在在构造上满足约束条件的其他观察上等价的 ρ_2^+ 的参数化。然而，约束条件 R4 并没有受到同样的批评。

4. 不可分偏好

第 3 节中模型有一个潜在且重要的缺陷，即假设支出的偏好是时间可分的。虽然当支出只由非耐用消费品构成时，该模型可能是一个挺好的模型。但是对收入而言，它（比如说劳动收入）没有能与第 3 节假设的方式即与非耐用消费品相匹配的自然度量。在这一节中，我们将扩展第 3 节所描述的鞅模型，即将考虑这些可能性：支出能够分成消费品向量，并且对这些消费品的偏好在不同商品之间或者时间上未必是可分的。之后，将证明现值预算平衡约束 R1 仍然具有可检验的含义。

在永久收入模型的分析中，坎贝尔（Campbell，1987）和韦斯特（West，1988）实际上假设了非耐用消费品是总消费的一个固定部分。我们与之不同，采用的方法是将总支出分解并投资于 ℓ 种可能方式中的一种。比如，可供选择的投资可能需要诸如耐用品、非耐用品和服务等可供选择的消费品上的支出。因而，

$$p_t=\mu' c_t, \tag{4.1}$$

其中 μ 是 ℓ 维的正数向量。伯南克（Bernanke，1985）在对耐用品和非耐用品这两类消费品同时建模时采用了这种策略。

按照特尔泽和格拉夫（Telser and Graves，1972）、汉森（Hansen，1987）以及艾肯鲍姆和汉森（Eichenbaum and Hansen，1990）的方法，

我们把这些投资的每一个建模成 ℓ 中不同跨期服务束的生成过程。服务束是偏好跨期不可分性（如消费品耐用性、习惯持续性以及不同商品分类之间不可分性）建模的工具。更严谨地说，消费品向量 c_t 在时刻 $t+\tau(\tau\geqslant 0)$ 生成了相应的服务向量 $b_\tau c_t$，其中：

假设 A4：$B(z)\equiv\sum_{\tau=0}^{\infty}b_\tau z^\tau$ 在 $\{|z|\leqslant 1\}$ 域上是连续且非奇异的。[13]

在时刻 t，消费服务总数量由下式给定：

$$h_t\equiv\sum_{\tau=0}^{\infty}b_\tau c_{t-\tau}=B(L)c_t\ , \tag{4.2}$$

其中时刻 0 之前的投资被视为初始条件。曼昆（Mankiw，1982）和伯南克（Bernanke，1985）的线性二次耐用品消费模型以及莱德尔和希尔（Ryder and Heal，1973）的习惯持续性模型的线性二次版本是这个设定的特例。

用于引出最优支出过程的偏好按照下述方式以 ℓ 维服务过程设定：

$$-(1/2)E\sum_{t=0}^{\infty}\lambda^t(h_t-g)'(h_t-g)。 \tag{4.3}$$

此处 g 是 ℓ 维餍足点向量。正如在第 2、3 节中，我们施加式（2.1）的约束并要求 $\{k_{t+1}\}$ 在 H 之中。此外，$\{p_t\}$ 以及 $\{c_t\}$ 和 $\{h_t\}$ 的元素也被限制在 H 之中。最后，假设收入过程 $\{r_t\}$ 满足 A3。

我们使用拉格朗日乘数方法求解这个最优化问题。令 mk_t 是时刻 t 与式（2.1）相关的拉格朗日乘数，mp_t 是与式（4.1）相关的乘数，以及 mh_t 是与式（4.2）相关的乘数。乘数过程 $\{mk_t\}$、$\{mp_t\}$ 以及过程 $\{mh_t\}$ 的成分被限制在 H 之中。拉格朗日函数是

$$\mathcal{L}=E\sum_{t=0}^{\infty}\lambda^t\{-(1/2)(h_t-g)\cdot(h_t-g)+mp_t(\mu'c_t-p_t)$$
$$+mh_t'[h_t-B(L)c_t]+mk_t[-k_{t+1}+(1+\delta)k_t+r_t-p_t]\}。 \tag{4.4}$$

p_t,k_t,c_t,h_t 的一阶条件是

$$-mp_t+mk_t=0\ , \tag{4.5}$$

$$-mk_t+E(mk_{t+1}\mid J_t)=0\ , \tag{4.6}$$

$$-E[B(\lambda L^{-1})'mh_t\mid J_t]+\mu mp_t=0\ , \tag{4.7}$$

$$mh_t-(g-h_t)=0。 \tag{4.8}$$

乘数 mk_t 可以解释为时刻 t 末资本存量的影子估价（shadow valuation），而乘数 mp_t 是时刻 t 支出的（间接）边际效用。一阶条件式（4.5）表

明，这两个乘数应该相等。一阶条件式（4.6）将资本存量的影子估价限制为鞅过程。根据式（4.5）和式（4.6），总支出的边际效用过程应是一个鞅过程，正如在第3节讨论的模型中的一样。

乘数 mh_t 是时刻 t 服务的边际效用向量。一阶条件式（4.7）将支出的当期（间接）边际效用与服务边际效用向量的当前值和未来值联系起来。这个联系反映了将今天的支出转换为当前和未来各期服务的技术。

现在我们使用边际效用之间的联系来推导 $\{c_t\}$ 的最优过程。首先求解式（4.7），得到 mh_t 是 mp_t 当期和预期未来值的函数。根据 A4，$B(\lambda L^{-1})$ 有单边向前逆变换。因此，

$$mh_t = E\{[B(\lambda L^{-1})^{-1\prime}(\mu mp_t) \mid J_t]\}。\tag{4.9}$$

由于 $\{mp_t\}$ 是一个鞅，有

$$mh_t = B(\lambda)^{-1\prime}\mu mp_t。\tag{4.10}$$

这意味着，服务边际效用向量也是一个鞅。[14] 从式（4.8）中替代掉 mh_t，并从式（4.2）中替代掉 h_t，得到

$$B(L)c_t + B(\lambda)^{-1\prime}\mu mp_t - g = 0。\tag{4.11}$$

我们通过求解下述三个方程的方程组，计算 c_t, k_{t+1} 和 mp_t：

$$\begin{aligned}&B(L)c_t + B(\lambda)^{-1\prime}\mu mp_t - g = 0,\\&E(mp_{t+1} \mid J_t) - mp_t = 0,\\&k_{t+1} - (1+\delta)k_t - r_t + \mu' c_t = 0。\end{aligned}\tag{4.12}$$

取这三个方程的线性组合，得到

$$\begin{aligned}&(1-\lambda)\mu' B(\lambda)^{-1}[B(L)c_t + B(\lambda)^{-1\prime}\mu mp_t - g]\\&+\lambda[\mu' B(\lambda)^{-1}B(\lambda)^{-1\prime}\mu]E[(-L^{-1}+1)mp_t \mid J_t]\\&-(1-\lambda)[(1-\lambda^{-1}L)k_{t+1} - r_t + \mu' c_t] = 0。\end{aligned}\tag{4.13}$$

重新排列各项，可得

$$\begin{aligned}&(1-\lambda)\mu'[B(\lambda)^{-1}B(L) - I]c_t\\&+[\mu' B(\lambda)^{-1}B(\lambda)^{-1\prime}\mu]E[(1-\lambda L^{-1})mp_t \mid J_t]\\&-(1-\lambda)(1-\lambda^{-1}L)k_{t+1} + (1-\lambda)r_t - (1-\lambda)\mu' B(\lambda)^{-1}g = 0。\end{aligned}\tag{4.14}$$

注意，$(1-\lambda)\mu'[B(\lambda)^{-1}B(z) - I]$ 可以因素分解成：

$$(1-\lambda)\mu'[B(\lambda)^{-1}B(z) - I] = (z-\lambda)\chi(z),\tag{4.15}$$

其中对于 $|z|<1$，$\chi(z)$ 有幂级数展开，因为当 $z=\lambda$ 时，$B(\lambda)^{-1}B(z) - I$ 是一个零矩阵。将前向算子 $(1-\lambda L^{-1})^{-1}$ 应用于式（4.14），并取给定 J_t 的条件期望，得出

$$\chi(L)c_{t-1} + [\mu' B(\lambda)^{-1}B(\lambda)^{-1\prime}\mu]mp_t + \delta k_t$$

$$+(1-\lambda)E\left(\sum_{j=0}^{\infty}\lambda^j r_{t+j}\mid J_t\right)-\mu' B(\lambda)^{-1}g=0。\qquad(4.16)$$

由于 A4 得到满足，所以 $[\mu' B(\lambda)^{-1}B(\lambda)^{-1\prime}\mu]$ 严格为正数。求解 mp_t，则有

$$\begin{aligned}mp_t=&-\epsilon\chi(L)c_{t-1}\\&-\epsilon\left[\delta k_t+(1-\lambda)E\left(\sum_{j=0}^{\infty}\lambda^j r_{t+j}\mid J_t\right)\right]\\&+\epsilon\mu' B(\lambda)^{-1}g,\end{aligned}\qquad(4.17)$$

其中

$$\epsilon\equiv 1/[\mu' B(\lambda)^{-1}B(\lambda)^{-1\prime}\mu]。\qquad(4.18)$$

通过将式（4.17）代入式（4.12）的第一个和第三个方程，我们能够获得 c_t 和 k_{t+1} 的迭代表述。读者可以自己证实，这些迭代表述与式（3.3）中 $B(z)=1$ 的特例是一样的。

我们感兴趣的是以 w_t 的当前值和过去值表示的隐含的 p_t-p_{t-1} 的移动平均表述。为了推导这个表述，从式（4.17）可知，mp_t 的向前一步预测误差由下式给定：

$$mp_t-mp_{t-1}=-\epsilon(1-\lambda)[\rho(\lambda)/\gamma(\lambda)]w_t,\qquad(4.19)$$

因为 c_{t-1} 和 k_t 在 J_t 之中。对式（4.11）进行差分，则有

$$B(L)[c_t-c_{t-1}]=[\epsilon(1-\lambda)B(\lambda)^{-1\prime}\mu\rho(\lambda)/\gamma(\lambda)]w_t。\qquad(4.20)$$

通过应用逆算子 $B(L)^{-1}$，推导随机稳定状态中 c_t-c_{t-1} 的移动平均表述：

$$c_t-c_{t-1}=B(L)^{-1}[\epsilon(1-\lambda)B(\lambda)^{-1\prime}\mu\rho(\lambda)/\gamma(\lambda)]w_t。\qquad(4.21)$$

因此，在随机稳定状态中，$\{c_t-c_{t-1}\}$ 仅依赖于标量白噪声 $\rho(\lambda)w_t$。虽然消费品不是成比例的，但是随机过程 $\{c_t-c_{t-1}\}$ 是随机奇异的。式（4.21）两边左乘 μ'，得到

$$p_t-p_{t-1}=\psi(L)\pi w_t,\qquad(4.22)$$

其中

$$\begin{aligned}&\psi(z)=\mu' B(\lambda)^{-1}B(\lambda)^{-1\prime}\mu/[\mu' B(\lambda)^{-1}B(\lambda)^{-1\prime}\mu],\\&\pi=(1-\lambda)\rho(\lambda)/\gamma(\lambda)。\end{aligned}\qquad(4.23)$$

注意，$\psi(\lambda)=1$ 且 π 与第 3 节的鞅模型一样。标量滞后多项式 $\varphi(L)$ 出现在式（4.23）中，因为支出的引致偏好中存在时间上的不可分性。与第 3 节不同的是，除非对所有 z 有 $\psi(z)=1$，否则 $\{p_t\}$ 将不是一个鞅。由于 A3 成立，$\rho(\lambda)$ 以及 π 都不等于零。这排除了支出是确定性的可能性。正如在第 3 节中，$\{p_t-p_{t-1}\}$ 仅依赖于标量白噪声 πw_t

的当前值和过去值。

为了将这个模型与第 2 节的分析联系起来，假设计量经济学家观察到的过程 $\{y_t\}$ 满足 A1 和 A2。正如第 3 节中，y_t 的第一个成分是 $s_t - s_{t-1}$，第二个成分是 $\gamma(L)r_t$。虽然假设计量经济学家能够观察到支出过程 $\{p_t\}$，但分析中并没有使用向量过程 $\{c_t\}$ 成分的观测值。[15] 正如第 3 节，令

$$s_t - s_{t-1} = \sigma(L)w_t。\tag{4.24}$$

根据式（4.22）和式（4.23），对 σ 施加了如下约束条件：

约束条件 R5：对于某个满足 $\psi(z) = \sum_{j=0}^{\infty} \psi_j z^j$，$\sum_{j=0}^{\infty} |\psi_j|^2 < \infty$ 和 $\psi(\lambda) = 1$ 的标量 $\psi(z)$ 以及某个行向量 π，有 $\sigma(z) = (1-z)\rho(z)/\gamma(z) - \psi(z)\pi$。

注意，R5 比第 3 节中使用的 R3 要弱。约束条件 R1（$\sigma(\lambda) = 0$）和 R5 共同意味着

$$\pi = (1-\lambda)\rho(\lambda)/\gamma(\lambda)。\tag{4.25}$$

我们现在探讨式（4.25）是否为一个可检验的约束条件。要回答这个问题，需使用式（3.10）给定的变换，并以相同的方式进行矩阵分块 σ^+ 和 ρ^+。由此得到，

$$\begin{aligned} s_t - s_{t-1} &= \sigma_1^+(L)w_{1t}^+ + \sigma_2^+(L)w_{2t}^+, \\ \gamma(L)r_t &= \rho_1^+(L)w_{1t}^+ + \rho_2^+(L)w_{2t}^+, \\ p_t - p_{t-1} &= |\pi|\,\psi(L)w_{1t}^+。\end{aligned}\tag{4.26}$$

约束条件式（4.25）意味着

$$(1-\lambda)\rho_1^+(\lambda)/\gamma(\lambda) = |\pi|,\tag{4.27}$$

并且，按照构造

$$\rho_2^+(\lambda) = 0。\tag{4.28}$$

首先，我们探讨式（4.27）是否为可检验的。要回答这个问题，需将 y_t 分解为：

$$y_t = y_{1t} + y_{2t},\tag{4.29}$$

其中

$$\begin{aligned} y_{1t} &= C_1^+(L)w_{1t}^+, \\ y_{2t} &= C_2^+(L)w_{2t}^+。\end{aligned}\tag{4.30}$$

这个分解可以构造如下。注意，w_{1t}^+ 当前值、过去值和未来值的线性组合与 $p_t - p_{t-1}$ 当前值、过去值和未来值的线性组合生成了相同的希尔伯特空间。并且注意，由于 w_{2t}^+ 与 w_{1t}^+ 不相关，因此 y_{1t} 是 y_t 对 w_{1t}^+ 当前值、过去值和未来值的最小二乘回归，因而是对 $p_t - p_{t-1}$ 当前值、过去值和未来值的最小二乘回归。函数 $\psi(z)$ 在复平面单位圆内可能有零

点。[16]结果是，w_{1t}^{+} 当前值、过去值和未来值的线性组合生成的希尔伯特空间严格大于 $p_t - p_{t-1}$ 当前值、过去值和未来值的线性组合生成的希尔伯特空间。这样，在这个模型中，收入过程可能是支出过程的格兰杰原因。因此，它在形成 y_{1t} 时，将 $p_t - p_{t-1}$ 的未来值包括在回归之中，且具有潜在的重要性。

与第 3 节相比，标量白噪声 w_{1t}^{+} 是不可识别的。相反，我们构造随机奇异（秩为 1）过程 $\{y_{1t}\}$ 的沃尔德表述，

$$y_{1t} = C_1^*(L)w_{1t}^*, \tag{4.31}$$

其中 $\{w_{1t}^*\}$ 是具有单位方差的标量白噪声，并且 w_{1t}^* 当前值和过去值的线性组合与 y_{1t} 当前值和过去值的线性组合生成了相同的希尔伯特空间。

正如在第 2 节中的分析一样，可知 $\{w_{1t}^*\}$ 和 $\{w_{1t}^{+}\}$ 必定通过下式联系起来：

$$w_{1t}^{+} = D_1(L^{-1})w_{1t}^*，\text{其中 } D_1(z) = \sum_{j=0}^{\infty} d_j(z)^j，\sum_{j=0}^{\infty} |d_j|^2 < \infty, \tag{4.32}$$

以及

$$D_1[\exp(i\theta)]D_1[\exp(-i\theta)] = 1，\text{对几乎所有的 } \theta \text{ 成立。} \tag{4.33}$$

因此，

$$C_1^{+}(z) = C_1^*(z)D_1(z)。 \tag{4.34}$$

函数 $D_1(z)$ 可以在单位圆内有零点但是不能在 λ 处有零点，因为在 A3 假设下，$|\pi|$ 不等于零，$\psi(\lambda) = 1$. 因而，在约束条件 R5 下，$C_1^{+}(\lambda)$ 的前两个元素不可能都等于零。这对 $C_1^*(z)$ 也同样是正确的。令 $\sigma_1^*(z)$ 表示 $C_1^*(z)$ 的第一行。式（4.27）和式（4.34）的一个含义是：

约束条件 R6： $\sigma_1^*(\lambda) = 0$。

由于可以识别 $\sigma_1^*(z)$ 的符号，因而，给定贴现因子 λ，R5 是可检验的。

命题 6： 假设 A1～A4 成立，那么 R1 和 R5 意味着 R6。

虽然 R6 包含了偏好的不可分性，但是一般地，$B(z)$ 和 $\psi(z)$ 都无法识别。与第 3 节不同，噪声 w_{1t}^{+} 未必能够识别。尽管如此，理论模型通过 R5 施加了足够的结构，从而保证了 R1 是可检验的。

最后，我们探讨 R6 是否穷尽了所有可检验的含义。这等价于评估式（4.28）（$\rho_2^{+}(\lambda) = 0$）的经验内容。这里，我们简单仿效第 3 节的逻辑，得到如下结论：

命题 7： 假设 A1～A5 成立，如果 R5 和 R6 得到满足，那么总是可能找到一个移动平均表述 $y_t = \hat{C}(L)\hat{w}_t$ 满足 R1。

$\hat{w}_t$ 的第一个元素可以选择为 w_{1t}^*，其余元素可以按照第 2 节和第 3 节描述的进行构造。

回顾式（4.21），这个部分研究的理论模型意味着消费品全部依赖于标量噪声过程 $\{\pi w_t\}$。到目前为止的分析中，我们已经假设计量经济学家仅使用总消费 $\{p_t - p_{t-1}\}$ 的数据。另外的方法是假设消费成分有测量误差，并将观察到的收入和消费成分建模，且它为格韦克（Geweke，1977b）、萨金特和西姆斯（Sargent and Sims，1977）、格韦克和辛格尔顿（Geweke and Singleton，1981a，1981b）、恩格尔和沃特森（Engle and Watson，1981）及沃特森和恩格尔（Watson and Engle，1983）所研究的那种带有单一因素的动态因子模型。那么，现值预算平衡约束可以用于这个单一因素。本节的分析通过适当的修改就可以适用于这类模型。[17]

5. 一个实证例子

在这一节中，我们将使用战后美国总消费和总劳动收入时间序列数据来检验 R6。内容的顺序是描述数据、潜在时间序列的参数化、估计方法和实证结论。

5a. 数据

我们使用肯尼思·韦斯特（Kenneth West）提供的 1953:2—1984:4 期间的总消费和劳动收入的加总数据。劳动收入序列的最初来源是布林德和狄顿（Blinder and Deaton，1985）。韦斯特（West，1988）使用了除服装和服务之外的非耐用品及服务消费数据。为使该时间序列与劳动收入序列具有可比性，韦斯特调整了消费序列以反映他所度量的非耐用品消费只是总消费的一个部分的事实。以这种方式处理的一个优点是，对该非耐用消费品偏好可以合理地建模为时间是可分的。那么，第 3 节的分析就可用于研究现值预算平衡。我们采用的方法有些不同，即使用总消费数据检验了第 4 节推导的约束条件 R6。回顾第 4 节所提出的经济模型，它允许总消费的间接效用是时间上不可分的。由于这个原因，我们就不必从总消费中扣除耐用消费品的消费。

5b. 参数化

我们使用两因素设定对消费和收入过程二元变量进行建模。通过假设因素是互不相关的且第二个因素对消费没有影响以便来识别这些因素。在第 4 节中，我们证明了通常可以通过使用标量时间序列比如 $\{f_{1t}\}$ 来表述式（4.29）和式（4.30）中的秩为 1 的过程 $\{y_{1t}\}$ 来获得因素分解。

为方便起见，我们将每个因素建模为第 N 阶单变量自回归表述：

$$f_{jt} = b_j(L) f_{jt-1} + v_{jt}, \tag{5.1}$$

其中 $[1 - zb_j(z)]$ 是第 $(N+1)$ 阶多项式，其零点在复平面单位圆之外。那么，总消费则建模为 $\{f_{1t}\}$ 的滞后分布，劳动收入建模为 $\{f_{1t}\}$ 和 $\{f_{2t}\}$ 的滞后分布：

$$\begin{bmatrix} p_t - p_{t-1} \\ r_t - r_{t-1} \end{bmatrix} = \begin{bmatrix} a_{11}(L) & 0 \\ a_{21}(L) & a_{22}(L) \end{bmatrix} \begin{bmatrix} f_{1t} \\ f_{2t} \end{bmatrix}, \tag{5.2}$$

其中 $a_{ij}(z)$ 是第 N 阶多项式。冲击过程 $\{v_t\}$ 是序列不相关的，且 $E(v_t v_t') = I$。

为了方便将这个设定与第 4 节的分析联系起来，我们使用 $\{v_t\}$ 来推导 $\{y_t\}$ 的隐含移动平均表述。从式（5.1）和式（5.2）可得：

$$\begin{aligned} p_t - p_{t-1} &= \{a_{11}(L)/[1 - Lb_1(L)]\} v_{1t}, \\ r_t - r_{t-1} &= \{a_{21}(L)/[1 - Lb_1(L)]\} v_{1t} \\ &\quad + \{a_{22}(L)/[1 - Lb_2(L)]\} v_{2t}。\end{aligned} \tag{5.3}$$

从式（5.3）的第二个方程中减去第一个方程，则有

$$\begin{aligned} s_t - s_{t-1} &= \{[a_{11}(L) - a_{21}(L)]/[1 - Lb_1(L)]\} v_{1t} \\ &\quad + \{a_{22}(L)/[1 - Lb_2(L)]\} v_{2t}。\end{aligned} \tag{5.4}$$

当 $v_{jt} = w_{jt}^+$ 时，式（5.3）和式（5.4）给定的移动平均表述刚好与式（4.26）一致。在这种情况下，有

$$\begin{aligned} \sigma_1^+(z) &= [a_{11}(z) - a_{21}(z)]/[1 - zb_1(z)], \\ \rho_1^+(z) &= a_{21}(z)/[1 - zb_1(z)], \\ \sigma_2^+(z) &= \rho_2^+(z) = a_{22}(z)/[1 - zb_2(z)]。\end{aligned} \tag{5.5}$$

此外，$\psi(z)$ 与 $a_{11}(z)[1 - zb_1(z)]$ 成正比。回顾一下，$\{p_t\}$ 的引致偏好顺序中的时间不可分性也反映在 $\psi(z)$ 中。现值预算平衡意味着 $\sigma_j^+(\lambda) = 0, j = 1, 2$，在这种情况下，等价于

$$a_{11}(\lambda) = a_{21}(\lambda), \tag{5.6}$$

以及

$$a_{22}(\lambda) = 0。\tag{5.7}$$

因第 4 节所给定的原因，$v_{jt}=w_{jt}^{+}$ 未必是真的。而且，如果没有进一步的约束条件，冲击 w_{jt}^{+} 是不可识别的。回顾第 4 节可知，缺乏识别 w_{2t}^{+} 的能力将使得基于式（5.7）的检验毫无意义。然而，关系式（5.6）有潜在的可检验性，因为 $\{y_{1t}\}$ 的基本冲击过程 $\{w_{1t}^{*}\}$ 是可识别的。而且，只要 $a_{11}(z)$ 和 $a_{21}(z)$ 没有共同的零点，w_{1t}^{*} 在符号约定上就等于 v_{1t}。在这种情况下，式（5.6）等价于约束条件 R6。因而，将式（5.6）作为实证分析的重点。

5c. 估计方法

我们使用假设一个高斯似然函数的极大似然估计法来检验式（5.6）。在评估似然函数时，两个序列的时间成分都按照 μ^{-t} 比例调整，在此估计了增长率 $\log(\mu)$。由此得到的序列取一阶差分，并去除样本均值。调整后的序列使用刚刚描述的两因素设定建模为平稳过程。我们采用莫纳汉（Monahan，1984）提出的变换，以保证 $b_j(z),j=1,2$ 在复平面单位圆之外有零点。平稳模型的似然函数使用第 3 章刻画的迭代状态空间方法进行评估。似然函数中包括一个额外的（雅可比）因子，以便一并考虑原始时间序列的调整。

5d. 实证结论

我们对 $N=1,2,3$ 拟合了无约束模型。表 1 报告了这些情况下的对数似然值。

表 1　无约束参数化的对数似然值

N	对数似然值
1	−897.21
2	−888.58
3	−878.92

正如表 1 所示，N 增加 1 会导致模型增加 5 个新的参数。一方面，对数似然函数值的变化从似然率统计量的角度看是显著的。另一方面，从模型选择的施瓦茨（Schwarz，1978）准则的角度看，这些变化又是不显著的。众所周知，施瓦茨准则是为不同的估计环境提出的模型选择方法，但该准则比较保守。在非参数视角下，有限维参数化可以看成是无穷参数模型的近似，这样，选择基于古典似然率推断的模型还是施瓦茨准则的模型更合理就不是显而易见的了。我们没有探讨 N 更大的情况，这是因为数值上无法处理，也是因为下一节的分析表明，太多的参数化将使得约束条件式（5.6）缺乏可检验的内容。

对于每个 N，表 2 给出了每个序列中可以由第一个因素解释的变化的比例。记住，按照构造，消费的比例是 1。

表 2　　无约束参数化下由第一个因素解释的变化的比例

N	净剩余	劳动收入
1	0.17	0.47
2	0.22	0.53
3	0.25	0.51

注意，对每个参数化，劳动收入大约有一半的变化归因于第一个因素。正是这个变化构成了现值预算平衡的基础 。

图 1 给出了 N 的三个设定中每一种情况下所估计的净剩余过程一阶差分对 v_{1t} 的意外变动的脉冲响应函数。换句话说，该图报告了 $[a_{11}(z)-a_{21}(z)]/[1-zb_1(z)]$ 的幂级数展开的估计系数。三个不同设定的响应模型很相似。在所有情况下，净剩余的初始增加在一期之后被抵消了。图 2 分别给出了 $N=3$ 时所估计的消费和劳动收入一阶差分的脉冲响应函数。消费和劳动收入的响应峰值都发生于一期之后。消费对第一个冲击的显著响应表明，允许偏好的不可分性很重要。事实上，$\psi(z)$ 的幂级数展开的系数与 $\{p_t-p_{t-1}\}$ 的脉冲响应函数成正比。消费和收入有相似的响应模式可能表明，在这个烦琐的模型中消费和收入是一样的。然而，这样的解释可能会产生误导，因为第一个冲击解释了消费的所有变化，但是只解释了收入变化的一半。

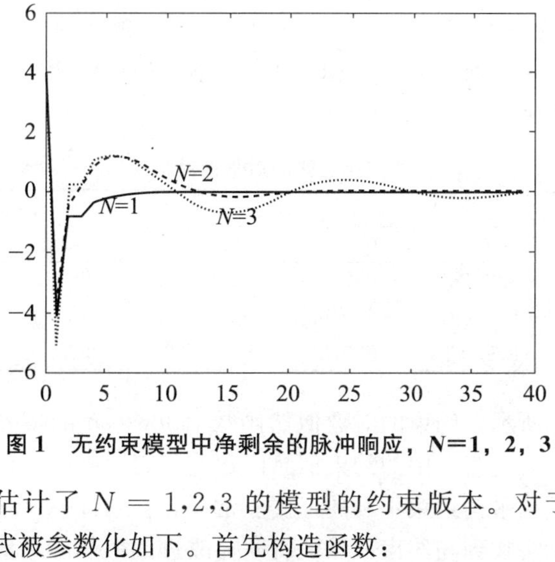

图 1　无约束模型中净剩余的脉冲响应，N=1，2，3

我们也估计了 $N=1,2,3$ 的模型的约束版本。对于这些模型，$a_{11}(z)$ 多项式被参数化如下。首先构造函数：

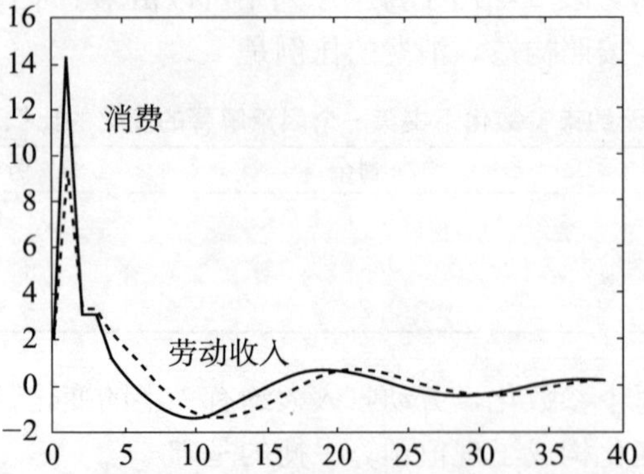

图 2　N=3 的无约束模型中消费和劳动收入的脉冲响应

$$\psi(z) = \phi(z)/[1 - zb_1(z)], \tag{5.8}$$

其中 $\phi(z)$ 是第 N 阶多项式。为了使得 $\psi(\lambda) = 1$，要求

$$\phi(\lambda) = 1 - \lambda b_1(\lambda)。 \tag{5.9}$$

多项式 ϕ 参数化为：

$$\phi(z) = \sum_{j=0}^{N} \phi_j z^j, \tag{5.10}$$

其中，$\phi_j, j = 1, 2, \cdots, N$ 作为自由参数处理，并且选择 ϕ_0 满足式（5.9）。最后，多项式 $a_{11}(z)$ 构造为

$$a_{11}(z) = a_{21}(\lambda)\phi(z)/[1 - \lambda b_1(\lambda)]。 \tag{5.11}$$

注意到按照构造，式（5.6）得到满足，并且 $a_{11}(z)$ 只有 N 个基本参数，而在无约束估计中，有 $N+1$ 个这样的参数。我们估计了 $\log(\lambda)$ 从 -0.005 到 -0.025 范围内五个不同值的约束模型。[18] 表 3 报告了这些似然函数值。

表 3　　约束参数化的对数似然值

	$-\log(\lambda)$				
N	0.005	0.10	0.015	0.020	0.025
1	−897.76	−897.73	−897.72	−897.71	−897.69
2	−889.69	−889.69	−889.69	−889.68	−889.68
3	−879.02	−879.02	−879.02	−879.02	−879.02

正如表 3 所示，约束的对数似然函数对 log（λ）的事先选择并不是非常敏感的。对比表 3 中的约束似然函数值与表 4 中的无约束似然函数值，对现值预算平衡约束不利的证据非常弱。在估计 $N=3$ 的无约束模型时，我们无法找到与约束似然值有明显改进的似然函数值。注意，对

于 $N=3$，无约束似然值只比约束似然值高出 0.10，因而，我们发现，对永久收入模型不利的证据不能归因于违背现值预算约束。

表 4 报告了第一个因素解释的方差的比例。由于这些数值对 $\log(\lambda)$ 的选择不敏感，因此，只报告了 $\log(\lambda)=-0.015$ 下的数值。

表 4　　约束参数化情况下第一个因素解释的变化的比例（$N=3$）

N	净剩余	劳动收入
1	0.16	0.52
2	0.22	0.53
3	0.19	0.51

毫不奇怪，这些结果与表 2 报告的结果非常相似。

图 3 给出了净剩余的脉冲响应函数，图 4 给出了 $\log(\lambda)=-0.015$ 且 $N=3$ 的约束模型中消费和收入的脉冲响应函数。这些图形分别是图 1 和图 2 的约束模型的对应版本，也因前述原因，图 2 和图 4 也极为相似。

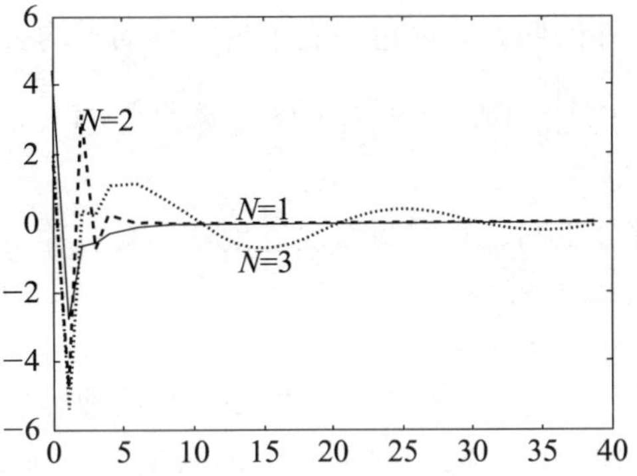

图 3　约束模型中净剩余的脉冲响应，N=1，2，3

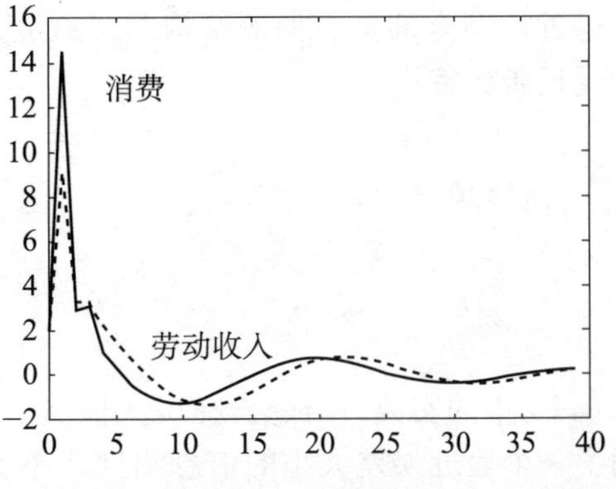

图 4　N=3 的约束模型中消费和劳动收入的脉冲响应

6. 逼近误差

在这个部分中，我们探讨检验约束条件 R6 时模型逼近误差的效应。为简化起见，集中考虑 $\{y_t\}$ 是二维的情况。回顾可知，支出序列是净剩余序列和收入序列的线性组合。在这个部分中，我们觉得将 $(1-L)p_t$ 而不是 $(1-L)s_t$ 作为 y_t 的第一个成分会更加方便。$\{y_t\}$ 的移动平均表述如下所示：

$$y_t = \begin{bmatrix} p_t - p_{t-1} \\ r_t - r_{t-1} \end{bmatrix} = C(L)w_t^+。 \tag{6.1}$$

对于 $\gamma(z)=1-z$，与 A3 和 R5 一致，假设 $C(z)$ 是下三角形矩阵：

$$C(z) = \begin{bmatrix} \pi_1(z) & 0 \\ \rho_1(z) & \rho_2(z) \end{bmatrix}。 \tag{6.2}$$

我们施加一个额外的假设，以包含更丰富的移动平均表述：

假设 A5： $(1/2\pi)\int_{-\pi}^{\pi}\{|\rho_1[\exp(-i\theta)]|^2/|\rho_2[\exp(-i\theta)]|^2\}d\theta<\infty$。

与前面的部分不同，我们假设现值预算平衡对冲击过程 $\{w_t^+\}$ 的第一个成分不成立：

假设 A6： $\pi_1(\lambda)\neq\rho_1(\lambda)$。

我们的目标是构造一系列的逼近模型。在某种确切的意义上说，收敛于真实的模型使得这些模型的每一个都满足 R6。如果能够构造这样的逼近序列，那么当逼近误差出现时（即使很小），它也将严重削弱 R6 的可检验性。

我们考虑的逼近模型全部具有如下结构。$C(z)$ 矩阵函数由同样是下三角形矩阵的逼近函数替代：

$$C^a(z) = \begin{bmatrix} \pi_1(z)b(z) & 0 \\ \rho_1(z)b^*(z) & \rho_2(z) \end{bmatrix}, \tag{6.3}$$

其中

$$b(z)=(z-\zeta)/(1-z\zeta),\ b^*(z)=(z-\zeta^*)/(1-z\zeta^*), \tag{6.4}$$

ζ 和 ζ^* 是区间 $(0,1)$ 中的实数。与隐含在极大似然估计中的逼近标准一致，我们使用了一个逼近误差大小的信息测度。令 S^a 是逼近模型的谱密度，S 是真实模型的谱密度。逼近误差测度使用了高斯对数似然函数的总体对应物，有表述如下的频率域：

$$\eta(S^a,S)=(1/2\pi)\int_{-\pi}^{\pi}\{\log\det[S(\theta)]-\log\det[S^a(\theta)]\}d\theta$$
$$+(1/2\pi)\int_{-\pi}^{\pi}\mathrm{tr}[I-S(\theta)S^a(\theta)^{-1}]d\theta。\qquad(6.5)$$

注意，$\eta(S,S)=0$。此外，可以证明 $\eta(S^a,S)$ 严格为正，除非对几乎所有 θ，$S^a(\theta)=S(\theta)$。

给定满足式（6.3）的逼近模型，式（6.5）进一步简化。回顾：

$$S(\theta)=C[\exp(-i\theta)]C[\exp(i\theta)]'$$
$$=\begin{bmatrix}|\pi_1(z)|^2 & \rho_1(z^{-1})\pi_1(z)\\ \rho_1(z)\pi_1(z^{-1}) & |\rho_1(z)|^2+|\rho_2(z)|^2\end{bmatrix},\qquad(6.6)$$

其中 $z=\exp(-i\theta)$；类似地，

$$S^a(\theta)=C^a[\exp(-i\theta)]C^a[\exp(i\theta)]'$$
$$=\begin{bmatrix}|\pi_1(z)|^2 & \rho_1(z^{-1})\pi_1(z)b^*(z^{-1})b(z)\\ \rho_1(z)\pi_1(z^{-1})b^*(z)b(z^{-1}) & |\rho_1(z)|^2+|\rho_2(z)|^2\end{bmatrix}。\qquad(6.7)$$

因为对所有 $|z|=1$，$|b(z)|^2=|b^*(z)|^2=1$。注意，矩阵 $S(\theta)$ 和 $S^a(\theta)$ 有相同的行列式值，以及

$$\mathrm{tr}[I-S(\theta)S^a(\theta)^{-1}]$$
$$=|\rho_1(z)\pi_1(z^{-1})|^2[1-b^*(z)b(z^{-1})]/\det[S(\theta)]$$
$$+|\rho_1(z)\pi_1(z^{-1})|^2[1-b^*(z^{-1})b(z)]/\det[S(\theta)]$$
$$=|1-b^*(z)b(z^{-1})|^2\rho_1(z)|^2/|\rho_2(z)|^2,\qquad(6.8)$$

其中 $z=\exp(-i\theta)$。代入式（6.5），可以得到逼近误差的大小为：

$$\eta(S^a,S)$$
$$=(1/2\pi)\int_{-\pi}^{\pi}(|1-\{b^*[\exp(-i\theta)]b[\exp(i\theta)]\}|^2$$
$$|\rho_1[\exp(-i\theta)]|^2/|\rho_2[\exp(-i\theta)]|)d\theta。\qquad(6.9)$$

式（6.9）在结构上与西姆斯（Sims，1972a）推导的带有严格外生变量的最小二乘估计的公式非常相似。注意，逼近误差的大小是乘积 $b^*[\exp(-i\theta)]b[\exp(i\theta)]$ 逼近 1 时平方误差的加权积分。根据假设 A5，用于加权平方误差的密度函数引致了 $(-\pi,\pi]$ 上的一个有限测度。更重要的是，对于我们的逼近模型族中的模型，这个假设保证了逼近误差是有限的。

现在构造出逼近模型序列 $\{C_j\}$ 使得 $\{\eta(C_j,C)\}$ 收敛于零。矩阵 C_j 由式（6.3）右边给定，用 b_j 替代 b，用 b_j^* 替代 b^*，其中，

$$b_j(z)=(z-\zeta_j)/(1-z\zeta_j)\ ,\ b_j^*(z)=(z-\zeta_j^*)/(1-z\zeta_j^*)\ , \tag{6.10}$$

$\{\zeta_j\}$ 和 $\{\zeta_j^*\}$ 是区间 $(0,1)$ 中的实数序列。对于每个 j，选择数对 (ζ_j,ζ_j^*) 使得现值预算平衡约束条件 R6 得到满足。我们集中考虑 $\pi_1(\lambda)$ 和 $\rho_1(\lambda)$ 都不等于零的特殊情况。其他情况的论证与此类似，但是略微复杂。[19]

令 $\{\zeta_j\}$ 是区间 $(0,1)$ 中的不同于 λ 但是收敛于 λ 的实数序列。注意到 $\pi_1(\lambda)b_j(\lambda)$ 不等于零，但是序列 $\{\pi_1(\lambda)b_j(\lambda)\}$ 收敛于零。接下来选择 ζ_j^* 使得

$$\pi_1(\lambda)b_j(\lambda)=\rho_1(\lambda)b_j^*(\lambda)。 \tag{6.11}$$

从第 4 节的分析可得到，式 (6.11) 意味着约束条件 R6 对每个逼近模型是满足的。将式 (6.11) 看成是 ζ_j^* 的方程，由此得到 ζ_j^* 必须满足：

$$\pi_1(\lambda)b_j(\lambda)(1-\lambda\zeta_j^*)=\rho_1(\lambda)(\lambda-\zeta_j^*)。 \tag{6.12}$$

对于足够大的 j，方程 (6.12) 唯一地决定了 ζ_j^*，因为 $\{b_j(\lambda)\}$ 收敛于零，且 $\rho_1(\lambda)$ 不等于零。求解 ζ_j^*，得到

$$\zeta_j^*=[\pi_1(\lambda)b_j(\lambda)-\rho_1(\lambda)\lambda]/[\lambda\pi_1(\lambda)b_j(\lambda)-\rho_1(\lambda)]。 \tag{6.13}$$

由于 $\{b_j(\lambda)\}$ 收敛于零，$\{\zeta_j^*\}$ 收敛于 λ。通过省略 $\{\zeta_j\}$ 以及 $\{\zeta_j^*\}$ 的某些初始元素，我们能够保证两个序列的所有元素都在区间 $(0,1)$ 之中。

剩下的就是证明逼近误差 $\eta(C_j,C)$ 可以任意小。由于 $\{\zeta_j\}$ 和 $\{\zeta_j^*\}$ 都收敛于 λ，因而，对所有 $|z|=1$，$\{b_j^*(z)b_j(z^{-1})\}$ 收敛于 1。而且，

$$|b_j^*(z)||b_j(z^{-1})|\leqslant[(1+\zeta_j)(1+\zeta_j^*)]/[(1-\zeta_j)(1-\zeta_j^*)],$$

其中 $|z|=1$。

这个不等式使得我们能够运用占优收敛定理并得到这样的结论：$\{\eta(S_j,S)\}$ 收敛于零。我们得到如下命题：

命题 8： 如果假设 A1 至假设 A6 成立，那么存在一个满足 R6 的谱密度函数序列 $\{S_j\}$ 使得 $\{\eta(S_j,S)\}$ 收敛于零。

根据命题 8，约束条件 R6 的经验内容不足。即使当约束条件不满足时，也有可能构造一系列模型，其中每一个模型满足 R6 且足够逼近原始模型。这些逼近模型有如下特征：相应的 $\{\rho_1^j\}$ 和 $\{\pi_1^j\}$ 有无限靠近 λ 的零点。为了避免命题 8 的负面含义，必须排除这些函数在 λ 附近的零点。[20] 回顾第 5 节，我们假设 $\rho_1(z)$ 和 $\pi_1(z)$ 是有限阶多项式的比率。如果这些多项式的阶数选择太大，那么命题 7 的有限参数版本成

立。当然，实践中很难决定分子和分母多项式的精确阶数。而且，通常用于估计的参数化最好被认为是用更复杂的时间序列相关结构逼近模型。因而，命题 8 的负面结论似乎是很难克服的。

7. 可变实际利率

在这个部分中，我们考虑式（2.1）中真实利率 δ 存在不确定性的情况。将式（2.1）改写为：

$$k_{t+1} = (1+\delta_t)k_t + s_t, \quad t = 0,1,\cdots 。 \tag{7.1}$$

令 J_{t-1} 表示当事人在 $t-1$ 时刻可以获得的信息。贯穿这个部分，我们要求

$$E(\delta_t \mid J_{t-1}) = \delta, \tag{7.2}$$

使得利率的条件期望在时间上是常数。由于 $\{\delta_t\}$ 不再是确定性的，第 2 节和第 3 节刻画的鞅含义也不再适用了。

为了推导可检验的约束条件，取式（7.1）基于时刻 $t-1$ 信息的条件期望，得到

$$E(k_{t+1} \mid J_{t-1}) = (1+\delta)k_t + E(s_t \mid J_{t-1}), t = 0,1,\cdots, \tag{7.3}$$

其中 k_0 是给定的，因为 k_t 是在 $t-1$ 时刻决定的。我们施加假设 A1 和终端条件：

$$E\sum_{t=0}^{\infty}\lambda^t\ (k_t)^2 < +\infty,$$

其中 $\lambda = 1/(1+\delta)$。向前求解式（7.3），得到

$$k_t = -\sum_{j=0}^{\infty}\lambda^{j+1}E(s_{t+j} \mid J_{t-1})\ ,\ t = 0,1,\cdots 。 \tag{7.4}$$

与第 2 节给出的原因类似，式（7.4）对联合过程 $\{(r_t, p_t)\}$ 没有施加超过第 2 节刻画的那些可检验的约束条件之外的约束条件。然而，式（7.4）对汉密尔顿和费莱文（Hamilton and Flavin，1986）研究的问题确实有有趣的含义，即现值预算平衡对联合过程 $\{(k_{t+1}, r_t, p_t)\}$ 施加了约束条件。事实上，式（7.4）是坎贝尔和希勒（Campbell and Shiller，1987）探讨的现值模型族的一个版本。

我们继续假设当事人可获得的信息具有第 2 节中刻画的结构。特别地，回顾一下，s_t 是 m 维向量过程 y_t 的第一个成分，y_t 有如下表述：

$$y_t = C(L)w_t\ ,$$

其中 w_t 是当事人信息的新息向量。上述方程组的第一行是

$$s_t = \sigma(L)w_t。$$

使用上述公式以及汉森和萨金特（Hansen and Sargent，1980a）的结论，式（7.4）可以表述为

$$k_{t+1} = \kappa(L)w_t,\ 其中\ \kappa(z) = -\left[\frac{\lambda\sigma(z)-\lambda\sigma(\lambda)}{z-\lambda}\right]。$$

方程（7.5）直接转化为以 $\{w_t\}$ 表示的 $\{(k_{t+1},y'_t)\}$ 的移动平均表述的约束条件。

只要 w_t 的维数 n 大于 y_t 的维数 m，则满足式（7.5）的复合过程 $\{(k_{t+1},y'_t)\}$ 是随机非奇异的。当 k_{t+1} 不能表示为 y_t 当前值、过去值和未来值的线性函数时，将会出现随机奇异性。在这种情况下，k_{t+1} 能够揭示 w_t 的额外信息。实际上，$\{(k_{t+1},y'_t),(k_t,y'_{t-1}),\cdots\}$ 生成的信息集很可能比 $\{w_t,w_{t-1},\cdots\}$ 生成的更小。[21]

汉密尔顿和费莱文（Hamilton and Flavin，1986）构造并检验了下述特定假设下的式（7.5）的一个版本：s_t 是带有揭示 w_t 的新息的单变量过程，因此 $\{(k_{t+1},y'_t)\}$ 之外没有其他变量是 s_t 的格兰杰原因。在这个特定的假设下，约束条件式（7.5）意味着 $\{(k_{t+1},y'_t)\}$ 过程是随机奇异的，并且汉密尔顿和费莱文所拟合的 k_{t+1} 对 s_t 当前值和滞后值的回归将有 $R^2=1$。如果去掉 $\{(k_{t+1},y'_t)\}$ 之外没有其他变量是 s_t 的格兰杰原因这个假设，那么他们所拟合的关系式中将出现序列相关希勒误差。该误差的出现使得要得到一致的参数估计和有效检验统计量，必须借助于汉森和萨金特（Hansen and Sargent，1982）以及林文夫和西姆斯（Hayashi and Sims，1983）刻画的估计量。

注意，式（7.5）引致的 $\{(k_{t+1},y'_t)\}$ 的模型是第 3 章汉森和萨金特研究的精确线性理性预期模型族中的成员，我们可获得有效估计和约束条件结构的更深入的洞察。第 3 章的结论意味着式（7.5）给定的约束条件总是适用于 $\{(k_{t+1},y'_t)\}$ 的沃尔德移动平均表述。[22]而且，即使以 w_t 表示的移动平均表述刚好是沃尔德表述，也总是可能找到某个不是沃尔德表述、有相同噪声数量且满足约束条件的其他移动平均表述。因而，不像第 2 节研究的约束条件，式（7.5）给定的约束条件适用于沃尔德移动平均表述和某些其他移动平均表述。很明显地，约束条件式（7.5）与第 2 节研究的那些约束条件有不同的结构。

最后，沿着第 2 节的分析思路，可以直接扩展本部分的分析，以包括支出和收入过程中的单位根。资产过程 $\{k_t:t=0,1,\cdots\}$ 将继承第 2 节的非平稳性；然而，式（7.5）意味着过程 $\{(k_{t+1},r_t,p_t):t=0,1,\cdots\}$ 在恩格尔和格兰杰（Engel and Granger，1987）意义上将是

协整的（例如，参见第 3 章以及坎贝尔和希勒（Campbell and Shiller，1987））。

8. 结论

在第 2 节中，我们为现值预算平衡假说补充了另外两个假说，即 $\{(r_t, p_t)\}$ 非时变的移动平均表述的存在性以及净利率的恒定性。结果发现，现值预算平衡假说是如此之弱，以至于实际上对 $\{(r_t, p_t)\}$ 过程没有施加任何可观察的约束条件。其假设很弱的特点表明，要证实现值预算约束对 $\{(r_t, p_t)\}$ 整个（无限维）未来过程进行限制是多么困难。只有当不随时间变化的线性表述补充以额外的假说，以第 2 节展示的变换之外的方式减少参数空间，约束条件才能获得可检验的内容。我们证明，现值预算平衡约束在其对沃尔德移动平均表述不成立的意义上是脆弱的，该表述通常使用向量自回归方法复原。

在第 3 节和第 4 节中，我们证明了，现值预算平衡约束是最优消费（或最优税收）的线性二次模型族的一部分时，将获得额外的内容。在那些模型中，现值预算平衡对 $\{r_t, p_t\}$ 过程施加了额外的约束条件，这远远超过了欧拉方程的鞅特征所施加的约束条件。第 6 节说明了即使是这些约束条件，也是微弱的。

第 7 节刻画了对所有的 $t \geqslant 0$，$E_{t-1}\delta_t = \delta$ 这个假设，以及对 $\{(k_{t+1}, p_t, r_t)\}$ 联合过程所施加的约束条件。结果表明，这些约束条件产生了精确线性理性预期模型。在本书的下一篇论文（第 6 章）中，罗伯兹（Roberds）使用了战后美国政府债务和赤字时间序列数据对该模型进行了估计。

附　录

在这个附录中，我们证明式（2.20）给定的 $D(z)$ 可以用于构造 $\{x_t\}$ 的沃尔德表述。使用 $\{y_t\}$ 的沃尔德表述，即

$$y_t = C^*(L)w_t^* \tag{A.1}$$

并通过增加下述行向量，以构造 $\{x_t\}$ 的双边移动平均表述，

$$k_t = \kappa^*(L)w_t^*\text{，其中 } \kappa^*(z) \equiv -\lambda z\sigma^*(z)/(z-\lambda)\text{，} \tag{A.2}$$

且 $\sigma^*(z)$ 是 $C^*(z)$ 的第一行。使用式（2.20）给定的 $D(z)$ 构造 $\{x_t\}$ 的其他移动平均表述：

$$y_t = C^+(L)w_t^+,\ k_t = \kappa^+(L)w_t^+, \tag{A.3}$$

其中

$$C^+(z) = C^*(z)D(z),\ 且\ \kappa^+(z) = \kappa^*(z)D(z)。 \tag{A.4}$$

注意，

$$\begin{aligned}\kappa^+(z) &= -\lambda z\sigma^*(z)D(z)/(z-\lambda)\\ &= -\lambda z\sigma^*(z)Q\begin{bmatrix}1/(1-\lambda z) & 0\\ 0 & [1/(z-\lambda)]I\end{bmatrix}。\end{aligned} \tag{A.5}$$

由于 $\sigma^*(z)Q$ 除第一个元素之外全部等于零，$\kappa^+(z)$ 在 $z=\lambda$ 处有一个可去除的奇异性，这意味着 $\kappa^+(L)$ 是单边的。因此，式（A.3）给出了 $\{x_t\}$ 的单边移动平均表述。

还要证明式（A.3）是一个沃尔德表述。假设相反的情况：矩阵 $\begin{bmatrix}C^+(\lambda)\\ \kappa^+(\lambda)\end{bmatrix}$ 的秩等于 $m-1$。在这种情况下，存在一个正交矩阵 Q^+ 使得 $\begin{bmatrix}C^+(\lambda)\\ \kappa^+(\lambda)\end{bmatrix}Q^+$ 的第一列全部等于零。因而，矩阵函数

$$\begin{bmatrix}\widetilde{C}(z)\\ \widetilde{\kappa}(z)\end{bmatrix} \equiv \begin{bmatrix}C^+(\lambda)\\ \kappa^+(\lambda)\end{bmatrix}Q^+\begin{bmatrix}(1-\lambda z)/(z-\lambda) & 0\\ 0 & I\end{bmatrix} \tag{A.6}$$

在 $z=\lambda$ 处有一个可去除的奇异性，并且复合过程 $\{x_t\}$ 有单边移动平均表述为：

$$y_t = \widetilde{C}(L)\widetilde{w}_t,\ \kappa_t = \widetilde{\kappa}(L)\widetilde{w}_t, \tag{A.7}$$

$\{\widetilde{w}_t\}$ 是某个向量白噪声。因此，$\widetilde{C}(\lambda)$ 的第一行满足 R1。然而，

$$\widetilde{C}(z) = C^*(z)Q\begin{bmatrix}(z-\lambda)/(1-\lambda z) & 0\\ 0 & I\end{bmatrix}Q^+\begin{bmatrix}(1-\lambda z)/(z-\lambda) & 0\\ 0 & I\end{bmatrix} \tag{A.8}$$

意味着 $\det[C^*(z)] = \det[\widetilde{C}(z)]$。因而，$\widetilde{C}(z)$ 也满足 R2，这与命题 2 相矛盾。这证明了式（A.3）是 $\{x_t\}$ 的沃尔德表述。

【注　释】

[1] 特雷汉和沃尔什（Trehan and Walsh，1988）最近的论文研究了这些问题及税收平滑。

[2] 更正式地，符号 J_t 将被用于表示 $w_t, w_{t-1}, \cdots$ 生成的西格玛代数，以及关于该西格玛代数可测的、有限二阶矩的所有变量构成的空间。

[3] 对诸如洛朗级数、泰勒级数、极点和可去除奇异性等来自复变量理论的概

念的定义参考丘吉尔、布朗和维希（Churchill，Brown and Verhey，1974）。对这些概念在宏观经济学中的应用，可参考汉森和萨金特（Hansen and Sargent，1980a）、怀特曼（Whiteman，1983）和萨金特（Sargent，1987b）。

[4] 萨金特（Sargent，1987a）没有说明约束条件是缺乏意义的，也没有充分探讨该约束条件不适用于沃尔德表述的含义。

[5] 回顾一下，沃尔德表述中的白噪声序列未必是鞅差分序列，而是要满足序列不相关这个更弱的要求。我们没有探讨向量白噪声是鞅差分序列这个更强的约束条件的含义。

[6] 虽然 A2 对命题 2 的证明至关重要，但是对命题 3 的证明仅是出于方便。我们将仅当有 A1 时命题 3 也成立的证明留给读者去做。并且，萨金特（Sargent，1987b，ch. XIII）的数个例子意在说明约束条件 R1 可检验的情形。这些例子取决于 C 可以进行低维的参数化。读者可以证实，当参数化的维度扩大时，这些约束条件将消失。

[7] 收入和支出这两个术语是得到消费的永久收入模型的启发，但是用于巴罗（Barro）的税收平滑模型时有点有悖常理（参见本章式（3.1）～式（3.2））。在巴罗的模型中，我们所称的收入对应于政府支出，而这时我们所称的支出又对应于总税收收入。

[8] 按照本章的精神，当 $\beta(z)$ 由潜在的多项式比率估计时出现的问题与我们的分析相关。西姆斯（Sims，1972a）表明，在估计 $\beta(z)$ 的过程中，诸如滞后系数之和这样的对象对误差项极其敏感。然而，对于 $|z|<1$，同样的观察不适用于 $\beta(z)$ 的估计。

[9] 正如阮志华（Chi Wa Yuen）所指出的，如果 λ 未知，那么 R4 可以用于识别 λ。一般地，R4 只能局部而不能全局地用于识别 λ，因为函数 $(1-z)\beta(z)-\gamma(z)$ 在 $(0,1)$ 中有多个零点。该域中无零点的发现构成了反对 R4 的证据。然而，当 λ 事先未知时，R4 的可检验含义要弱得多，并且由此得到的统计检验难以执行。

[10] 在巴罗（Barro，1979）的模型中，鞅可以解释为应用于税率而不是税收。令 τ_t 为税率，在这种情况下，现值预算平衡约束可通过将盈余过程对 $(\tau_t-\tau_{t-1})/\tau_{t-1}$ 的当前值和过去值回归并检验系数的贴现和来检验。

[11] 在坎贝尔（Campbell，1987）研究的永久收入模型中没有出现约束条件 R4，因为其模型的 k_{t+1} 并不局限于在 J_t 之中。反而，k_{t+1} 也依赖于未预期的资本得益，这只能由经济当事人在 $t+1$ 时刻才能观察到。

[12] 韦斯特（West，1988）正确地指出，获得更高功效的检验在消费的永久收入模型中并不是必要的，因为使用其检验所得到的证据足以挑战模型的有效性。

[13] 汉森（Hansen，1987）证明了，“服务比商品多”的设定通常可以转换为“商品和服务数量一样”的设定，而无需改变消费的最优决策规则。因而，通常可以放松“R4 中 $B(z)$ 是一个方阵”的约束条件。进一步的约束条件“$B(z)$ 是非奇异的”排除了像贝克尔和墨菲（Becker and Murphy，1988）理性成瘾模型的情

况，其中稳定的服务过程要求消费过程是不稳定的。

[14] 希顿（Heaton，1989）在单个消费品但是偏好跨期不可分的一般设定模型中，推导了对应的连续时间结果。

[15] 威尔科克斯（Wilcox，1989）注意到，消费的 NIPA 度量中的一个困难是将零售分割为耐用品和非耐用品。我们的模型避免这样的分割。

[16] 为了说明 $\psi(z)$ 在复平面单位圆内可能有零点，考虑如下设定。假设

$$B(z)=\begin{pmatrix}1 & bz\\ 0 & 1\end{pmatrix},$$

$b>0$ 且 $\mu'=[1,1]$，那么，

$$\psi(z)=[1+(1-bz)(1-b\lambda)]/[1+(1-b\lambda)^2]。$$

可以很容易证实，b 可以选择使得对某个 $|z|<1$，$\psi(z)=0$。例如，注意到

$$\psi(-\lambda)=[2-(b\lambda)^2]/[1+(1-b\lambda)^2]。$$

那么，对 $b=\sqrt{2}/\lambda$，$\psi(-\lambda)=0$。反对这个设定的一个意见是，在确定性稳定状态中，第一个服务的边际效用是负数。通过在 $B(z)$ 之前乘以某个适当选择的正交矩阵可以克服这个问题。$B(z)$ 的这个变换并不改变消费品的间接偏好。此外，一些资本存量的初始条件和常数禀赋序列使得在稳定状态中两类消费品都是严格为正的。这样的设定应该容忍禀赋过程中至少小量的不确定性，并且仍然有较大的概率使得服务、消费品和边际效用向量为正。

[17] 安迪·阿特基森（Andy Atkeson）建议的另外一个方法是，假设消费的间接效用在第一个消费品上是可分的。这等价于限制 $B(z)$ 的第一行和列除了（1，1）元素之外全部等于零。如果第一个消费品没有测量误差，那么适应于经济当事人信息集的其他过程不应该是第一个消费品的格兰杰原因。而且，这个过程中的单变量新息应该揭示经济当事人信息集中的一个成分，现值预算平衡约束适用于这个成分。要检验这个约束，仍然需要盈余过程也没有测量误差。然而，重要的是要记住，如果其他消费品也没有测量误差，那么第 4 节刻画的模型意味着观察到的时间序列有随机奇异性，这很可能与事实不符。

[18] 回顾一下，时间序列按照估计的增长因子比例调整，增长因子是估计的一部分。贴现因子 λ 适用于调整后的时间序列。增长率 $\log(\mu)$ 的估计值通常在 0.007 5 左右。

[19] 例如，如果 $\pi_1(\lambda)$ 在 λ 处有单一零点，那么函数 $b_j(z)$ 应该有形如 $[(z-\lambda_j)(1-\lambda z)]/[(1-\lambda_j z)(z-\lambda)]$ 的额外因子，其中 $\{\lambda_j\}$ 收敛于 λ。重要的是，这个额外因子的设计使得 $\pi_1(z)b_j(z)$ 在 $z=\lambda$ 处有可去除的奇异性。

[20] 对第 5 节中采用的（低阶）参数化，逼近误差看起来不是我们不拒绝假设的根源，因为 $\rho_1(\lambda)$ 和 $\pi_1(\lambda)$ 似乎都不等于零。对有约束和无约束估计，我们计算了 $a_{11}(z)$ 和 $a_{21}(z)$ 的零点。在大小上唯一与 $a_{11}(z)$ 和 $a_{22}(z)$ 相似的零点是复数且绝对值大于 1。在可能的 λ 附近没有共同的零点。

[21] 这一点与我们在论文《向量自回归模型诠释中的两个难题》（第 4 章）中讨论的两个难题中的第一个相关。该论文处理了与式（7.5）相关的一类例子，其

中 $n=m$，并且过程（k_{t+1}, y_t）的当前值和滞后值生成的信息集比 $\{w_t, w_{t-1}, \cdots\}$ 生成的更小。

［22］更重要的是，坎贝尔和希勒（Campbell and Shiller，1987）探讨了这个观察并推导了约束条件对有限阶向量自回归的含义。

第 6 章 预期现值预算平衡的含义：应用于战后美国数据

威廉·罗伯兹

1. 引言

应用第二次世界大战之后的美国政府预算时间序列数据，本章对汉森、萨金特和罗伯兹（Hansen，Sargent and Roberds，后面简称 HSR）的论文即本书第 5 章第 7 节所阐述的内容进行了检验。回顾一下，第 7 节以两种方式修改了前面部分的模型设定。第一是允许事前利率而不是事后利率不随时间的变化而变化。用 HSR 的符号表示，这要求

$$E(\delta_t \mid J_{t-1}) = \delta, \tag{1.1}$$

其中 δ_t 是一期真实利率，J_{t-1} 表示截止时刻 $t-1$ 可获得的信息。第二是假设计量经济学家的数据集中包含了债务存量的度量。在下面的第 2 节中，将概括这两个假设是如何导致 HSR 论文第 7 节构造的模型的。接着，使用战后美国联邦政府债务和净利息赤字的时间序列数据检验该模型。

下面的分析与许多使用战后美国财政数据研究净现值预算平衡问题的论文紧密相关，其中最值得注意的是汉密尔顿和弗莱文（Hamilton and Flavin，1986）。[1]它也与许多检验股票价格与红利的关系，以及长期利率和短期利率关系的预期模型的论文紧密相关，例如坎贝尔和希勒（Campbell and Shiller，1987）以及汉森和萨金特（Hansen and Sargent，1981e）。下文也将提到这些论文与本章分析的差异和相似之处。

2. 预期净现值预算平衡的含义

正如在 HSR 的论文中一样，令 $\{s_t\}$ 是净剩余的随机过程，即净利息收入减去支出。令 $\{k_t\}$ 是代表 t 时刻开始时债务的随机过程，当政府借债时以负数美元计价。债务根据政府预算约束随时间的变化而变化：

$$E(k_{t+1}|J_{t-1}) = (1+\delta)k_t + E(s_t|J_{t-1})\ ,\ t = 0,1,\cdots。\qquad (2.1)$$

重写 HSR 的推导方程（2.8）的分析，得到 k_t 的解：

$$k_t = -\sum_{\tau=0}^{\infty}\lambda^{\tau+1}E(s_{t+\tau}|J_{t-1}),\qquad (2.2)$$

这表明，债务必须由预期未来剩余的贴现和来平衡。很明显地，式（2.2）施加的约束条件要比 HSR 论文的方程（2.8）隐含的约束条件弱，方程（2.8）并不包含期望算子。[2] 因而，HSR 的不可能性结论（命题 2）不适用于当前的情况。为了推导由式（2.2）蕴含的约束条件，像 HSR 一样假设，s_t 包含于可观察向量 y_t 之中，并且 HSR 假设 A1（平稳性）和 A2（非奇异性）成立。令对应于 y_t 的 MAR 恰当的行（row）的方程由下式给定：

$$s_t = \sigma(L)w_t,\qquad (2.3)$$

其中 σ 是单边滞后多项式，$\{w_t\}$ 是鞅差分序列。应用汉森和萨金特（Hansen and Sargent，1980）的预测公式于式（2.2），得到 $\{k_{t+1}\}$ 唯一的单边表述：

$$k_{t+1} = \kappa(L)w_t，其中\ \kappa(z) = \lambda[\sigma(\lambda)-\sigma(z)]/(z-\lambda)。\qquad (2.4)$$

因为 $\kappa(z)$ 是单边的，方程（2.4）直接转化为约束条件，该约束条件施加于用 $\{w_t\}$ 表示的 $\{(k_{t+1},y_t')\}$ 的移动平均表述（此后用 MAR 表示）。回顾一下，w_t 表示的是当事人信息的新息。只要 w_t 的维数大于 y_t 的维数加 1（用 HSR 的符号表示就是 $n+1$），复合过程 $\{(k_{t+1},y_t')\}$ 就可以是非奇异的。随机非奇异发生于 $\{y_t\}$ 过程的历史生成的信息集严格小于 $\{w_t\}$ 过程的历史生成的信息集之时。在这种情况下，k_{t+1} 能够揭示有关 w_t 的额外新息，意味着 $\{(k_{t+1},y_t')\}$ 是随机非奇异的。下面的分析假设这样的非奇异性在事实上成立。

方程（2.4）导致的约束条件很容易使用汉森和萨金特（Hansen and Sargent，1981e）的结论进行检验。该结论适用于像式（2.4）这样的精确线性理性预期模型，意味着式（2.4）给定的约束条件总是适用于 $\{(k_{t+1},y_t')\}$ 的沃尔德移动平均表述。因此，式（2.4）中的多项式 κ

和 σ 可以用它们相应的可估计部分 κ^+ 和 σ^+ 来替代。然后，可以使用标准的方法对 κ^+ 和 σ^+ 的约束条件进行检验。

3. 应用于战后美国数据

作为一个演示模型（2.2）如何应用于数据分析的例子，我使用了1948 年第 1 季度—1986 年第 4 季度期间的美国季度时间序列数据，对该模型的一个简单版本进行了估计。在这个应用中，y_t 的维数等于 1，使得 $y_t = s_t$。真实债务序列 $\{-k_t\}$ 和真实净利息赤字 $\{-s_t\}$ 从 NIA 序列构造而来。两个序列都将联邦储备系统利润作为收入考虑在内。数据序列构造的细节可以在米勒和罗伯兹（Miller and Roberds，1987）论文的附录 A 中找到。图 1 和图 2 绘制了这些序列的曲线图。

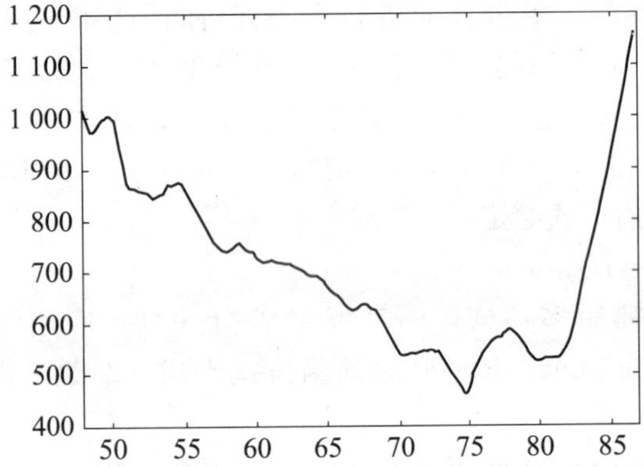

图 1　1948 年第 1 季度—1986 年第 4 季度美国联邦附息债务的真实价值（以 1982 年 10 亿美元计）

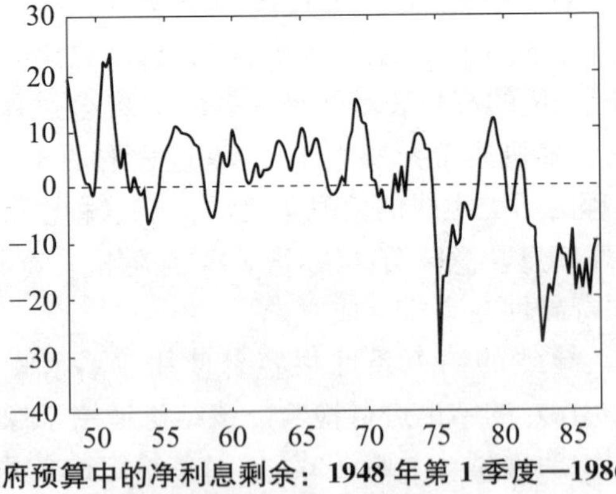

图 2　联邦政府预算中的净利息剩余：1948 年第 1 季度—1986 年第 4 季度（以 1982 年 10 亿美元计）

鉴于式（2.4）施加的约束条件要求 s_t 以及 k_t 具有平稳性，需要预先检验序列的非平稳性。标准的迪基-富勒（用 DF 表示）回归结果在表 1 中给出。

表 1　　真实债务和赤字平稳性检验

$\Delta x_t = \alpha_0 + \alpha_1 \Delta x_{t-1} + \alpha_2 x_{t-1} + \varepsilon_t$		
	序列 x_t	
	债务 k_{t+1}	赤字 s_t
截距	1.19 (0.420)	−0.040 3 (−0.109)
Δx_{t-1}	0.868 (20.4)	0.008 0 (0.993)
x_{t-1}	−0.001 04 (−0.262)	−0.133 (−3.34)
Q(36)	33.5	35.4

注：样本为 1948 年第 1 季度—1986 年第 4 季度。括号中的数字是 t 统计量。要拒绝单位根原假设接受平稳性，迪基-富勒检验要求 x_{t-1} 系数的 t 统计量在 5%的水平上要小于−1.95。Q 是 Ljung-Box 统计量，在白噪声残差的原假设下服从 χ^2（36）分布。

表 1 表明迪基-富勒检验拒绝债务序列单位根的原假设，但是没有拒绝赤字序列的单位根原假设。这些结论构成了拒绝第 2 节模型对战后美国数据有效性的初步证据。如果真实债务按照方程（2.4）变化，并且真实赤字（盈余）是平稳的，那么真实债务不可能是平稳的。很明显地，如果债务在时间上是发散的而赤字仍然以平稳的方式波动，预算不可能在任何有意义的“预期现值”意义上平衡。另一方面，也有可能这样悲观的推断是没有根据的，因为 DF 检验有内生的偏差。西姆斯（Sims，1988）、西姆斯和乌利希（Sims and Uhlig，1990）、德龙等人（Delong et al.，1988）以及其他人已经质疑了 DF 检验的适用性以及其他类似的决定单位根是否存在的经典程序。具体地，有很多这些论文中的结论表明，DF 检验在备择假设是近似非平稳（near-nonstationary）的时检验功效很低，导致了支持单位根原假设的偏差。

作为标准的 DF 单位根检验方法的替代，上述论文采用了贝叶斯方法，以获得关于潜在非平稳性的推断。在表 2 中，其中一些方法用于分析真实债务和赤字序列。按照德龙和怀特曼（Delong and Whiteman，1989a，b）的方法，可以使用带常数项的 6 阶 AR 模型拟合每一个序列。假设一个正态似然函数，以及模型参数服从先验（正态-伽马，Normal-gamma）扩散，可以用蒙特卡罗积分方法获得 AR 多项式最大根的模的均值和标准差的后验估计值。表 2 给出了这些估计值，以及每一个最大根在单位圆内的近似后验概率。

对两个序列，贝叶斯程序给出了平稳性的大部分后验概率。然而，债务非平稳性的后验概率（大约 16%）比赤字（大约 0.1%）大很多。西姆斯（Sims，1988）的点原假设单位根检验对于债务而言支持单位根略微超过平稳性，对赤字也是一样。然而，两个检验都可以被先验概率相对较小的变化推翻。总体上说，表 2 展示的证据表明，平稳性是两个序列的最可能推断，而差分平稳对债务是合理的，但是对赤字却有些不太合理。由于出现单位根可能性的这种模糊性，模型的两个版本都用于拟合数据。第一个模型是第 2 节刻画的平稳模型。第二个模型假设赤字过程是差分平稳的。

表 2　　AR 最大根 Λ 的模的后验分布

$$x_t = \alpha_0 + \sum_{i=1}^{6} \alpha_i x_{t-i}{}^{*} + \varepsilon_t$$

	序列 x_t	
	债务 k_{t+1}	赤字 s_t
后验均值	0.974 8	0.865 4
后验标准差	0.026 02	0.057 48
$P(\Lambda < 1)$	0.841 1	0.996 6
接受单位根对数赔率估计*	0.797 8	−0.787 3

注：样本为 1949 年第 3 季度—1986 年第 4 季度。上述计算式基于 10 000 次蒙特卡罗实验。参见德龙和怀特曼（DeJong and Whiteman，1989a）对蒙特卡罗技术的详细描述。

* 单位根与平稳性的近似对数后验机会比估计。按照西姆斯（Sims，1988）的建议，该比率的对数值可以近似为 −log（Λ 的后验方差）−6.5，这假设 4∶1 的接受平稳性的先验机会比。

为了推导差分模型，重新整理方程（2.2）中的各项，得到

$$\delta k_t + s_{t-1} = -\sum_{\tau=0}^{\infty} \lambda^{\tau} E(\Delta s_{t+\tau} \mid J_{t-1}), \tag{3.1}$$

这表明，这一期的预期赤字包括利息在内，必须由未来所有赤字的预期变化贴现之和来平衡。如果 $\{\Delta s_t\}$ 是平稳的，那么方程（3.1）意味着包括利息支出在内的赤字，即 $\{\Delta k_t\}$ 将是平稳的。现在假设 HSR 的假设 A1（平稳性）和 A2（非奇异性）适用于 s_t 的一阶差分。令 Δs_t 的 MAR 由下式给定：

$$s_t = \sigma(L) w_t, \tag{3.2}$$

* 原著中此处的下标为 $t-1$，疑有误。—— 译者注

其中 σ 是单边滞后多项式，$\{w_t\}$ 是鞅差分序列。将汉森和萨金特（Hansen and Sargent，1980a）预测公式应用于式（3.1），得到 $\{\delta k_{t+1}+s_t\}$ 的唯一的单边表述

$$k_{t+1}=\kappa(L)w_t,\text{ 其中 }\kappa(z)=[\sigma(\lambda)-\sigma(z)]/(z-\lambda)。$$

正如平稳性的情况一样，方程（3.3）可以直接转化为 $\{[(\delta k_{t+1}+s_t),\Delta s_t]\}$ 的 MAR 的约束条件。$\delta k_{t+1}+s_t$ 项代表当期对下期期末净利息赤字的预期值，即 $E(\Delta k_{t+1}\mid J_{t-1})$。此外，假设事前真实利率为常数，且 s_t 服从随机游走，则该项与 $k_{t+1}+\delta^{-1}s_t$ 成正比，其中 $k_{t+1}+\delta^{-1}s_t$ 表示债务价值与其预期净现值之间的差异。类似的项出现于汉森和萨金特（Hansen and Sargent，1981e）以及坎贝尔和希勒（Campbell and Shiller，1987）分析的价格—红利/期限结构模型中，这些模型正式地等同于上述分析的差分平稳模型。

为了进行上述刻画的检验，我们使用带有常数项的双变量向量自回归模型拟合 $\{k_{t+1},s_t\}$ 的平稳模型以及 $\{[(\delta k_{t+1}+s_t),\Delta s_t]\}$ 的一阶差分模型。使用坎贝尔和希勒（Campbell and Shiller，1987）论文中刻画的方法，式（2.4）和式（3.3）蕴含的约束条件被简化为线性约束，并使用似然率手段进行检验。[3]表 3 展示了各种滞后阶数和真实利率假设下两个模型的结果。

表 3　　式（2.4）* 和式（3.3）的似然率检验

假设事前真实利率（年化）是常数				
	VAR 滞后阶数	$r=0.2\%$	$r=1\%$	$r=2\%$
水平模型	4	154	144	151
	8	165	156	164
差分模型	4			
	8	129	129	129

注：在原假设下，检验统计量服从 $\chi^2(2p+1)$ 分布，其中 p 是 VAR 模型的滞后阶数。原始样本为 1948 年第 1 季度—1986 年第 4 季度。

表 3 中的结果表明，美国战后数据实际上可以在任意显著性水平上拒绝常数事前真实利率。差分对检验统计量显著性水平的影响看起来很小。该模型对原假设的强烈拒绝与汉密尔顿和弗莱文（Hamilton and Flavin，1986）的发现形成强烈的对比，他们得出了方程（2.2）代表战后美国情况的一个有用估计的结论。下面考虑了这个差异的一个可能解释。

汉密尔顿和弗莱文（此后用 HF 表示）的研究与当前的研究有如下

* 原著此处为式（2.2），疑有误。——译者注

不同之处：

（1）他们使用的是从统一的预算序列推导而来的年度（财政年度）数据，而不是从 NIA 序列推导而来的季度数据。

（2）他们的样本从 1960—1984 年，而不是 1948—1986 年。

（3）他们假设债务（k_t）不是当前净利息剩余（s_t）的格兰杰原因。

（4）作为（3）的结果，他们没有正式检验方程（2.4）蕴含的约束条件。相反，他们提出了未来盈余的预期变化引起真实债务相当大部分的变化的证据。特别地，他们计算出真实和隐含债务序列的平方相关系数为 0.53。

上述列出的差异中，第（3）项代表了两个研究最大的区别。假设债务不是盈余的格兰杰原因，HF 的方法意味着 $\{k_{t+1}, s_t\}$ 是随机奇异的，并且消除了进行像表 3 中报告的交叉方程检验的可能性。这个假设也被数据强烈地拒绝：标准的因果关系检验（这里没有报告）在 1%的显著性水平上拒绝债务到盈余没有因果关系的假设。鉴于这些考虑，无因果关系的假设看起来无法由数据证明是合理的。

为了使本章的结论和 HF 研究中的结论有更大的可比性，修改表 3 中检验的水平模型，使其更像 HF 论文中的模型。数据序列通过对季度数据进行年化（对债务取平均值以及对赤字进行加总），并且将数据集限制于 1960—1984 年。按照 HF 的论文，假设常数事前真实利率为 1.12%，并且 VAR 方程中包括常数项和三阶滞后。然而，由于上述提到的原因，没有假设债务不是盈余的格兰杰原因。表 4 展示了修改后的数据集的估计结果。该表表明，在模型蕴含的债务序列与实际债务序列高度相关的意义上，年化数据集得到的结论与 HF 研究的结论具有可比性。事实上，通过放弃债务不是净利息盈余的格兰杰原因这个不现实的假设，可以很容易得到样本相关系数大于 0.9。另一方面，模型蕴含的交叉方程约束仍然被修改后的数据强烈地拒绝。当样本区间扩展到全部数据集（1948—1986 年），或者限制在里根（Reagan）减税政策实施之前的年份（1948—1980 年），这些结论也没有质的变化。

表 4　　使用年度数据检验预期净现值

样本期间	1960—1984	1948—1986	1948—1980
似然率 [$\chi^2(7)$]	34.6	76.4	40.8
r^2：实际 vs. 隐含债务序列	0.901	0.969	0.980

注：检验中假设常数事前真实利率为 1.12%。

战后美国数据看起来如此一致而且强烈地拒绝模型，这个事实使我对多个不同的真实利率和数据子样本进行试验，以便分析模型是否为战后数据集某个子时期的合理估计。最优拟合的获得是将真实利率设定为非常接近于零并将（年度）数据限于石油冲击之前的时期（1948—1973年）。对于该试验，本章得到 $\chi^2(7)$ 检验统计量大约为 22。虽然这仍然是高度显著的，但是应用施瓦茨（Schwarz）自由度修正得到的施瓦茨准则的值仅仅轻微地拒绝受约束的模型。

4. 结论

第 3 节的结论表明，政府预算约束和预期净现值预算平衡的向前一期、常数事前真实利率描述的联合假设并不是战后美国数据的特别现实的抽象。统计检验拒绝该假设蕴含的约束条件，这个结论对模型数据的平稳性、真实利率值以及时间单位选择的不同假设是稳健的。虽然将 20 世纪 80 年代的数据包括在估计期之内时拒绝的程度显著增加，而在仅包括石油冲击之前的数据时对非常低的真实利率拒绝的程度有些减少，但战后数据集的各种子样本也拒绝该模型。

假设事前真实利率为常数的不同描述的政府预算约束有时候包含于理性预期宏观经济模型之中。这里得出的结论表明，包含了这类约束条件的模型将无法抓住美国财政数据的某些动态特征。如果这些数据要与预期现值预算平衡的想法相一致，那么必须构造预算平衡关系的更复杂的模型。增加诸如时变真实利率和政府债务期限结构等特征，这对该领域未来的研究提出了有趣的挑战。

【注　释】

[1] 其他相关的论文有威尔科克斯（Wilcox，1989）和西摩（Shim，1984）。

[2] 深入检视方程（2.1），可以看出它是比 HSR 方程（2.1）弱的约束条件。然而，是否需要假设真实利率恒定不变以获得式（2.2），存在大量的混淆。很明显地，只需假设事前真实利率恒定不变，因为式（2.2）从式（2.1）推导而来。

[3] 通过对式（2.4）蕴含的约束条件进行线性化，约束条件实际上施加于债务和赤字联合过程的 AR 表述，而不是 MA 表述。此外，以这个方式施加约束条件等价于使用政府预算约束式（2.1）而不是现值关系式（2.4）施加约束条件。而且关键是，这些约束条件的似然率检验依赖于式（2.4）推导过程中所假设的债务过程的平稳性。且应该指出，似然率检验统计量的值不随用于获得这些线性约束的（可逆）变换的变化而变化。

第 7章　动态经济中连续时间递归线性模型的快速求解法

拉尔斯·彼得·汉森、约翰·希顿和托马斯·J·萨金特

引　言

本章刻画的计算方法对于计算连续时间一般竞争性均衡的迭代线性模型的均衡有重要的用途。这些计算方法的设计使得将汉森和萨金特（Hansen and Sargent，1990）所分析的离散时间模型重新表述为连续时间模型成为可能。正如在他们的离散时间设定中，基本的思想是规划一个假想的社会计划问题，该问题的解等同于与分散化的经济竞争性均衡相关的资源配置。社会计划问题有二次目标函数和线性约束。其中一些约束条件可以表示为非自治（non-autonomous）微分方程，这意味着我们允许禀赋和偏好冲击是时间的一般函数。特别地，偏好和禀赋冲击无需限制使其自身是可微方程组的输出变量（这就是我们所谓的约束条件呈现非自治微分方程形式的含义）。允许偏好和禀赋冲击拥有这个一般结构，这样的设计最终将为我们考虑的许多应用提供便利条件。其意图是通过允许各种模型设定具有包含大量资本存量和状态变量的潜力，从而构想具有足够一般性的社会计划问题。正如在汉森和萨金特（Hansen and Sargent，1990）的论文中，对社会计划问题施加具有线性二次最优化问题的形式将对计算大有裨益：可以通过求解最优化问题（通常称为最优线性规制问题）来计算均衡配置，并且使得这些配置成为竞争性均衡的阿罗-德布鲁（Arrow-Debreu）价格可以从包含于最优化问题

的价值函数的信息中计算出来。

有一些现成的标准方法可用于求解这类问题，它与我们所知的最优线性规制问题是相似的。参见夸克纳克和斯万（Kwakernaak and Sivan，1972）及安德森（Anderson，1978）。然而，这些算法要求我们能够将约束条件表示为自治微分方程组。本章说明为何能将这些方法修改成适用于处理某些约束条件呈现非自治微分方程形式的问题。我们将采用迭代的方法，首先，将求解约束条件表示为自治微分方程组的简约方程组。在求解这个简约问题时，采用快速算法来计算原始问题的解的反馈部分。其次，计算被称为前馈部分，即其包含了刻画约束条件的微分方程中非自治部分的效应。本章将阐述用于这两个部分计算的快速算法。

本章可看成是一个扩展的技术性绪论，汉森和萨金特（Hansen and Sargent，1990）对连续时间形式的研究正是建立在此基础上。实际上，我们刻画了一系列类似于汉森和萨金特所研究的离散时间计算技巧的连续时间形式。我们主要将注意力集中于求解社会计划问题，因此没有列出社会计划问题与连续时间竞争性均衡的联系。然而，阐明其与连续时间竞争性均衡存在联系是重要的，并且可通过模仿汉森和萨金特在离散时间中使用的论证方法勾勒出连续时间形式的论证。

本章研究的是模型的非随机形式。然而，如同汉森和萨金特（Hansen and Sargent，1990）所述，一旦得出确定性条件下的计划问题的解，计算相应的随机经济的均衡就是一个简单的事情。这是最优线性规制计划问题经济中的标准特征。在本书的下一章中，我们将设计一系列连续时间预测公式用于计算随机模型的前馈部分。正如卢卡斯和萨金特（Lucas and Sargent，1981）所强调的，线性二次模型的一个简便特征就是可以将模型的解分离成控制部分和预测部分。本章和下一篇论文对应于这个分离。

本章结构如下。第 1 节阐述了社会计划或最优资源配置问题。计划问题呈现最优线性规制问题的形式。第 2 节定义了许多线性算子，这对推导和表述模型的解极其有用。第 3 节使用其中一些算子表示施加于计划问题的约束条件，这种表示约束条件的方法方便模型的解的计算。第 4 节利用我们关心的最优线性规制问题的特殊结构求解了该模型。第 5 节刻画了如何使用矩阵符号算法简化和加速算法的某些方面。第 6 节和第 7 节则致力于研究模型的两个特例。第 6 节描述了资本调整成本高昂的连续时间模型，而第 7 节研究了希顿（Heaton，1989）的耐用消费品模型的一个形式。

1. 最优资源配置问题

我们感兴趣的是计算连续时间中最优资源配置问题的解，这个问题对应于汉森和萨金特（Hansen and Sargent，1990）所深入研究的离散时间问题。这个最优化问题的解可以被分散化，并解释为跨期竞争性均衡的均衡数量的时间路径。

考虑如下模型的一般设定。家庭拥有定义在时刻 t 的 n_s 维服务向量 $s(t)$ 上的时间可分偏好，由下式给定：

$$-(1/2)\int_0^{\infty}\exp(-\rho t)[s(t)-b(t)]'[s(t)-b(t)]dt, \quad (1.1)$$

其中 $b(t)$ 是 n_s 维外生时间函数向量，$\rho>0$ 是主观贴现率。时刻 t 的服务按照下式生成：

$$s(t)=\Lambda h(t)+\Pi c(t), \quad (1.2)$$

其中 $h(t)$ 是时刻 t 的 n_h 维家庭资本存量向量，$c(t)$ 是时刻 t 的 n_c 维消费品向量，Λ 是 $n_s\times n_h$ 维矩阵，Π 是 $n_s\times n_c$ 维矩阵。

家庭资本存量依下述的线性微分方程组而变化：

$$Dh(t)=\Delta_h h(t)+\Theta_h c(t), t\geqslant 0, h(0)=\mu_h, \quad (1.3)$$

其中 Δ_h 是 $n_h\times n_h$ 维矩阵，Θ_h 是 $n_h\times n_c$ 维矩阵，μ_h 是 $n_h\times 1$ 维初始矩阵向量。矩阵 Δ_h 支配了家庭资本存量折旧的过程。

综合起来，式（1.2）和式（1.3）使得跨期非可分性变成消费的间接偏好排序。更重要的是，矩阵 Λ 和 Π 决定了随时间的变化消费品是替代品或者互补品的程度。

为了允许产出在时间上的转移，存在一个由时刻 t 的实物资本存量组成的 n_k 维向量 $k(t)$。假设资本按照下式随时间的变化而变化：

$$Dk(t)=\Delta_k k(t)+\Theta_k i(t), t\geqslant 0, k(0)=\mu_k, \quad (1.4)$$

其中 $i(t)$ 是时刻 t 的 n_i 维投资品向量，Δ_k 是 $n_k\times n_k$ 维矩阵，Θ_k 是 $n_k\times n_i$ 维矩阵，μ_k 是 $n_k\times 1$ 维初始矩阵向量。矩阵 Δ_k 支配了实物资本存量折旧的过程。

产出使用当前资本存量和禀赋 $f(t)$ 生产。该产出按照下式在消费和投资之间分配：

$$\Phi_c c(t)+\Phi_i i(t)=\Gamma k(t)+f(t), \quad (1.5)$$

其中 Φ_c 是 n_c 维非奇异矩阵，Φ_i 是 $n_c\times n_i$ 维矩阵，Γ 是 $n_c\times n_k$ 维矩阵。

函数 $f(t)$ 和 $b(t)$ 由 n_z 维时间强制函数向量 $z(t)$ 驱动：

$$f(t) = \Xi_f \hat{z}(t),\ b(t) = \Xi_b \hat{z}(t), \tag{1.6}$$

其中 Ξ_f 是 $n_c \times n_z$ 维矩阵，Ξ_b 是 $n_s \times n_z$ 维矩阵。

现在假设我们定义复合状态向量 $\hat{x}(t)' \equiv [h(t)' \quad k(t)']$ 和控制向量 $\hat{u}(t)' \equiv i(t)$。使用资源约束式（1.5）以及微分方程组式（1.3）和式（1.4），得到如下支配 $\hat{x}(t)$ 的微分方程组：

$$D\hat{x}(t) = \hat{A}\hat{x}(t) + B_u\hat{u}(t) + B_z\hat{z}(t),\ \text{s.t. } \hat{x}(0) = \mu, \tag{1.7}$$

其中 $\hat{A} \equiv \begin{pmatrix} \Delta h & \Theta_h (\Phi_c)^{-1}\Gamma \\ 0 & \Delta_k \end{pmatrix}$，$B_u \equiv \begin{pmatrix} -\Theta_h (\Phi_c)^{-1}\Phi_i \\ \Theta_k \end{pmatrix}$，$B_z \equiv \begin{pmatrix} \Theta_h (\Phi_c)^{-1}\Xi_f \\ 0 \end{pmatrix}$，$\mu' \equiv [\mu_h', \mu_k']$。注意，

$$s(t) - b(t) = \Sigma_u \hat{u}(t) + \Sigma_x \hat{x}(t) + \Sigma_z \hat{z}(t), \tag{1.8}$$

其中 $\Sigma_u \equiv -\Pi(\Phi_c)^{-1}\Phi_i$，$\Sigma_x \equiv [\Lambda; \Pi(\Phi_c)^{-1}\Gamma]$，$\Sigma_z \equiv \Pi(\Phi_c)^{-1}\Xi_f - \Xi_b$。现在我们可以用 $\hat{u}(t)$、$\hat{x}(t)$ 和 $\hat{z}(t)$ 来表述目标函数式（1.1）：

$$-(1/2)\int_0^\infty \exp(-\rho t)[\hat{u}(t)' \ \hat{x}(t)' \ \hat{z}(t)']\Omega \begin{bmatrix} \hat{u}(t) \\ \hat{x}(t) \\ \hat{z}(t) \end{bmatrix} dt, \tag{1.9}$$

其中 $\Omega \equiv \begin{pmatrix} \Omega_{uu} & \Omega_{ux} & \Omega_{uz} \\ \Omega_{ux}' & \Omega_{xx} & \Omega_{xz} \\ \Omega_{uz}' & \Omega_{xz}' & \Omega_{zz} \end{pmatrix}$，$\Omega$ 的分块由 $\Omega_{uu} = \Sigma_u'\Sigma_u$，$\Omega_{ux} = \Sigma_u'\Sigma_x$ 等给定。注意，Ω 是半正定矩阵。

假设资本存量和驱动函数满足

$$\int_0^\infty \exp(-\rho t)|h(t)|^2 dt < \infty,$$

$$\int_0^\infty \exp(-\rho t)|k(t)|^2 dt < \infty,$$

$$\int_0^\infty \exp(-\rho t)|\hat{z}(t)|^2 dt < \infty。 \tag{1.10}$$

这些约束条件限制了各自的时间函数的增长。在资本存量中，使用这些约束条件而不是非负约束，因为施加这些约束条件更容易。在实践中，可以通过数值方法求解受这些条件约束的问题并检验由此得到的资本存量的时间路径是否为非负的，来检验由此得到的解的合理性。

在求解模型之前，将模型进行变换以去除贴现问题将方便求解。这可以如下进行：令 $\varepsilon = \rho/2$，并定义

$$x(t) \equiv \exp(-\varepsilon t)\hat{x}(t),$$

$$z(t) \equiv \exp(-\varepsilon t)\hat{z}(t),$$

$$u(t) \equiv \exp(-\varepsilon t)\hat{u}(t)。 \tag{1.11}$$

就转换后的 $x(t)$，式（1.10）中的约束条件意味着

$$\int_0^\infty |x(t)|^2 dt < +\infty。 \tag{1.10'}$$

注意，

$$Dx(t) = -\varepsilon x(t) + \exp(-\varepsilon t) D\hat{x}(t)。 \tag{1.12}$$

结果是，$x(t)$ 满足下述微分方程组：

$$Dx(t) = Ax(t) + B_u u(t) + B_z z(t), t \geqslant 0, x(0) = \mu， \tag{1.13}$$

其中 $A = \hat{A} - \varepsilon I$ 。并且目标函数式（1.9）可以重新表述为

$$-(1/2)\int_0^\infty [u(t)' \ x(t)' \ z(t)']\Omega \begin{bmatrix} u(t) \\ x(t) \\ z(t) \end{bmatrix} dt。 \tag{1.14}$$

现在我们的问题变成，通过选择 $\{u(t)\}_{t=0}^{\infty}$ 来最大化目标函数式（1.14），约束条件是式（1.10′）和式（1.13）。

2. 重要的线性算子

令 C 表示复数空间，R 表示实数空间。并且令 L_1 表示将 R 映射到复数空间 C 的波莱尔（Borel）可测函数 x 的集合，使得

$$\int_R |x(t)| dt < \infty \tag{2.1}$$

并且令 L_2 表示波莱尔可测函数 x 的集合，使得

$$\int_R |x(t)|^2 dt < \infty。 \tag{2.2}$$

令 L_1^n 和 L_2^n 分别表示带有 L_1 和 L_2 成分的所有 n 维函数向量。根据式（1.10′），式（1.11）给定的函数向量 x 可以限制是 L_2^n 的元素，其中 $n = n_h + n_k$ 。

使用傅里叶变换，可以方便地分析将 L_2^n 映射到其自身的四种算子。最重要的是，这些算子在刻画微分方程组（1.13）的特定解时很有用。我们构造这些算子的步骤如下。首先，演示这些算子在 $L_1^n \cap L_2^n$ 中函数处的估计。其次，证实这些算子将 $L_1^n \cap L_2^n$ 映射到 L_2^n 。结果是，我们能够计算由此得到的函数的傅里叶变换。算子的傅里叶变换，即傅里叶变换算子与原始算子的复合，可以简单地扩展到 L_2^n 的全体。原始算子则可以通过取逆傅里叶变换扩展到 L_2^n 的全体。这些步骤将在例子中阐述清楚。

第一个算子是时间加总算子。它对 x 在 γ 个时间单位上加总，通过下式定义在 $L_1^n \cap L_2^n$ 上：

$$U_\gamma(x)(t) = \int_0^\gamma x(t+\tau)d\tau, \tag{2.3}$$

其中 x 在 $L_1^n \cap L_2^n$ 中。可以直接证明，$U_\gamma(x)$ 在 L_1^n 中。对于 L_1^n 中的任意函数 x，我们定义在 x 处估计的傅里叶变换算子 T 为：

$$T(x)(\theta) = \int_R \exp(-i\theta t)x(t)dt \tag{2.4}$$

我们通过变换积分的顺序来评估 $U_\gamma(x)$ 的傅里叶变换，得到

$$\begin{aligned} T[U_\gamma(x)](\theta) &= \int_R \exp(-i\theta t)\left[\int_0^\gamma x(t+\tau)d\tau\right]dt \\ &= \int_0^\gamma \exp(i\theta\tau)\left[\int_R \exp[-i\theta(t+\tau)]x(t+\tau)dt\right]d\tau \\ &= \{[\exp(i\theta\gamma)-1]/(i\theta)\}T(x)(\theta)。 \end{aligned} \tag{2.5}$$

函数 ϕ 是 θ 的连续函数，θ 在 R（包括 0）上，其中 $\phi(\theta) \equiv [\exp(i\theta\gamma)-1]/(i\theta)$。此外，当 $|\theta|$ 趋向无穷大时，$\phi(\theta)$ 趋向 0。因此 ϕ 是 θ 的有界函数。根据多维的帕塞瓦尔（Parseval）公式可知，$U_\gamma(x)$ 在 $L_1^n \cap L_2^n$ 中（例如，参见 Rudin，1974，Chapter 9）。

注意，通过将 L_2^n 中的 x 乘以 ϕ 所得到的算子，将 L_2^n 映射到 L_2^n。我们通过令 $U_\gamma(x)$ 是 L_2^n 中以 $\phi T(x)$ 作为其傅里叶变换的元素，从而将 U_γ 的构造扩展到 L_2^n 的全体。在附录 A 中，我们证明，对于 L_2^n 中的所有 x，U_γ 的这个构造与式（2.3）和式（2.5）一致。

我们考虑的第二个算子是位移算子（shift operator）。对于 $L_1^n \cap L_2^n$ 中的任意 x，我们定义

$$S_\gamma(x)(t) = x(t+\gamma)。 \tag{2.6}$$

取式（2.6）两边的傅里叶变换，得到

$$\begin{aligned} T[S_\gamma(x)](\theta) &= \int_R \exp(-i\theta t)x(t+\gamma)dt \\ &= \exp(i\theta\gamma)\int_R \exp[-i\theta(t+\gamma)]x(t+\gamma)dt \\ &= \exp(i\theta\gamma)T(x)(\theta)。 \end{aligned} \tag{2.7}$$

除了现在 $\phi(\theta) \equiv \exp(i\theta\gamma)$ 外，这些计算与前面的例子一样可以从 $L_1^n \cap L_2^n$ 扩展到 L_2^n。注意，对于所有的 θ，有 $|\phi(\theta)| = 1$。在附录 A 中将证明这个扩展与式（2.6）相容。

第三个算子是矩阵后向卷积算子。再一次地，令 x 在 $L_1^n \cap L_2^n$ 中，并令 A 是 $n \times n$ 维实数矩阵，其特征根有严格为负的实数部分。那么，

后向卷积算子定义如下：

$$C(x)(t)=\int_0^{\infty}\exp(A\tau)x(t-\tau)d\tau\ ,\tag{2.8}$$

其中

$$\exp(A)=\sum_{j=0}^{\infty}A^j/j!\ 。\tag{2.9}$$

$C(x)$ 的各个成分在 L_1 之中，因为 A 的特征根有严格为负的实数部分，并且

$$\begin{aligned}\int_R|C(x)(t)|dt&\leqslant\int_R\int_0^{\infty}|\exp(A\tau)||x(t-\tau)|d\tau dt\\&=\int_0^{\infty}|\exp(At)|dt\int_R|x(t)|dt\ 。\end{aligned}\tag{2.10}$$

因而，公式（2.4）意味着

$$\begin{aligned}T[C(x)](\theta)&=\int_R\exp(-i\theta t)\Big[\int_0^{\infty}\exp(A\tau)x(t-\tau)d\tau\Big]dt\\&=\int_0^{\infty}\exp(-i\theta\tau)\exp(A\tau)\Big\{\int_R\exp[-i\theta(t\\&\quad-\tau)x(t-\tau)dt\Big\}d\tau\\&=(i\theta I-A)^{-1}T(x)(\theta)。\end{aligned}\tag{2.11}$$

注意，对于 R 中的所有 θ，$i\theta I-A$ 是非奇异的，因为 A 的特征根有严格为负的实数部分。因此，

$$\bar{\delta}\equiv\sup_{\theta\in R}\operatorname{tr}\{(-i\theta I-A')^{-1}(i\theta I-A)^{-1}\}<\infty\ 。\tag{2.12}$$

应用柯西-施瓦茨不等式，得到

$$\int_0^{\infty}|T[C(x)(\theta)]|^2d\theta\leqslant\bar{\delta}\int_0^{\infty}|T(x)(\theta)|^2d\theta\ 。\tag{2.13}$$

因而，$T[C(x)]$ 的成分在 L_2^n 中，并且我们将 C 扩展到 L_2^n 的全体，使得式（2.11）得到满足。在附录 A 中证明这个扩展与式（2.8）相容。

使用相同的逻辑，我们定义前向卷积算子 C' 使得对于 L_2^n 中的任意 x，有

$$T[C'(x)](\theta)=(-i\theta I-A')^{-1}T(x)(\theta)。\tag{2.14}$$

当 x 也在 L_1^n 中时，变换算子有如下时域表述：

$$C'(x)(t)=\int_0^{\infty}\exp(A'\tau)x(t+\tau)d\tau。\tag{2.15}$$

因而，变换算子是一个前向卷积算子。算子 $C'(x)$ 也可以扩展到 L_2^n 的全体，同时保持式（2.15）成立。

3. 线性约束

在第 1 节中，我们刻画了一个最优化问题，其线性约束条件可以表示为微分方程组：

$$Dx(t) = Ax(t) + Bv(t), t \geqslant 0, x(0) = \mu, \tag{3.1}$$

其中 $B = [B_u B_z]$ ，$v(t)' = [u(t)' z(t)']$ 。我们称方程（3.1）为状态方程。在这个部分中，我们刻画如何求解状态方程，并得到约束条件的频域表述。正如在第 2 节中，对 A 的特征根进行约束：

假设 3.1：矩阵 A 的特征根有严格为负的实数部分。

如果第 1 节讨论的矩阵 Δ_h 和 Δ_k 都有严格小于 ε 的实数部分的特征根，那么第 1 节中的模型将满足假设 3.1。

我们将 v 限制在 L_2^N 中，其中 $N = n_i + n_z$ 。为方便起见，对严格为负的 t ，设 $v(t)$ 等于零。对负的 t ，L_2^N 中等于零的全部元素的空间表示为 L_+^N 。现在，考虑使用 L_+^N 中的 v 来求解式（3.1）中的 x 。我们推导式（3.1）的一个特解，该特解适用于所有时期，但是未必满足 $x(0) = \mu$ ，该特解表示为 x^p 。

为了使得对所有 t ，式（3.1）能够被满足，那么 x^p 必须满足：

$$x^p(t+\gamma) - x^p(t) = A\int_t^{t+\gamma} x^p(s)ds + B\int_t^{t+\gamma} \upsilon(s)ds \tag{3.2}$$

对所有 t 和所有严格为正的 γ 值成立。以算子符号表示式（3.2），得到

$$S_\gamma(x^p) - x^p = AU_\gamma(x^p) + BU_\gamma(\upsilon)。 \tag{3.3}$$

取傅里叶变换，得到

$$\begin{aligned}&[\exp(i\theta\tau) - 1]T(x^p)(\theta)\\&= \{[\exp(i\theta\tau) - 1]/(i\theta)\}[AT(x^p)(\theta) + BT(\upsilon)(\theta)]。\end{aligned} \tag{3.4}$$

求解式（3.4）中的 $T(x^p)$ ，得到

$$T(x^p)(\theta) = (i\theta I - A)^{-1}BT(\upsilon)(\theta)。 \tag{3.5}$$

从第 2 节的分析，我们知道 $x^p = C(Bv)$ ，或者

$$x^p(t) = \int_0^\infty \exp(A\tau)B\upsilon(t-\tau)d\tau, \tag{3.6}$$

（见式（2.11）。）式（3.1）和式（3.5）给出了卷积算子的一个简便的符号表示方法，类似于离散时间中滞后算子的符号表示方法。适用于 n 维函数向量的后向卷积算子 x 可以写成：

$$C(x)(t) = (DI - A)^{-1}x(t), \tag{3.7}$$

其中，用 D 替代 $i\theta$ 。

使用这个新的符号，将 x^p 表示为

$$x^p(t) = (DI - A)^{-1} B\upsilon(t)。\quad (3.8)$$

由于对于严格为负的 t ，$\upsilon(t)$ 等于零，可以知道 x^p 在 L_+^n 之中，并且，对于 $t \geqslant 0$ ，有

$$x^p(t) = \int_0^t \exp(A\tau) B\upsilon(t-\tau) d\tau。\quad (3.9)$$

式（3.9）给定的过程 $\{x^p(t): -\infty < t < +\infty\}$ 通常不满足初始条件，因为式（3.9）意味着 $x^p(0) = 0$ ，齐次微分方程

$$Dx^h(t) = Ax^h(t), t \geqslant 0, x(0) = \mu \quad (3.10)$$

有如下解

$$x^h(t) = \exp(At)\mu。\quad (3.11)$$

这可以通过 $\exp(At)$ 的幂级数展开对 t 取微分来证实。

将 x^p 与 x^h 加到一起，可以得到原始微分方程（3.1）的解。因而，

$$x(t) = \exp(At)\mu + \int_0^t \exp(A\tau) B\upsilon(t-\tau) d\tau, t \geqslant 0。\quad (3.12)$$

等式（3.12）将被视为第 4 节研究的最优化问题的约束条件。

有一个微分方程组与方程组（3.1）紧密相关。令 x 和 λ 是 L_2^n 中的过程，使得

$$Dx(t) = -A'x(t) - \lambda(t)。\quad (3.13)$$

注意，$-A'$ 的特征根有严格为正的实数部分。函数 λ 将成为第 4 节分析中的一个拉格朗日乘数。

与之前一样，我们采用傅里叶变换方法求解以 λ 表示的式（3.13）的解 x ，以变换的形式表示，得出：

$$T(x)(\theta) = (-i\theta I - A')^{-1} T(\lambda)(\theta)。\quad (3.14)$$

由第 2 节的分析可知：

$$x(t) = C'(\lambda)(t) = \int_0^\infty \exp(A'\tau)\lambda(t+\tau) d\tau。\quad (3.15)$$

正如后向卷积算子的例子一样，式（3.13）和式（3.15）提供了前向卷积算子的一个简便的表示方法：

$$C'(\lambda)(t) \equiv (-DI - A')^{-1}\lambda(t)。\quad (3.16)$$

因而，将式（3.13）的解写成：

$$x(t) = (-DI - A')^{-1}\lambda(t)。\quad (3.17)$$

当只要求式（3.15）对 $t \geqslant 0$ 成立时，可以考虑将式（3.15）的解 x 加上一项 $\exp(-A't)\eta$ 。然而，在这种情况下，任意非零的 η 都将导

致函数 x 不在 L_2^n 之中，不管这个函数是如何扩展到整个实数轴的。因此，式（3.15）给出了 L_2^n 中的全部解。

4. 最优线性规制问题

在本节中，我们求解下述最优线性规制（optimal linear regulator，OLR）问题。

OLR 问题： $\max\limits_{u\in L_+^N i, x\in L_+^n} -(1/2)\int_0^\infty [u(t)'x(t)'z(t)']\Omega\begin{bmatrix}u(t)\\x(t)\\z(t)\end{bmatrix}dt$，约束条件是 $x(t)=\exp(At)\mu+\int_0^t \exp(A\tau)[B_u u(t-\tau)+B_z z(t-\tau)]dt$，$t\geqslant 0$。

我们对 OLR 问题的表述与标准的表述如夸克纳克和斯万（Kwakernaak and Sivan，1972）的方法有两方面的不同。首先，允许 z 是 $L_+^{n_z}$ 中的任意元素，其未必是线性微分方程组的解。其次，对于稳定状态不是最优的方程组（例如，要使 x 在 L_+^n 之中），我们施加稳定性作为额外的约束条件。

如果不施加进一步的约束条件，OLR 并不总是有解。下述对 A，B_u，Ω 的约束条件保证了解的存在性。

假设 4.1：矩阵 $\Psi_{uu}(i\theta)$ 是厄米特（Hermitian）矩阵，并且存在一个严格为正的实数 δ，使得对 R 中所有 θ，有 $\Psi_{uu}(i\theta)>\delta I$，其中

$$\Psi_{uu}(\zeta)\equiv[I\quad B_u'(-\zeta I-A')^{-1}]\Omega_{11}\begin{bmatrix}I\\(\zeta I-A)^{-1}B_u\end{bmatrix}\tag{4.1}$$

以及

$$\Omega_{11}=\begin{bmatrix}\Omega_{uu} & \Omega_{ux}\\ \Omega_{xu} & \Omega_{xx}\end{bmatrix}。\tag{4.2}$$

注意，对于 R 中每个 θ，$\Psi_{uu}(i\theta)$ 是半正定矩阵。假设 4.1 给出了所有 θ 的 $\Psi_{uu}(i\theta)$ 特征根的下限。这个不等式约束必然也适用于当 θ 趋向无穷大时的极限。假设 4.1 意味着

$$\lim_{|\theta|\to\infty}\Psi_{uu}(i\theta)=\Omega_{uu}\geqslant\delta I。\tag{4.3}$$

因此，Ω_{uu} 是非奇异的。在附录 B 中，我们将证实，当假设 3.1 和假设 4.1 满足时，对任意初始条件 μ，OLR 问题总是有解。

我们使用拉格朗日乘数求解 OLR 问题。由于 L_+^n 是希尔伯特空间，

该空间上的连续线性泛函可以表示为 L_+^n 中元素的内积。因此，与约束条件式（3.12）相关的拉格朗日乘数 λ 是 L_+^n 的一个元素，并且拉格朗日函数由下式给定：

$$\mathcal{L} \equiv -\int_0^\infty \left\{ 1/2[u(t)'\ x(t)'\ z(t)']\Omega \begin{bmatrix} u(t) \\ x(t) \\ z(t) \end{bmatrix} - \lambda(t) \cdot [x(t) - x^p(t) - x^h(t)] \right\} dt。 \tag{4.4}$$

从帕塞瓦尔（Parseval）公式可知：

$$\begin{aligned} \int_0^\infty \lambda(t) \cdot x^p(t) dt &= (1/2\pi)\int_R T(\lambda)(\theta)^{*\prime} T(x^p)\theta d\theta \\ &= (1/2\pi)\int_R T(\lambda)(\theta)^{*\prime}(i\theta I - A)^{-1} \\ &\quad BT(\upsilon)(\theta) d\theta \\ &= (1/2\pi)\int_R \{(-i\theta I - A')^{-1} T(\lambda)(\theta)\}^{*\prime} \\ &\quad [B_u T(u)(\theta) + B_z T(z)(\theta)] d\theta \\ &= \int_0^\infty \{[B_u'(-DI - A')^{-1}\lambda(t)\} \cdot u(t) dt \\ &\quad + \int_0^\infty \{[B_z'(-DI - A')^{-1}\lambda(t)\} \cdot z(t) dt。 \end{aligned} \tag{4.5}$$

问题 1 的一阶条件可以通过对拉格朗日函数 $\mathcal{L}$ 取 u 和 x 的微分得到：

$$\Omega_{uu} u_s(t) + \Omega_{ux} x_s(t) + \Omega_{uz} z(t) + B_u'(-DI - A')^{-1}\lambda_s(t) = 0, \tag{4.6}$$

$$\Omega_{xu} u_s(t) + \Omega_{xx} x_s(t) + \Omega_{xz} z(t) = \lambda_s(t)。 \tag{4.7}$$

x, u, λ 包含下标 s 以表示模型的解。

我们求解方程（4.6），得到 $u_s(t)$ 为

$$\begin{aligned} u_s(t) = &-(\Omega_{uu})^{-1} B_u'(-DI - A')^{-1}\lambda_s(t) - (\Omega_{uu})^{-1}\Omega_{ux} x_x(t) \\ &-(\Omega_{uu})^{-1}\Omega_{uz} z(t)。 \end{aligned} \tag{4.8}$$

将式（4.8）代入式（4.7），得到

$$\begin{aligned} \lambda_s(t) = &-\Omega_{xu}(\Omega_{uu})^{-1} B_u'(-DI - A')^{-1}\lambda_s(t) \\ &+ [\Omega_{xx} - \Omega_{xu}(\Omega_{uu})^{-1}\Omega_{ux}] x_s(t) \\ &+ [\Omega_{xz} - \Omega_{xu}(\Omega_{uu})^{-1}\Omega_{uz}] z(t)。 \end{aligned} \tag{4.9}$$

对每个 $t \geqslant 0$ 的时刻，定义共同状态（co-state）向量 $x_c(t)$ 为：

$$x_c(t) \equiv (-DI - A')^{-1}\lambda_s(t)。 \tag{4.10}$$

那么，第 3 节的分析意味着，共同状态方程

$$Dx_c(t) = -A'x_c(t) - \lambda_s(t) \tag{4.11}$$

得到满足（参见式（3.13）～式（3.17））。将式（4.9）和式（4.10）代入式（4.11），得到

$$\begin{aligned} Dx_c(t) = & [\Omega_{xu}(\Omega_{uu})^{-1}\Omega_{ux} - \Omega_{xx}]x_s(t) \\ & - [A - B_u(\Omega_{uu})^{-1}\Omega_{ux}]'x_c(t) \\ & + [\Omega_{xu}(\Omega_{uu})^{-1}\Omega_{uz} - \Omega_{xz}]z(t)。 \end{aligned} \tag{4.12}$$

将式（4.8）和式（4.10）代入状态方程（1.13），得到

$$\begin{aligned} Dx_s(t) = & [A - B_u(\Omega_{uu})^{-1}\Omega_{ux}]x_s(t) - B_u(\Omega_{uu})^{-1}B'_u x_c(t) \\ & + [B_z - B_u(\Omega_{uu})^{-1}\Omega_{uz}]z(t)。 \end{aligned} \tag{4.13}$$

为了求解 $x_s(t)$ 和 $x_c(t)$，我们将式（4.12）和式（4.13）合并成一个方程组：

$$\begin{bmatrix} Dx_s(t) \\ Dx_c(t) \end{bmatrix} = H\begin{bmatrix} x_s(t) \\ x_c(t) \end{bmatrix} + Kz(t), \tag{4.14}$$

其中

$$H = \begin{bmatrix} H_{11} & H_{12} \\ H_{21} & H_{22} \end{bmatrix}, K = \begin{bmatrix} K_1 \\ K_2 \end{bmatrix}, \tag{4.15}$$

$H_{11} \equiv A - B_u(\Omega_{uu})^{-1}\Omega_{ux}$，$H_{12} \equiv -B_u(\Omega_{uu})^{-1}B'_u$，$H_{21} \equiv -\Omega_{xx} + \Omega_{xu}(\Omega_{uu})^{-1}\Omega_{ux}$，$H_{22} \equiv -[A - B_u(\Omega_{uu})^{-1}\Omega_{ux}]'$，$K_1 \equiv B_z - B_u(\Omega_{uu})^{-1}\Omega_{uz}$，$K_2 \equiv \Omega_{xu}(\Omega_{uu})^{-1}\Omega_{uz} - \Omega_{xz}$。矩阵 H 被称为汉密尔顿（Hamiltonian）矩阵，其满足两个重要的性质。第一，$H_{22} = -H'_{11}$；第二，H_{12} 和 H_{21} 是对称的。

首先考虑对于所有 t，$z(t) = 0$ 的情况。在这种情况下，我们求解齐次微分方程组：

$$\begin{bmatrix} Dx_s(t) \\ Dx_c(t) \end{bmatrix} = H\begin{bmatrix} x_s(t) \\ x_c(t) \end{bmatrix}。 \tag{4.16}$$

我们按照沃恩（Vaughan，1969）的方法，通过取 H 的约当分解来求解式（4.16）：

$$H = EJ(E)^{-1}, \tag{4.17}$$

其中 J 是对角线为 H 的特征根的矩阵。J 的一些紧靠特征根右边的、出现次数超过一次的元素等于 1，其余元素等于 0。为符号表示方便起见，将有严格为负的实数部分的特征根放在 J 的左上方。

H 的特征根以复平面虚轴为中心对称地成对出现。为了得到这一点，令 ζ 是 H 的任意特征根，并令 $[e'_1 \quad e'_2]'$ 是对应的 H 的列特征向量。那么 $[e'_2 \quad -e'_1]$ 是 H 的特征根 $-\zeta$ 对应的行特征向量。作为对称

性的结果，H 最多只能有 n 个有严格为负的实数部分的特征根。事实上，我们将证明，刚好有 n 个这样的特征根。

可以很容易地变换方程组（4.14），定义

$$x^{+}(t)=E^{-1}\begin{bmatrix}x_s(t)\\x_c(t)\end{bmatrix}。\tag{4.18}$$

那么，$x^{+}(t)$ 满足：

$$Dx^{+}(t)=Jx^{+}(t)。\tag{4.19}$$

采用微分方程组（4.19）进行分析的优点是，动态过程将按照不同的特征根进行分离。

我们将矩阵进行分块，得到 $x^{+}(t)'=[x_n^{+}(t)' \quad x_p^{+}(t)']$，其中 $x_n^{+}(t)$ 的元素的数量等于 H 的特征根中有严格为负的实数部分的特征根的数量。由于其余的特征根有非负实数部分，因此，函数 x_p^{+} 将不是稳定的（有一些元素在 L_+^1 中），除非 $x_p^{+}(0)$ 等于零。因而，有两个初始条件：$x_s(0)=\mu$ 和 $x_p^{+}(0)=0$。

从式（4.18）可以得到：

$$E\begin{bmatrix}x_n^{+}(t)\\0\end{bmatrix}=\begin{bmatrix}x_s(t)\\x_c(t)\end{bmatrix}。\tag{4.20}$$

将 E 分块为

$$E=\begin{bmatrix}E_{11} & E_{12}\\E_{21} & E_{22}\end{bmatrix}。\tag{4.21}$$

那么，对于 $t=0$，式（4.20）可以表示为

$$E_{11}x_n^{+}(0)=\mu,\ E_{21}x_n^{+}(0)=x_c(0)。\tag{4.22}$$

由于已知解是存在的（见附录 B），因此，对任意 μ，必定存在一个向量 $x_n^{+}(0)$ 使得式（4.22）得到满足。因此，E_{11} 必定有 n 列（H 必定有 n 个有严格为负的实数部分的特征根），并且 E_{11} 必定是非奇异的。求解式（4.22）得到 $x_c(0)$ 为：

$$x_c(0)=M_x\mu,\tag{4.23}$$

其中 $M_x\equiv E_{21}(E_{11})^{-1}$；并且求解式（4.20）得到 $x_c(t)$ 为：

$$x_c(t)=M_x x_s(t)。\tag{4.24}$$

我们关心的是获得 $Dx_s(t)$ 和 $Dx_c(t)$ 的迭代解。将式（4.24）代入式（4.18）得到

$$\begin{bmatrix}Dx_s(t)\\Dx_c(t)\end{bmatrix}=\begin{bmatrix}(H_{11}+H_{12}M_x)\\(H_{21}-H'_{11}M_x)\end{bmatrix}x_s(t)。\tag{4.25}$$

$H_{11}+H_{12}M_x$ 的特征根与 H 的稳定特征根一样。从式（4.24）可知，

$Dx_c(t) = M_x Dx_s(t)$；并且从式（4.25）可知

$$-M_x H_{11} - M_x H_{12} M_x + H_{21} - H'_{11} M_x = 0。 \tag{4.26}$$

式（4.26）的一个等价表述是

$$[-M_x \ I]H\begin{bmatrix} I \\ M_x \end{bmatrix} = 0。 \tag{4.27}$$

在附录C中，我们将证明矩阵 M_x 是对称的半正定矩阵。而且，时刻零的价值函数，或等价地，作为初始条件的函数的准则函数 $x(t)$ 的最优值由 $(-1/2)\mu' M_x \mu$ 给定。

现在，我们考虑 $z(t)$ 不等于零的一般情况。在这种情况下，使用与式（4.18）相比有点不同的变换更为方便。定义矩阵 M 为

$$M \equiv \begin{bmatrix} I & 0 \\ -M_x & I \end{bmatrix}, \tag{4.28}$$

并且变换复合状态—共同状态函数：

$$\begin{bmatrix} x_s(t) \\ w(t) \end{bmatrix} \equiv M \begin{bmatrix} x_s(t) \\ x_c(t) \end{bmatrix}。 \tag{4.29}$$

那么

$$\begin{bmatrix} Dx_s(t) \\ Dw(t) \end{bmatrix} = MHM^{-1}\begin{bmatrix} x_s(t) \\ w(t) \end{bmatrix} + MKz(t)。 \tag{4.30}$$

由于 M_x 是对称的，并且式（4.27）得到满足，所以

$$MHM^{-1} = \begin{bmatrix} (H_{11} + H_{12}M_x) & H_{12} \\ 0 & -(H_{11} + H_{12}M_x)' \end{bmatrix}, \tag{4.31}$$

并且

$$MK = \begin{bmatrix} K_1 \\ -M_x K_1 + K_2 \end{bmatrix}。 \tag{4.32}$$

有可能单独地求解式（4.30）中的第二块方程组，因为矩阵 $MH(M)^{-1}$ 是上三角形矩阵。矩阵 $-(H_{11} + H_{12}M_x)^{-1}$ 的特征根有严格为正的实数部分：因此，$w(t)$ 的稳定解由下述前向卷积给定：

$$\begin{aligned} w(t) &= [-DI - (H_{11} + H_{12}M_x)']^{-1}(K_2 - M_x K_1)z(t) \\ &= \int_0^{\infty} \exp[(H_{11} + H_{12}M_x)'\tau](K_2 - M_x K_1)z(t+\tau)d\tau。 \end{aligned} \tag{4.33}$$

从式（4.30）可以得到

$$Dx_s(t) = (H_{11} + H_{12}M_x)x_s(t) + H_{12}w(t) + K_1 z(t)。 \tag{4.34}$$

我们将 $(H_{11} + H_{12}M_x)x_s(t)$ 称为 $Dx_s(t)$ 决策规则的反馈部分，将 $H_{12}w(t) + K_1 z(t)$ 称为前馈部分。注意，反馈矩阵 $H_{11} + H_{12}M_x$ 的转

置进入到前馈积分中的指数。

5. 迭代求解方法

在这个部分中，我们刻画计算上述两个对象的迭代方法。首先，将阐明如何计算 $Dx_s(t)$ 决策规则的反馈和前馈部分中所使用的矩阵 M_x；接着阐明在 $z(t)$ 是一阶微分方程组的解这个特殊情况下如何将 $w(t)$ 的解计算为 $z(t)$ 的函数。

首先，考虑矩阵 M_x。当对所有的 t，$z(t)$ 被设定为零时，约束条件是齐次微分方程。罗伯茨（Roberts，1971）以及登曼和比弗斯（Denman and Beavers，1976）提出了一个矩阵符号算法，用于求解由此得到的最优化问题，尤其是用于计算 M_x。矩阵符号算法的一个吸引人的特征是，它避免了要计算汉密尔顿矩阵 H 的约当分解。相反，矩阵 M_x 的计算是通过连续地计算一个矩阵及其逆矩阵的平均值。该算法以矩阵 H 作为开始。更精确地，对任意非奇异矩阵 G，定义 $\Re(G)$ 为

$$\Re(G)=(1/2)[G+(G)^{-1}]。\tag{5.1}$$

考虑序列 $\{\Re^j(H)\}$，其中 $\Re^j$ 表示映射 $\Re$ 连续地应用 j 次。使用 H 的约当分解，可以得到

$$\Re^j(H)=E\Re^j(J)E^{-1}。\tag{5.2}$$

回想矩阵 J 是对角线为 H 的特征根的矩阵。前 n 个对角线元素包含了带有严格为负的实数部分的特征根，其余 n 个对角线元素包含了带有严格为正的实数部分的特征根。J 的一些紧靠特征根右边的、出现超过一次的元素等于 1，其余元素等于 0。其结果是，序列 $\{\Re^j(J)\}$ 收敛于一个对角矩阵，该对角矩阵的前 n 个元素是−1，剩下的 n 个元素是 1。

令 H^∞ 表示 $\{\Re^j(H)\}$ 的极限点，并将该矩阵分块为

$$H^\infty=\begin{bmatrix}H_{11}^\infty & H_{12}^\infty\\ H_{21}^\infty & H_{22}^\infty\end{bmatrix}。\tag{5.3}$$

回顾一下，E 被分块成

$$E=\begin{bmatrix}E_{11} & E_{12}\\ E_{21} & E_{22}\end{bmatrix}。\tag{5.4}$$

类似地，将 $(E)^{-1}$ 分块成

$$(E)^{-1}=\begin{bmatrix}E^{11} & E^{12}\\ E^{21} & E^{22}\end{bmatrix}。\tag{5.5}$$

那么

$$H_{11}^{\infty} = -E_{11}E^{11} + E_{12}E^{21} = -2E_{11}E^{11} + I, \tag{5.6}$$

以及

$$H_{21}^{\infty} = -E_{21}E^{11} + E_{22}E^{21} = -2E_{21}E^{11}。 \tag{5.7}$$

只要 E^{11} 是非奇异的，那么

$$M_x = H_{21}^{\infty}(H_{11}^{\infty} - I)^{-1}。 \tag{5.8}$$

因而，M_x 可以这样估计：计算足够大的 j 的 $\Re^j(H)$，然后应用公式（5.8）计算 M_x 。

我们的模型的一些有趣的参数设定不满足 E^{11} 是非奇异的约束条件。例如，当状态函数 x 在 L_+^n 之中不是最优的时，E^{11} 可能是奇异的。当 E^{11} 是奇异的时，在 OLR 问题的准则中的 Ω_{xx} 上增加一个二次惩罚项 $\hat{\delta}I$，其中 $\hat{\delta}$ 严格为正。这保证了 x 在 L_+^n 之中是最优的。通过选择足够小的 $\hat{\delta}$，我们能够精确地估计矩阵 M_x 。

安德森（Anderson，1978）说明了如何利用汉密尔顿矩阵的结构来简化矩阵符号算法的迭代过程。令 G 表示任意的汉密尔顿矩阵。他提出了如下分块方法：

$$\Re(G)_{11} = (1/2)\{G_{11} + [G_{11} + G_{12}(G_{11}')^{-1}G_{21}]^{-1}\}, \tag{5.9}$$

$$\Re(G)_{12} = (1/2)\{G_{11} + [G_{11} + G_{12}(G_{11}')^{-1}G_{21}]^{-1}G_{12}(G_{11}')^{-1}\}, \tag{5.10}$$

$$\Re(G)_{21} = (1/2)\{G_{12} + (G_{11}')^{-1}G_{21}[G_{11} + G_{12}(G_{11}')^{-1}G_{21}]^{-1}\}, \tag{5.11}$$

其中 $\Re(G)_{11}$ 是 $\Re(G)$ 的右上 $n \times n$ 分块。这个分块方法利用了如下事实：汉密尔顿矩阵的（2,2）分块等于（1,1）分块的负转置。矩阵符号算法在矩阵的分块中保留了这个关系。

接下来考虑 $w(t)$ 的计算。对 $z(t)$ 的一般设定，我们不可能进一步简化式（4.33）。现在对 $z(t)$ 施加某个额外的结构。假设 $z(t)$ 是下述微分方程组的解：

$$Dz(t) = A_{zz}z(t), \tag{5.12}$$

其中 A_{zz} 的特征根有严格为负的实数部分。在这种情况下，$z(t+\tau)$ 等于 $\exp(A_{zz}\tau)z(t)$ 意味着

$$\omega(t) = M_z z(t), \tag{5.13}$$

其中

$$M_z = \int_0^{\infty} \exp[(H_{12}M_x + H_{11})'\tau](K_2 - M_x K_1)\exp(A_{zz}\tau)d\tau。 \tag{5.14}$$

计算 M_z 有两种方法。使用分部积分法可以证明，M_z 满足：

$$(H_{12}M_x + H_{11})'M_z + M_zA_{zz} = K_2 - M_xK_1 \text{。} \tag{5.15}$$

这个方程是矩阵 M_z 元素的线性函数。而且，由于 $(H_{12}M_x + H_{11})'$ 和 A_{zz} 的特征根有严格为负的实数部分，因此，可以证明，M_z 是方程（5.15）的唯一解。因此，计算 M_z 的一种方法是将式（5.15）写成 M_z 元素的线性方程组并求解该方程组。

按照登曼和比弗斯（Denman and Beavers，1976）的研究，第二种方法是，首先注意到 $w(t)$ 和 $z(t)$ 满足复合的一阶微分方程组：

$$\begin{bmatrix} D\omega(t) \\ Dz(t) \end{bmatrix} = \hat{H}\begin{bmatrix} \omega(t) \\ z(t) \end{bmatrix}, \tag{5.16}$$

其中

$$\hat{H} = \begin{bmatrix} -(H_{12}M_x + H_{11})' & (K_2 - M_xK_1) \\ 0 & A_{zz} \end{bmatrix}, \tag{5.17}$$

然后，应用矩阵符号算法求解复合方程组的稳定解。由于 $\hat{H}$ 是上三角形矩阵，所以 $\hat{H}$ 的特征根集合由 $-(H_{12}M_x + H_{11})'$ 的特征根集合和 A_{zz} 的特征根集合的并集给定。矩阵 M_z 可以通过模仿求解微分方程组（4.16）的方法得到。特别地，我们推导了序列 $\{\mathfrak{R}^j(\hat{H})\}$ 的极限点，并且使用与式（5.8）类似的公式计算 M_z 。

矩阵 $\hat{H}$ 是上三角形矩阵，并且矩阵符号算法保留了该三角形矩阵特征。这些特征可用于对算法进行分块。令 $\hat{G}$ 是上三角形矩阵，并分块为：

$$\hat{G} = \begin{bmatrix} \hat{G}_{11} & \hat{G}_{12} \\ 0 & \hat{G}_{22} \end{bmatrix}\text{。} \tag{5.18}$$

那么，矩阵符号算法可以分块为

$$\mathfrak{R}(\hat{G})_{11} = (1/2)[\hat{G}_{11} + (\hat{G}_{11})^{-1}], \tag{5.19}$$

$$\mathfrak{R}(\hat{G})_{12} = (1/2)[\hat{G}_{12} - (\hat{G}_{11})^{-1}\hat{G}_{12}(\hat{G}_{22})^{-1}], \tag{5.20}$$

$$\mathfrak{R}(\hat{G})_{22} = (1/2)[\hat{G}_{22} + (\hat{G}_{22})^{-1}], \tag{5.21}$$

其中 $\mathfrak{R}(\hat{G})_{21} = 0$ 。最后，由于 $\hat{H}$ 的左上分块矩阵的特征根有严格为正的实数部分，且右下分块矩阵的特征根有严格为负的实数部分，那么可以直接证明 $\mathfrak{R}^\infty(\hat{H})_{11} = I$ 和 $\mathfrak{R}^\infty(\hat{H})_{22} = -I$ 。下述公式类似于式（5.8）：

$$M_z = (-1/2)\mathfrak{R}^\infty(\hat{H})_{12}\text{。} \tag{5.22}$$

当 $z(t)$ 满足式（5.12）时，有可能扩充状态向量 $x(t)$ 以包含 $z(t)$ 。另一种求解方法是构造该扩充后的方程组的汉密尔顿矩阵，并从该矩阵开始使用矩阵符号算法进行计算。虽然本部分提出的方法需要两次用到矩阵符号算法，但是在每一阶段中，算法都是用于维度更小的矩阵。因此，使用两次矩阵符号算法通常比对扩充后的汉密尔顿矩阵使用一次矩阵符号算法要快。这个两阶段算法是汉森和萨金特（Hansen and Sargent，1981a）提出的求解离散时间二次控制问题的两阶段算法在连续时间中的对应版本。

6. 投资的调整成本模型

在这个部分中，我们将探讨特定经济环境下的 OLR 问题的解，并将集中考虑诸如卢卡斯（Lucas，1981）、卢卡斯和普雷斯科特（Lucas and Prescott，1971）以及布罗克和马吉尔（Brock and MaGill，1979）所研究的理性预期条件下的投资的竞争性均衡模型。我们考虑的技术是汉森和萨金特（Hansen and Sargent，1981a）研究的技术在连续时间中的对应物。正如卢卡斯（Lucas，1967）、古尔德（Gould，1968）、特雷德韦（Treadway，1969）和莫滕森（Mortenson，1973）研究的模型一样，都有一个资本存量向量，且存量调整是需要调整成本的。在连续时间模型下，调整成本可能应用于资本存量的高于一阶的高阶导数。第 6a 小节刻画了经济环境。第 6b 小节推导了一阶条件的其他表述方法，其可以解释为欧拉方程。第 6c 小节刻画了求解 OLR 问题的其他方法，并将其与第 5 节中刻画的方法联系起来。

6a. 设定

考虑第 1 节提出的一般模型的特例。假设家庭没有资本，因此，式（1.2）可以由下式替代：

$$s(t) = \Pi c(t)。\tag{6.1}$$

令 $\hat{y}(t)$ 是时刻 t 的 m 维生产性资本存量向量；定义 $\hat{u}(t) \equiv D^{\ell}\hat{y}(t)$ 以及 $\hat{x}(t)' = k(t)' \equiv [D^{\ell-1}\hat{y}(t)', D^{\ell-2}\hat{y}(t)', \cdots, \hat{y}(t)']$。在这种情况下，

$$D\hat{x}(t) = \hat{A}\hat{x}(t) + B_u\hat{u}(t),\tag{6.2}$$

其中

$$\hat{A} = \begin{bmatrix} 0 & 0 & \cdots & 0 & 0 \\ I & 0 & \cdots & 0 & 0 \\ \vdots & \vdots & \vdots & \vdots & \vdots \\ 0 & 0 & \cdots & I & 0 \end{bmatrix}, B_u = \begin{bmatrix} I \\ 0 \\ \vdots \\ 0 \end{bmatrix}。\tag{6.3}$$

与之前一样施加资源约束式（1.5）：$\hat{u}(t)=i(t)$。注意，$\hat{A}$ 的设定没有反映资本折旧。这是因为我们已经令控制变量是净投资。相反，假设 $i(t)$ 表示总投资，并且

$$i(t)=\Gamma^{*}k(t)+\hat{u}(t), \tag{6.4}$$

其中 $\Gamma^{*}k(t)$ 衡量的是替代资本存量折旧所需的投资。那么，式（1.5）和式（6.4）意味着

$$\Phi_{c}c(t)+\Phi_{i}\hat{u}(t)=(\Gamma-\Phi_{i}\Gamma^{*})k(t)+f(t)。 \tag{6.5}$$

因而，我们使用净投资而不是总投资作为控制函数，这要求在约束条件式（1.5）中要用 $(\Gamma-\Phi_{i}\Gamma^{*})$ 替代 Γ。

6b. 欧拉方程

令 $y(t)=\exp(-\varepsilon t)\hat{y}(t)$。将 $x(t)$ 用 $y(t)$ 及其导数的形式来表示对分析更为简便。注意，

$$Dy(t)=-\varepsilon y(t)+\exp(-\varepsilon t)D\hat{y}(t)。 \tag{6.6}$$

用算子符号表示，则有

$$(D+\varepsilon)y(t)=\exp(-\varepsilon t)D\hat{y}(t)。 \tag{6.7}$$

类似地，有

$$(D+\varepsilon)^{j}y(t)=\exp(-\varepsilon t)D^{j}\hat{y}(t), \tag{6.8}$$

其中算子的幂表示序贯应用算子。因而能够将 $x(t)$ 表示为：

$$x(t)=\begin{bmatrix}(D+\varepsilon)^{l-1}I\\(D+\varepsilon)^{l-2}I\\\vdots\\I\end{bmatrix}y(t)。 \tag{6.9}$$

使用这个结构来得到一阶条件式（4.6）和式（4.7）的另一种表述方法。定义复变量的矩阵函数 P 为：

$$P(\zeta)\equiv\begin{bmatrix}(\zeta+\varepsilon)^{l}I\\(\zeta+\varepsilon)^{l-1}I\\\vdots\\I\end{bmatrix}, \tag{6.10}$$

一阶条件式（4.6）可表示为：

$$[\Omega_{uu}\,\Omega_{ux}]P(D)y(t)+\Omega_{uz}z(t)=-B_{u}'(-DI-A')^{-1}\lambda_{s}(t)。 \tag{6.11}$$

方程组（4.7）可表示为：

$$[\Omega_{xu}\,\Omega_{xx}]P(D)y(t)+\Omega_{xz}z(t)=\lambda_{s}(t)。 \tag{6.12}$$

回想一下，A' 由下式给定：

$$A' = \begin{bmatrix} -\varepsilon I & I & 0 & \cdots & 0 & 0 \\ 0 & -\varepsilon I & I & \cdots & 0 & 0 \\ \vdots & \vdots & \vdots & \vdots & \vdots & \vdots \\ 0 & 0 & 0 & \cdots & 0 & -\varepsilon I \end{bmatrix}, \tag{6.13}$$

$B'_u = [I \quad 0]$。矩阵算子 $B'_u(-\zeta I - A')^{-1}$ 由算子 $(-\zeta I - A')^{-1}$ 的前 m 行组成。那么

$$-B'_u(-\zeta I - A')^{-1} = -[(-\zeta+\varepsilon)^{-1}I;(-\zeta+\varepsilon)^{-2}I;\cdots(-\zeta+\varepsilon)^{-l}I]。\tag{6.14}$$

将其代入式（6.11），可得到

$$[\Omega_{uu}\Omega_{ux}]P(D)y(t)+\Omega_{uz}z(t)+[(-D+\varepsilon)^{-1}I;(-D+\varepsilon)^{-2}I;\cdots(-D+\varepsilon)^{-l}I]\{[\Omega_{xu}\Omega_{xx}]P(D)y(t)+\Omega_{xz}z(t)\}=0。\tag{6.15}$$

定义复变量 ζ 的矩阵函数 Q 为：

$$\begin{aligned} Q(\zeta) &\equiv [I;(-\zeta+\varepsilon)^{-1}I;(-\zeta+\varepsilon)^{-2}I;\cdots(-\zeta+\varepsilon)^{-l}I] \\ &= (-\zeta+\varepsilon)^{-l}P(-\zeta)'。\end{aligned} \tag{6.16}$$

那么，式（6.15）可表示为

$$[Q(D)\Omega_{11}P(D)]y(t) = -Q(D)\Omega_{12}z(t), \tag{6.17}$$

其中 $\Omega_{11}\equiv\begin{pmatrix}\Omega_{uu} & \Omega_{ux}\\ \Omega_{xu} & \Omega_{xx}\end{pmatrix}$，$\Omega_{12}\equiv\begin{bmatrix}\Omega_{uz}\\ \Omega_{xz}\end{bmatrix}$。在式（6.17）中，$Q(D)$ 是前向卷积算子，$P(D)$ 是后向导数算子。

最后，一个令人感兴趣的问题是如何分解出按 $\exp(-\varepsilon t)$ 比例调整的效应。因而，我们推导了以 $\hat{z}(t)$ 表示的 $\hat{y}(t)$ 的相应方程。从式（6.6）得到

$$Dy(t) = \exp(-\varepsilon t)[(D-\varepsilon)\hat{y}(t)]。\tag{6.18}$$

要撤消式（6.17）中的比例调整，我们简单地使用 $(D-\varepsilon)$ 替代 D，并乘以 $\exp(\varepsilon t)$：

$$[Q(D-\varepsilon)\Omega_{11}P(D-\varepsilon)]\hat{y}(t) = -Q(D-\varepsilon)\Omega_{12}\hat{z}(t)。\tag{6.19}$$

这就是最优化问题的欧拉方程。

6c. 解

现在，我们讲述求解方程（6.19）的其他欧拉方程方法。根据式（6.16）：

$$Q(\zeta)\Omega_{11}P(\zeta) = P(-\zeta)'\Omega_{11}P(\zeta)/(-\zeta+\varepsilon)^{\ell}。\tag{6.20}$$

式（6.20）两边同除以 $(\zeta+\varepsilon)^{\ell+1}(-\zeta+\varepsilon)$，并在 $\zeta=i\theta$ 处评估由此得

到的函数：

$$F(\theta)\equiv P(-i\theta)'\Omega_{11}P(i\theta)/[(-i\theta+\varepsilon)(i\theta+\varepsilon)]^{\ell+1}$$
$$=\Psi_{uu}(i\theta)/[(-i\theta+\varepsilon)(i\theta+\varepsilon)]。\qquad(6.21)$$

凭借假设 3.1，对于 R 中所有 θ，$F(\theta)$ 是一个正定矩阵。并且，F 是 θ 的有理函数，$F(-\theta)=F(\theta)'$ 且

$$\lim_{\theta\to\infty}F(\theta)=0。\qquad(6.22)$$

因此，F 是线性正则的随机非奇异连续时间随机过程的谱密度函数。由于该谱密度函数是有理的，使用公分母 $[(-i\theta+\varepsilon)(i\theta+\varepsilon)]^{\ell+1}$ 可以将其因素分解为：

$$F(\theta)=\hat{P}(-i\theta)'V\hat{P}(i\theta)/[(-i\theta+\varepsilon)(i\theta+\varepsilon)]^{\ell+1},\qquad(6.23)$$

其中 V 是非奇异对称矩阵，$\hat{P}(\zeta)$ 是 ℓ 阶多项式，其在 C 的左半平面中是非奇异的，且

$$\lim_{\zeta\to\infty}\hat{P}(\zeta)/\zeta^{\ell}=I\qquad(6.24)$$

（例如，参见 Rozanov，1967）。因此，欧拉方程（6.16）中使用的复合算子 $[Q(D)\Omega_{11}P(D)]$ 可以因素分解为：

$$Q(D)\Omega_{11}P(D)=[\hat{P}(-D)/(-D+\varepsilon)^{\ell}]'V\hat{P}(D)。\qquad(6.25)$$

算子 $\hat{P}(D)$ 是后向导数算子；算子 $[\hat{P}(-D)/(-D+\varepsilon)^{\ell}]$ 是前向卷积，其可以表示为恒等算子和前向卷积算子 $1/(-D+\varepsilon)$，$1/(-D+\varepsilon)^2,\cdots,1/(-D+\varepsilon)^{\ell}$ 的矩阵线性组合。

我们之所以对式（6.25）给出的因式分解感兴趣，是因为有理函数 $[\hat{P}(-\zeta)/(-\zeta+\varepsilon)^{\ell}]$ 在 C 的左半平面中是非奇异的。因此，前向算子 $[\hat{P}(-D)/(-D+\varepsilon)^{\ell}]$ 有单边的前向逆函数，这可以通过对 $[\hat{P}(-\zeta)/(-\zeta+\varepsilon)^{\ell}]$ 取逆来刻画。令

$$\hat{Q}(\zeta)\equiv V^{-1}(-\zeta+\varepsilon)^{\ell}\hat{P}(-\zeta)'^{-1}Q(\zeta)\Omega_{12}。\qquad(6.26)$$

那么，$\hat{Q}(\zeta)$ 是 ζ 的有理函数，其分子的阶数不超过分母的阶数。此外，$\hat{Q}(\zeta)$ 的极点处在 C 的左半平面中。因此，$\hat{Q}(D)$ 可以表示为恒等算子和卷积算子的矩阵线性组合。该矩阵线性组合的各项可以通过计算 $\hat{Q}(\zeta)$ 的矩阵部分分数分解来进行推导。

利用这些计算，可以得到模型的解的迭代表述为：

$$\hat{P}(D)y(t)=\hat{Q}(D)z(t)。\qquad(6.27)$$

移除贴现的效应，得到：

$$\hat{P}(D-\varepsilon)\hat{y}(t)=\hat{Q}(D-\varepsilon)\hat{z}(t)。\qquad(6.28)$$

算子 $\hat{P}(D-\varepsilon)$ 决定了 $D^{\ell}y(t)$ 的决策规则的反馈部分是 $D^{j}y(t),j=0,1,\cdots,\ell$ 的函数；算子 $\hat{Q}(D-\varepsilon)$ 决定了决策规则的前馈部分要包含 $z(t)$

以及 $z(t)$ 的前向卷积积分。

回顾第 5 节，应用于汉密尔顿矩阵的矩阵符号算法也可以用于计算 $\hat{P}(\zeta)$ 的系数。另外，这些系数可以通过因素分解谱密度 F 来进行计算。$\hat{Q}(\zeta)$ 的部分分数分解的系数可以使用与汉森和萨金特（Hansen and Sargent，1981a）论文中 $[\hat{P}(\zeta)]$ 的行列式值的零点互不相同的特例相同的方法进行计算。汉森、萨金特建议对埃姆雷和侯赛因（Emre and Huseyin，1975）所提出的算法进行修改。当 $z(t)$ 是微分方程（5.12）的解时，第 5 节中刻画的迭代方法也获得 $\hat{Q}(D)z(t)$ 卷积积分的表达式，该表达式是 $z(t)$ 的线性函数。

7. 永久收入模型

在该节中，我们考虑霍尔（Hall，1978）、弗莱文（Flavin，1981）以及萨金特（Sargent，1987b）所研究的消费永久收入模型的连续时间形式。所有这些研究者假设偏好在时间上是可分的。正如汉森（Hansen，1987）和希顿（Heaton，1989）的论文中一样，我们扩展永久收入模型以包含偏好是时间不可分的情况。

该经济中的技术特别简单。有一种单一的消费品和一种单一的实物资本存量。为简化起见，假设资本存量没有折旧（$\Delta_k = 0$ 以及 $\Theta_k = 0$）。在每个时点上，产出从资本 $k(t)$ 和禀赋 $f(t)$ 生产而来。资本的瞬时回报率 Γ 被设定等于时间偏好的主观利率 ρ。产出在消费和投资之间进行分配，其中 $\Phi_c = \Phi_i = 1$。

我们考虑家庭技术的一系列可供选择的设定。在所有情况中，有一种单一的家庭资本存量和一种单一的消费服务。家庭资本随时间折旧，因此 $\Delta_h < 0$。为了能够将家庭资本解释为当前和过去消费的加权平均，令 $\Theta_h = -\Delta_h$，当前消费和家庭资本存量通过关系式（1.2）用于生产服务。标量 $b(t)$ 决定了时刻 t 消费服务的餍足点。在对该模型的讨论中，我们将假设 $b(t)$ 足够大以使得服务的边际效用为正。

首先考虑 $\Lambda = 1$ 和 $\Pi = 0$ 的情况。在这种情况中的消费品是耐用的，并且 $h(t)$ 衡量的是耐用品的存量。每个时期的服务等于耐用品的存量。遗憾的是，在这种设定下，该模型不满足我们的分析所要求的假定之一。特别地，$\Omega_{uu} = 0$，因而假设 4.1 不成立。按照希顿（Heaton，1989）的研究，用累积数量重新定义该问题。例如，时刻 t 的累积消费

$c^a(t)$ 由下式给定：

$$c^a(t)=\int_0^t c(\tau)d\tau。\tag{7.1}$$

那么，资源约束（1.5）可以解释为累积数量上的持有量。忽略初始条件，运行规律式（1.3）和式（1.4）中的数量也可以用相应的累积数量来替代。然而，必须替换式（1.2）给定的耐用品存量和服务之间的映射，以便保持消费的初始偏好排序。现在，时刻 t 的服务由下式给定：

$$s(t)=\Delta_h h^a(t)-\Delta_h c^a(t)+\exp(\Delta_h t)\mu_h 。\tag{7.2}$$

因而，在变换的问题中，Λ 由 Δ_h 替代，并且 $\Pi=-\Delta_h$ 。$\exp(\Delta_h t)\mu_h$ 这一项可以合并到驱动函数 $b(t)$ 之中。那么，本章的结论能够直接应用于累积函数。

就使用初始函数解释模型的解而言，累积函数的解必须考虑时间导数。然而，这个例子中，对于所有函数，并不存在普通时间导数。在这些情况中，由此得到的时间导数必须视为一般化的导数。希顿（Heaton，1989）详细讨论了这些问题。

当 Π 严格为正时，模型的原始构造仍然适用。在这种情况下，当前消费和家庭资本存量在消费服务的生成中是替代品。虽然消费品是耐用的，但是获得新的耐用品将产生额外的服务。[1]

诸如波拉克（Pollak，1970）、赖德和希尔（Ryder and Heal，1973）、桑德雷森（Sundaresan，1989）和康斯坦丁尼德斯（Constantinides，1990）以及希顿（Heaton，1989）研究的消费偏好中的习惯持续性可以通过假设 $\Lambda=-1$ 和 $\Pi\geqslant 1$ 来考虑。第 6 节刻画的求解方法可以用于刻画资本的最优运行规律。在这种情况下，我们去掉家庭资本存量，生产性资本存量变成内生状态变量的唯一成分。“按 $\exp(-\varepsilon t)$ 贴现的 $k(t)$ 在 L_+^1 中”这个约束条件对于获得我们感兴趣的解是很重要的。如果没有这个约束条件，则 $b(t)$ 被设定为 $c(t)$，这就得依靠贴现资本存量的不稳定时间路径了。

为了求解该模型，我们令 $z(t)'=[b(t),f(t)]$。第 6 节中的矩阵 Ω_{11} 和 Ω_{12} 由下式给定：

$$\Omega_{11}=\begin{pmatrix}1 & -\rho\\ -\rho & \rho^2\end{pmatrix}\text{ 和 }\Omega_{12}=\begin{bmatrix}-1\\ \rho\end{bmatrix}[-1,1]。\tag{7.3}$$

在这种情况下，复合算子 $Q(D)\Omega_{11}P(D)$ 由下式给定：

$$\begin{aligned}&[1\quad 1/(-D+\varepsilon)]\begin{bmatrix}1 & -\rho\\ -\rho & \rho^2\end{bmatrix}\begin{bmatrix}(D+\varepsilon)\\ 1\end{bmatrix}\\ &=(-D+\varepsilon)(D+\varepsilon)/(-D+\varepsilon)。\end{aligned}\tag{7.4}$$

因而，方程（6.23）的算子 $\hat{P}(D)$ 等于 $D+\varepsilon$，并且 V 等于 1。算子 $-Q(D)\Omega_{12}$ 由下式给定：

$$-Q(D)\Omega_{12} = -[1 \quad 1/(-D+\varepsilon)]\begin{bmatrix}-1\\ \rho\end{bmatrix}[-1,1]$$
$$= [1 \quad -\rho/(-D+\varepsilon)][-1,1]。 \tag{7.5}$$

方程（6.26）的算子 $\hat{Q}(D)$ 是

$$\hat{Q}(D) = (-D+\varepsilon)[1 \quad -\rho/(-D+\varepsilon)][-1,1]/(-D+\varepsilon)$$
$$= [1 \quad -\rho/(-D+\varepsilon)][-1,1]。 \tag{7.6}$$

从式（6.28）中可以得到，资本存量满足

$$Dk(t) = [1 \quad -\rho/(-D+\varepsilon)][-1,1]z(t)$$
$$= [1 \quad -\rho/(-D+\varepsilon)][f(t)-b(t)]$$
$$= [f(t)-b(t)]-\rho\int_0^\infty \exp(-\rho\tau)-[f(t+\tau)-b(t+\tau)]d\tau。$$
$$\tag{7.7}$$

换句话说，通过比较当前禀赋相对于餍足点的水平与未来禀赋相对于餍足点的加权平均，可以计算投资。希顿（Heaton，1989）阐明了 Λ 和 Π 的其他设定下模型的解。

附录 A

我们将在该附录中证实，式（2.3）、式（2.6）、式（2.8）以及式（2.15）适用于 L_2^n 中的全体。令 1_τ 是集合 $[-\tau,\tau]$ 的指示函数，令 x 表示 L_2^n 中的元素。那么，对于每一个 t，$1_\tau x$ 在 $L_1^n \cap L_2^n$ 中，并且 $\{1_\tau x : t \geqslant 1\}$ 在 L_2^n 中收敛于 x。由于 T 是连续的，则 $\{T(1_\tau x) : t \geqslant 1\}$ 在 L_2^n 中收敛于 $T(x)$。令 O 表示第 2 节中引入的四种算子中的任意一种，并令 ϕ 是使得 $\phi T(x) = T[O(x)]$ 的相应的函数。在四种情况中，ϕ 都是有界的。因此，$\{T[O(1_\tau x)] : \tau \geqslant 1\}$ 在 L_2^n 中收敛于 $T[O(x)]$。帕塞瓦尔公式意味着，$\{O(1_\tau x) : \tau \geqslant 1\}$ 在 L_2^n 中收敛于 $O(x)$。除了测度零集合之外，序列 $\{O[1_{\tau[j]} x] : j \geqslant 1\}$ 逐点收敛于 $O(x)$。式（2.3）、式（2.6）、式(2.8）以及式（2.15）包含了积分表述。在这种情况下，$O(1_\tau x)$ 也有积分表述。由于 x 可以表示为非负实值函数向量的线性组合，根据单调收敛定理可知，$O(x)$ 也有同样的积分表述。

附录 B

我们将在附录 B 中证明，当假设 4.1 满足时，OLR 问题存在一个解。由于矩阵 Ω 是半正定的，那么准则函数总是小于或等于零。定义

$$T(u,x)\equiv\int_0^{\infty}[u(t)' \quad x(t)' \quad z(t)']\Omega\begin{bmatrix}u(t)\\x(t)\\z(t)\end{bmatrix}dt, \tag{B.1}$$

并使得

$$\bar{\delta}\equiv\inf[T(u,x):u\in L_+^m,x\in L_+^n \text{ 满足式}(1.13)], \tag{B.2}$$

那么，$\bar{\delta}$ 是有限的，且存在一个序列 (u_j,x_j) 使得 $T(u_j,x_j)$ 收敛于 $\bar{\delta}$，$u_j\in L_+^m,x_j\in L_+^n$，并且 (u_j,x_j) 满足式（1.13）。对任意正整数 j 和 ℓ，有

$$\begin{aligned}&T(u_j-u_\ell,x_j-x_\ell)+T(u_j+u_\ell,x_j+x_\ell)\\&=2T(u_j,x_j)+2T(u_\ell,x_\ell)。\end{aligned} \tag{B.3}$$

由于 (u_j,x_j) 和 (u_ℓ,x_ℓ) 满足式（1.13），那么 $[(u_j+u_\ell)/2,(x_j+x_\ell)/2]$ 满足式（1.13）。因此，有

$$(1/4)T(u_j-u_\ell,x_j-x_\ell)\leqslant(1/2)T(u_j,x_j)+(1/2)T(u_\ell,x_\ell)-\bar{\delta}。 \tag{B.4}$$

乘以 4 并取极限，得到

$$\lim_{j,\ell\to\infty}T(u_j-u_\ell,x_j-x_\ell)=0。 \tag{B.5}$$

帕塞瓦尔公式意味着

$$\begin{aligned}T(u_j-u_\ell,x_j-x_\ell)&=(1/2\pi)\int_R[T(u_j-u_\ell)(\theta)]^{*\prime}\Psi_{uu}(i\theta)\\&\qquad T(u_j-u_\ell)(\theta)d\theta\\&\geqslant\delta(1/2\pi)\int_R[T(u_j-u_\ell)(\theta)]^2d\theta\\&=\delta\int_0^{\infty}|u_j(t)-u_\ell(t)|^2dt\end{aligned} \tag{B.6}$$

因为假设 4.1 满足。因此，$\{u_j\}$ 是 L_+^m 中的柯西序列。由于 C 是将 L_+^n 映射到 L_+^n 的连续函数，因此 $\{x_j\}$ 是 L_+^n 中的柯西序列。令 u_s 和 x_s 是这两个柯西序列的极限点，那么 (u_s,x_s) 满足式（3.12），并且 $T(u_s,x_s)=\delta$。因此，(u_s,x_s) 是 OLR 问题的解。

附录 C

我们在这个附录 C 中证明，矩阵 M_x 是半正定的，且证明它能够用于表述价值函数。我们考虑有限期的最优化问题。为方便起见，设时间间隔等于 1。在这种情况下，我们修改定义于 [0,1] 的实值波莱尔可测函数空间 L_+^1。不使用 [0,1] 上的勒贝格测度，而是以单位测度在点 {1} 处增加的原子（atom）来扩充测度。那么，考虑如下最优化问题：

$$\max_{u\in L_+^n i, x\in L_+^n} (-1/2)\left\{\int_0^1 [u(t)' \quad x(t)']\Omega_{11}\begin{bmatrix}u(t)\\x(t)\end{bmatrix}dt + x(1)'\mathfrak{B}x(1)\right\}, \tag{C.1}$$

受约束于 $x(t)=\exp(At)\mu+\int_0^t \exp(A\tau)B_u u(t-\tau)d\tau,\ 0\leqslant t\leqslant 1$。在式（C.1）中，$\mathscr{B}$ 是半正定矩阵。除了需要特别注意时期 1 之外，这个最优化问题的一阶条件本质上与第 4 节的 OLR 问题一样。当对 $x(1)$ 取微分时，得到

$$\mathscr{B}x_s(1)=\lambda_s(1)。 \tag{C.2}$$

对于 $0\leqslant t\leqslant 1$，现在 $u(t)$ 和 $x(t)$ 的一阶条件由下述公式给定：

$$\begin{aligned}\Omega_{uu}u_s(t)+\Omega_{ux}x_s(t)+B'\int_t^1 \exp[A'(\tau-t)]\lambda_s(\tau)d\tau \\ +B'\exp[A'(1-t)]\lambda_s(1)=0,\end{aligned} \tag{C.3}$$

$$\Omega_{xu}u_s(t)+\Omega_{xx}x_s(t)=\lambda_s(t)。 \tag{C.4}$$

在这种情况下，定义共同状态函数为：

$$x_c(t)\equiv\int_t^1 \exp[A'(\tau-t)]\lambda_s(\tau)d\tau+\exp[A'(1-t)]\lambda_s(1)。 \tag{C.5}$$

注意，$x_c(1)=\lambda_s(1)$，因而式（C.2）和式（C.5）意味着

$$\mathscr{B}x_s(1)=x_c(1)。 \tag{C.6}$$

因此，除了初始条件 $x_s(0)=\mu$，此外还有终端条件式（C.6）这一点不同之外，我们可以通过解相同的微分方程组来求解这个有限期问题。

假设 $\mathscr{B}$ 被定义为半正定矩阵，使得不随时间变化的无限期问题的时刻 t 价值函数由 $-(1/2)x(t)'\mathscr{B}x(t)$ 给定。在这种情况下，有限期问题的解和无限期问题的解必须一致，如同最优状态和共同状态函数必须一致一样。也正如文中注意到的，无限期问题的解满足

$$M_x x_s(t)=x_c(t), t\geqslant 0。 \tag{C.7}$$

通过改变有限期问题的时间期限，则有

$$\mathscr{B}x_s(t)=x_c(t),\ t\geqslant 0。\tag{C.8}$$

由于式（C.7）和式（C.8）对 $x(0)$ 的任意初始条件 μ 必定成立，由此可以得到 $\mathscr{B}=M_x$ 。因此，M_x 是半正定的，且能够用于构造最优化问题的价值函数，其中 $z(t)=0, t\geqslant 0$ 。

【注　释】

[1] 对于某些 $\Pi<1$ 的值，家庭技术将产生诸如施蒂格勒和贝克尔（Stigler and Becker，1977）以及贝克尔和墨菲（Becker and Murphy，1988）提出的理性上瘾。

第 8 章　用于连续时间线性理性预期模型的预测公式

拉尔斯·彼得·汉森和托马斯·J·萨金特

在这个讲义中，我们推导在求解连续时间理性预期模型中将要用到的最优预测公式。在推导过程中将使用拉普拉斯变换。使用的方式类似于汉森和萨金特（Hansen and Sargent，1980a，Appendix A）求解离散时间最优预测难题中的 z 变换。这些公式在连续时间中发挥了与汉森和萨金特（Hansen and Sargent，1980a）论文中几何领先分布的最优预测离散时间公式相同的作用。

1. 卷积与预测

令 L^1 和 L^2 分别表示 **R** 上的所有绝对可积和平方可积的波莱尔可测实值函数 ϕ 的空间。令 W 表示定义在 **R** 上的随机测度，其增量是正交且二阶矩平稳的。换句话说，

$$E[W\{[t_1,t_2)\}^2]=t_2-t_1\ ,\ t_2>t_1\ , \tag{1.1*}$$

以及

$$E[W\{[t_3,t_4)\}W\{[t_1,t_2)\}]=0\ ,\ t_4>t_3>t_2>t_1\ 。 \tag{1.2}$$

使用 L^2 中的函数以及随机测度 W，将二阶矩平稳过程构造为卷积：

$$x(t)=\int_{-\infty}^{+\infty}\phi(\tau)dW(t-\tau)。 \tag{1.3}$$

* 原著中式（1.1）和式（1.2）中 $[t_1,\ t_2)$ 和 $[t_3,\ t_4)$ 的写法为 $[t_2,\ t_1]$ 和 $[t_4,\ t_3]$，疑有误。——译者注

式（1.3）中的随机积分可以解释为随机变量均方收敛序列的极限（例如，参见 Rozanov，1967）。关系式（1.3）给出了函数的空间 L^2 与随机过程的空间 X 的简便映射。其结果是，这两个空间的内积刚好一样。更精确地，令 ϕ_1 和 ϕ_2 是 L^2 中的任意两个函数。式（1.1）和式（1.2）的一个含义是

$$\int_{-\infty}^{+\infty}\phi_1(\tau)\phi_2(\tau)d\tau = E[x_1(t)x_2(t)], \tag{1.4}$$

其中 x_1 和 x_2 分别使用 ϕ_1 和 ϕ_2 由卷积式（1.3）给定。

令 L_+^2 表示 L^2 中包含 $(-\infty,0)$ 上等于零的所有函数的子空间，令 L_-^2 表示 L^2 中包含 $[0,\infty)$ 上等于零的所有函数的子空间。很明显，L_+^2 和 L_-^2 是正交的，并且 $L^2 = L_-^2 \oplus L_+^2$。L^2 中的任意 ϕ 可以通过下面的公式唯一地分解为 $\phi^+ \in L_+^2$ 和 $\phi^- \in L_-^2$ 两个函数之和[1]：

$$\phi^+(t) \equiv \begin{cases}\phi(t), & t \geqslant 0 \\ 0, & t < 0\end{cases}, \tag{1.5}$$

$$\phi^-(t) \equiv \begin{cases}0, & t \geqslant 0 \\ \phi(t), & t < 0\end{cases}。$$

为了确切地阐述预测问题，我们应用随机测度 W 来导入以日历时间为索引的信息集。令 $H(t)$ 表示由式（1.3）给定的随机变量 $x(t)$ 的空间，其中 ϕ 被限制在 L_+^2 中。根据式（1.4）可知，由于 L_+^2 是希尔伯特空间，因此 $H(t)$ 也是希尔伯特空间。而且，希尔伯特空间族 $\{H(t)\}$ 在"如果 $t_2 > t_1$，那么 $H(t_2) \supset H(t_1)$"这一意义上是递增的。由于 $H(t)$ 是应用随机测度 W 构造的，因此，空间 $H(t)$ 上的最小二乘投影算子 $P[\cdot \mid H(t)]$ 由下式给定：

$$P\left[\int_{-\infty}^{+\infty}\phi(\tau)dW(t-\tau) \,\middle|\, H(t)\right] = \int_{-\infty}^{+\infty}\phi^+(\tau)dW(t-\tau)。 \tag{1.6}$$

因而，对于每个 t，通过将过程 $x \in X$ 构造为 ϕ 和 dW 的卷积，并将其投影到 $H(t)$ 上，所得到的预测过程是 ϕ^+ 和 dW 的卷积，其中 ϕ^+ 由式（1.5）给定。

2. 变换

表述 L^2 中的函数以及刻画式（1.5）的映射的一个简便方法是使用变换。例如，傅里叶变换在刻画 X 中的过程的二阶矩性质很有用。对于 $L^1 \cap L^2$ 中的任意 ϕ，ϕ 的傅里叶变换定义为：

$$\mathscr{F}t(\phi)(\theta) \equiv \int_{-\infty}^{+\infty} \exp(-i\theta t)\phi(t)dt。 \tag{2.1}$$

众所周知，$\mathscr{F}t$ 可以从 $L^1 \cap L^2$ 扩展到 L^2 。应用这个扩展，通过式（1.3）产生的 x 的谱密度函数正好是 $|\mathscr{F}t(\phi)|^2$ 。

为了刻画形如式（1.6）的预测问题的解的隐含二阶矩性质，我们使用拉普拉斯变换。这些变换定义如下。对于 L^2 中的任意 ϕ ，以及 **R** 中的任意 ρ ，我们构造一个新的函数 $\exp(-\rho t)\phi$ 。这个新的函数在不在 L^2 之中要取决于 ρ 的值。只要它在 L^2 之中，我们就定义拉普拉斯变换为：

$$\mathscr{L}p(\phi)(\mathrm{c}) = \mathscr{F}t[\exp(-\rho t)\phi](\theta), \tag{2.2}$$

其中 $\mathrm{c} \equiv \rho + i\theta$。

我们感兴趣的问题如下。给定函数 $\phi \in L^2$ 的拉普拉斯变换 $\mathscr{L}p(\phi)$ ，如何计算或者描述 $\mathscr{L}p(\phi^+)$ ，其中 ϕ^+ 是由式（1.5）定义的？若要得出答案，首先需研究函数 $\phi \in L_+^2$ 的拉普拉斯变换。对于任意这样的 ϕ ，只要 $\rho > 0$ ，则 $\exp(-\rho t)\phi$ 也在 L_+^2 之中。因而，拉普拉斯变换 $\mathscr{L}p(\phi)(\mathrm{c})$ 在闭的右平面 C_0^+ 上具有良好的定义，其中 $\mathrm{C}_\delta^+ \equiv \{\mathrm{c} \in \mathrm{C}: \mathrm{c}$ 的实数部分 $\geqslant \delta\}$ 。而且，$\mathscr{L}p(\phi)$ 在 C_0^+（相对于 C）内部是解析的。对 $\delta > 0$ 以及 $\mathrm{c} \in \mathrm{C}_\delta^+$ ，有

$$\begin{aligned} |\mathscr{L}p(\phi)(\mathrm{c})| &\leqslant \int_0^\infty |\phi(t)| \exp(-\delta t)dt \\ &\leqslant \left[\int_0^\infty |\phi(t)|^2 dt \int_0^\infty \exp(-2\delta t)dt\right]^{1/2} \\ &\leqslant \left[\int_0^\infty |\phi(t)|^2 dt/2\delta\right]^{1/2}, \end{aligned} \tag{2.3}$$

其中，第二个不等式是柯西-施瓦茨不等式的应用。式（2.3）右边给出了 $\mathscr{L}p(\phi)$ 在集合 C_δ^+ 上的（c）一致边界。当 δ 趋向正无穷大时，这个边界将变得任意小。

接下来考虑函数 $\phi \in L_-^2$ 。对于任意这样的 ϕ ，$\mathscr{L}p(\phi)(\mathrm{c})$ 对左半平面 $\mathrm{C}_0^- \equiv \{\mathrm{c} \in \mathrm{C}$：c 的实数部分 $\leqslant 0\}$ 中的 c 有良好的定义；而且，$\mathscr{L}p(\phi)$ 在该域内部是解析的。定义 $\mathrm{C}_\delta^- \equiv \{\mathrm{c} \in \mathrm{C}$：c 的实数部分 $\leqslant \delta\}$。依照之前的论证，可以证明，对任意 $\delta < 0$，$\mathscr{L}p(\phi)$ 在 C_δ^- 域上是有界的，并且当 δ 趋向负无穷大时，这个边界将变得任意小。

对 L^2 中的一般函数 ϕ ，$\mathscr{L}p(\phi)$ 可能仅定义在虚轴上，即 c 的实数部分等于零。然而，我们更感兴趣的是更小的函数族。令 Φ 是 $\phi \in L^2$ 中使得 $\mathscr{L}p(\phi^-)$ 在某个 $\delta > 0$ 的 C_δ^- 域内部是解析的所有函数的集合。在这种情况中，$\mathscr{L}p(\phi)$ 在 $\mathrm{C}_\delta^- \cap \mathrm{C}_0^+$ 域内部是解析的。而且，对任意闭区间 $J \subset$

$(0,\delta)$，$\mathscr{L}p(\phi)$ 在 $\{c \in C\text{：}c$ 的实数部分 $\in J\}$ 上是有界的。定义 $\mathscr{A}$ 是函数 $\phi \in \Phi$ 的所有拉普拉斯变换的集合。

下述结论给出了对应于 $\phi = \phi^{+} + \phi^{-}$ 分解的 $a \in \mathscr{A}$ 的分解。

引理：对任意 $a \in \mathscr{A}$，存在唯一的分解 $a = a^{+} + a^{-}$，其中

(i) a^{-} 在 C_{δ}^{-} 内部是解析的，在 $\rho < \delta$ 的任意闭半平面 C_{ρ}^{-} 上是一致有界的，且

$$\lim_{\rho \to -\infty} \max_{c \in C_{\rho}^{-}} \left| a^{-}(c) = 0 \right|；$$

(ii) a^{+} 在 C_{0}^{+} 内部是解析的，在任意 $\rho > 0$ 的任意闭半平面 C_{ρ}^{+} 上是一致有界的。

证明：可以通过令 $a^{-} = \mathscr{L}p(\phi^{-})$ 和 $a^{+} = \mathscr{L}p(\phi^{+})$ 来获得满足 (i) 和 (ii) 的函数 a^{-} 和 a^{+}。为了证明该分解是唯一的，令 $a = b^{+} + b^{-}$ 是任意其他的分解，其中 b^{-} 满足 (i) 且 b^{+} 满足 (ii)。注意，至少在 $C_{\delta}^{-} \cap C_{0}^{+}$ 域内有

$$a^{+} - b^{+} = b^{-} - a^{-}。$$

由于 $a^{+} - b^{+}$ 在 C_{0}^{+} 内是解析的，以及 $b^{-} - a^{-}$ 在 C_{δ}^{-} 内是解析的，因此，可以将 $b^{-} - a^{-}$ 扩展到在全部 C 上是解析的。而且，$a^{+} - b^{+}$ 和 $b^{-} - a^{-}$ 在重叠半平面上的一致有界保证了 $b^{-} - a^{-}$ 的扩展也是有界的。C 上有界且解析的唯一函数是常数。由于 a^{-} 和 b^{-} 满足 (i)，并且 $b^{-} - a^{-}$ 在 C 的扩展是常数，因此 $a^{+} - b^{+}$ 必须等同于零。证毕。

像引理中给定的分解，比起 L^{2} 中函数的拉普拉斯变换而言，适用于更加一般的解析函数集合。例如，它们也适用于一般化函数的拉普拉斯变换（例如，参见 Beltrami and Wohlers，1966）。然而，这些更一般的分解可能不是唯一的。例如，假设我们忽略引理中的要求 (i)：

$$\lim_{\rho \to -\infty} \max_{c \in C_{\rho}^{-}} \left| a^{-}(c) = 0 \right|，$$

那么，总是能够通过 a^{+} 加上某些复数并从 a 中减去同样的数来获得其他 a 的分解。因此，在应用引理计算 $\mathscr{L}p(\phi^{+})$ 时，检查 $\mathscr{L}p(\phi^{+})$ 和 $\mathscr{L}p(\phi^{-})$ 的候选项是否满足 (i) 和 (ii) 中的边界约束条件是很重要的。

3. 例子

现在我们应用引理来获得理性预期模型中预测问题的解的频域特征。这些问题皆有如下结构。令 $\psi \in L_{+}^{2}$，并定义 $y(t)$ 为卷积：

$$y(t)=\int_{0}^{+\infty}\psi(\tau)dW(t-\tau)。$$

通过使用函数 $\gamma\in L_{-}^{1}$ 形成前瞻性卷积来构造一个新的过程[2]：

$$x(t)=\int_{-\infty}^{+\infty}\gamma(\tau)y(t-\tau)d\tau\equiv\int_{-\infty}^{+\infty}\phi(\tau)dW(t-\tau),\tag{3.1}$$

其中 ϕ 由下述卷积给定：

$$\phi(\tau)=\int_{-\infty}^{+\infty}\gamma(s)\psi(\tau-s)ds。$$

应用众所周知的卷积的傅里叶变换的乘积表述，则有

$$\mathscr{Ft}(\phi)=\mathscr{Ft}(\psi)\mathscr{Ft}(\gamma)。$$

同样的结论可以扩展到 $\mathscr{L}p(\phi)$ 和 $\mathscr{L}p(\gamma)$ 共同域上的拉普拉斯变换。对于将要考虑的例子，存在一个 $\delta>0$ 使得 $\mathscr{L}p(\gamma)$ 定义在 $\mathbb{C}_{\delta}^{-}$ 内部。因而，在 $\mathbb{C}_{\delta}^{-}\cap\mathbb{C}_{0}^{+}$ 内部，有

$$\mathscr{F}p(\phi)=\mathscr{F}p(\psi)\mathscr{F}p(\gamma)。\tag{3.2}$$

现在，我们探讨三个相关的例子。

例 1：

假设 γ 由下式给定：

$$\gamma(t)=\begin{cases}0, & t\geqslant 0\\ \exp(\delta t), & t<0\end{cases}。\tag{3.3}$$

那么，

$$\mathscr{L}p(\gamma)(\mathrm{c})=\int_{-\infty}^{0}\exp[(\delta-\mathrm{c})t]dt=1/(\mathrm{c}-\delta),$$

其中 c 的实数部分小于 δ。因而，

$$\mathscr{L}p(\phi)(\mathrm{c})=\mathscr{L}p(\psi)(\mathrm{c})/(\mathrm{c}-\delta)。$$

注意，$\mathscr{L}p(\phi)$ 在 C 上除了可能是极点的点 δ 处之外是解析的。如果 $\mathscr{L}p(\phi)(\delta)$ 等于零，那么在 δ 处的奇异性可以去除，并且 $\mathscr{L}p(\phi^{+})=\mathscr{L}p(\phi)$。通常地，$\mathscr{L}p(\phi)$ 在 δ 处有一个极点，为了计算 $\mathscr{L}p(\phi^{+})$，我们必须排除这个极点。$\mathscr{L}p(\phi^{+})$ 的一个选择是

$$a^{+}(\mathrm{c})=[\mathscr{L}p(\psi)(\mathrm{c})-\mathscr{L}p(\psi)(\delta)]/(\mathrm{c}-\delta)。$$

注意，a^{+} 在 δ 处的奇异性是可去除的。相应的 a^{-} 的选择是

$$a^{-}(\mathrm{c})=a(\mathrm{c})-a^{+}(\mathrm{c})=\mathscr{L}p(\psi)(\delta)/(\mathrm{c}-\delta)。$$

可以直接证明，a^{-} 和 a^{+} 满足引理的要求条件。因此，

$$\mathscr{L}p(\phi^{+})=[\mathscr{L}p(\psi)(\mathrm{c})-\mathscr{L}p(\psi)(\delta)]/(\mathrm{c}-\delta)。\tag{3.4}$$

公式（3.4）是汉森和萨金特（Hansen and Sargent，1980a）中公式（5）的连续时间对应形式。

例 2：

更一般地，假设

$$\mathscr{L}p(\gamma)(c) = p_n(c)/p_d(c),$$

其中 p_n 和 p_d 是系数为实数的有限阶多项式。为了保证 $p_n(\mathrm{c})/p_d(\mathrm{c})$ 是 L^2_- 中函数的拉普拉斯变换，假设 p_d 的阶数超过 p_n 的阶数，且 p_d 的零点在 C_0^+ 内部。在这种情况下，

$$\mathscr{L}p(\phi)(\mathrm{c}) = \mathscr{L}p(\psi)(\mathrm{c})p_n(\mathrm{c})/p_d(\mathrm{c}),$$

其在 C_0^+ 内部仅在 p_d 的零点处有极点。令 a_j 表示 $\mathscr{L}p(\phi)(\mathrm{c})$ 的洛朗级数展开在 p_d 的第 j 个零点处的主要部分。从亚纯函数的部分分数分解可得到：

$$a^+ = \mathscr{L}p(\phi) - \sum_j a_j$$

在 C_0^+ 内部是解析的。并且，每一个主要部分 a_j 是第一阶和更高阶多项式倒数之和，因而满足对于每个 j，

$$\lim_{\rho\to-\infty}\max_{\mathrm{c}\in C_\rho^-}|a_j(\mathrm{c}) = 0|。$$

按照构造，

$$a^- = \sum_j a_j$$

满足引理中的（i），其中 δ 是 p_n 最接近虚轴的零点的实数部分，并且在任意 $\rho<\delta$ 的 C_ρ^- 上是有界的。因此，我们有如下式（3.4）的一般化结论：

$$\mathscr{L}p(\phi^+) = \mathscr{L}p(\phi) - \sum_j a_j。$$

例 3：

假设 γ 由式（3.2）给定，并且 $\mathscr{L}p(\psi)$ 是有理函数：

$$\mathscr{L}p(\psi) = q_n/q_d,$$

其中 q_n 和 q_d 是系数为实数的多项式。为了保证 q_n/q_d 是 L^2_+ 中函数的拉普拉斯变换，假设 q_d 的阶数超过 q_n 的阶数，并且 q_d 的零点在 C_0^- 内部。现在解式（3.4）变为：

$$\mathscr{L}p(\phi)(\mathrm{c}) = q_n(\mathrm{c})/[q_d(\mathrm{c})(\mathrm{c}-\delta)]。$$

从例 1 可知，

$$\begin{aligned}\mathscr{L}p(\phi^+)(\mathrm{c}) &= [q_n(\mathrm{c})/q_d(\mathrm{c}) - q_n(\delta)/q_d(\delta)]/(\mathrm{c}-\delta)\\ &= [q_n(\mathrm{c})q_d(\delta) - q_n(\delta)q_d(\mathrm{c})]/[q_d(\mathrm{c})q_d(\delta)(\mathrm{c}-\delta)]。\end{aligned} \tag{3.5}$$

按照构造，式（3.5）的右边在 δ 处有一个可去除的奇异性。这是很明显的，因为 $[q_n(c)q_d(\delta)-q_n(\delta)q_d(c)]$ 在 δ 处有一个零点。消除分子和分母中的共同因子（$c-\delta$），得到

$$\mathscr{L}p(\phi^+)(c)=q_n^+(c)/q_d^+(c),$$

其中

$$q_d^+(c)=q_d(c)q_d(\delta),$$

并且 $q_n^+(c)$ 满足

$$q_n^+(c)(c-\delta)=[q_n(c)q_d(\delta)-q_n(\delta)q_d(c)]。\tag{3.6}$$

通过使得式（3.6）两边多项式系数相等，可以构造 $q_n^+(c)$ 系数的线性方程组。事实上，该方程组有一个迭代结构，可以如下应用。令 η_j 表示 $[q_n(c)q_d(\delta)-q_n(\delta)q_d(c)]$ 中 c^j 的系数，令 ε_j 表示 $q_n^+(c)$ 中相应的系数，那么

$$-\delta\varepsilon_0=\eta_0,$$

以及

$$\varepsilon_{j-1}-\delta\varepsilon_j=\eta_j, j\geqslant 1$$

可以从 ε_0 开始迭代地求解。该迭代过程的解给出了汉森和萨金特（Hansen and Sargent，1980a，1981b）中报告的自回归以及自回归移动平均过程的公式的连续时间对应形式。

4. 向量信息结构

假设 W 是一个 k 维的向量随机测度，其有二阶矩平稳增量。现在将式（1.1）和式（1.2）替代为

$$E[W\{[t_2,t_1)\}W\{[t_2,t_1)\}']=(t_2-t_1)I_k, t_2>t_1,$$

以及

$$E[W\{[t_4,t_3)\}W\{[t_2,t_1)\}']=0, \quad t_4>t_3>t_2>t_1,$$

其中 I_k 是 k 维单位矩阵。X 中的过程现在可以使用 L^2 中 k 维函数向量 ϕ 通过下式构造：

$$x(t)=\int_{-\infty}^{+\infty}\phi(t).dW(t-\tau)。$$

应用分解公式可以将第 2 节和第 3 节的分析扩展到 ϕ 中 k 个拉普拉斯变换元素的每一个。在例 1 中，公式（3.4）仍然适用，其中 $\mathscr{L}p(\psi)$ 是 ψ 中元素的拉普拉斯变换向量。例 3 中推导的迭代仍然适用，其中 q_n 在这种情况下是 k 维多项式向量，其每一个的阶数小于标量多项式 q_d。

5. 非平稳性

在第 3 节中，$\psi \in L_+^2$ 这个假设保证了过程 y 是二阶矩平稳的。然而，我们的分析可以扩展到更一般的过程。为了将非平稳性考虑在内，更方便的方法是将潜在的信息结构看成从某个初始时间开始的，比如 $t=0$。因而，设想式（1.1）和式（1.2）对非负数 t_1, t_2, t_3, t_4 成立，且假设包含于 $(-\infty, 0)$ 的任意区间的随机测度等于零。这样使得公式（3.1）对更大类的函数 ψ 有良好的定义。可将过程 y 看成是对从时刻零开始向前完美预测的路径的偏离。可施加更弱的要求，即对严格为正的 ρ，$\exp(-\rho t)\psi$ 在 L^2 之中，这允许 y 的二阶矩中有多项式增长。[3]这样，例 1 至例 3 中的计算仍然适用。在例 3 的情况下，为了考虑多项式增长，我们允许 q_d 在复平面 C 的虚轴上有零点。

【注　释】

[1] 该分解的唯一性需要一些条件。L^2 中的元素仅定义于几乎处处相等的等价函数上。因而，从 L^2 的角度看，ϕ^+ 和 ϕ^- 在某个特定点，比如 $t=0$ 处的构造是无关紧要的。

[2] 取式（3.1）的右边作为 $x(t)$ 的定义。换种方式，对特定的 γ 类能够使用中间积分的有限和近似来定义 $x(t)$。

[3] 在例 1 和例 3 中，也可能允许 y 的二阶矩中有指数增长，只要对满足 $0<\sigma<\delta$ 的某个 σ，$\psi\exp(-\sigma t)$ 在 L_+^2 之中。变换分析现在适用于更窄的区域 $C_\delta^- \cap C_\sigma^+$。

第9章 离散时间数据的连续时间理性预期模型识别

拉尔斯·彼得·汉森和托马斯·J·萨金特

1. 引言

这篇论文将证明线性随机理性预期模型的连续时间形式中有关识别的两个命题。模型是卢卡斯和普雷斯科特（Lucas and Prescott，1971）模型的连续时间形式，其中均衡可以解释为私人当事人或设想的社会计划者的随机控制问题的解。模型的估计旨在分离当事人主观函数和当事人面临的驱动函数的随机过程的参数。卢卡斯（Lucas，1967，1976）、卢卡斯和普雷斯科特（Lucas and Prescott，1971）以及卢卡斯和萨金特（Lucas and Sargent，1981）提倡这种方法，认为其具有结构模型所期望分析的一系列有趣的政策干预的分析潜力，但它却遭受到卢卡斯（Lucas，1976）对大多数政策评估计量经济学方法所作的批评一样的批评。同时，受西姆斯（Sims，1971）、格韦克（Geweke，1978）以及菲利普斯（P. C. B. Phillips，1972，1973，1974）研究工作的鼓舞，我们想要估计一些模型，其中经济当事人进行最优化决策的时间间隔小于计量经济学家使用的观测的时间间隔。之所以采用连续时间分析框架有两个原因：一是它是一个有趣的极限情况，二是它在理论和计量经济学文献中受到了广泛的关注。

从离散时间数据中识别连续时间模型的参数，必须处理混淆问题（例如参见 Phillips，1973）。一般地，存在不可数的无限个连续时间模型与离散时间观测集合相一致。然而，在有限参数连续时间模型中，混淆问题虽然仍然存在，但是不那么严重。本章中研究的特定的有限参数类模型中的混淆识别问题的维度，在此前的菲利普斯（Phillips，1973）以及汉森和萨金特（Hansen and Sargent，1983b）一些论文中已研究过。在这些有限参数模型中，存在有限个观测上等价的连续时间模型与离散时间观测一致。要获得连续时间模型的识别，需要额外的事前约束条件。本章说明了，理性预期所蕴含的非线性交叉方程约束如何能够获得连续时间模型的识别。

我们考虑线性理性预期模型，该模型能够得到与菲利普斯（Phillips，1973）方程组形式相似的随机微分和差分方程组。然而，我们分析了与菲利普斯的研究中不同的一类约束条件的识别。正如卢卡斯（Lucas，1976）、卢卡斯和萨金特（Lucas and Sargent，1981）及汉森和萨金特（Hansen and Sargent，1980a，1981a，1981d）在很多相关的背景中指出的，即使线性于变量的理性预期模型通常也要由高度非线性的交叉方程约束条件集合刻画，这也在很大程度上替代了用于识别很多现存的时间序列模型的线性（通常是排斥的，并且在方程内）约束条件。

我们结论背后的直觉如下。在动态理性预期模型中，当事人的决策部分地依赖于他们对模型中其他变量未来值的预期。当当事人在连续时间中活动时，当事人决策的离散时间记录包含了当事人对模型中其他变量未来所有时刻的预测值的信息。在理性预期条件下，当事人对未来看法的线索包含于离散时点上的决策，这些线索将这些其他变量的实际行为约束为连续时间中的随机过程。它正是我们建议使用的识别来源。

我们证明了两个可供选择的条件集合下的识别命题。第一个条件集合严格限制了不可观测干扰项的序列相关性，尽管不要求方程右边的可观测变量是严格外生的。第二个条件集合不对干扰项的序列相关性进行限制，但是施加了约束条件：在连续时间中，方程右边的变量必须是严格外生的，并且有有理谱密度矩阵。那么，识别可以从理论在下述两方面之间所施加的约束条件中获得：一方面是内生变量对外生变量的投影，另一方面是外生变量的谱密度矩阵。因而，第二个条件集合使用的识别方法与 Hatanaka（1975）在离散时间背景中所用的思想一样。我们的结论表明，对于模型的充分识别而言，严格外生性与序列相关假设两者的强度存在一个替代关系，其他类似的替代关系出现于离散时间模型。

2. 连续时间模型

这里研究的模型是卢卡斯和普雷斯科特（Lucas-Prescott）不确定性条件下投资模型的连续时间线性二次形式。这个模型有很多可能的解释、应用以及扩展。例如，参见汉森和萨金特（Hansen and Sargent，1981a）、埃克斯坦（Eckstein，1984）、艾肯鲍姆（Eichenbaum，1983）。对于我们要证明的识别命题而言，使用的是包含单一动态决策变量的单因素模型。我们将在附录中简明指出本章的结论是如何扩展以证明离散时间数据的连续时间的相互关联的因素模型的识别的。[1]

考虑一个厂商或者假想的社会计划者，其选择策略 $K(t)$ 以最大化准则函数：

$$E_0\int_0^\infty J[K(t),DK(t),t,z_1(t),y(t)]dt, \tag{2.1}$$

其中

$$\begin{aligned}&J[K(t),DK(t),t,z_1(t),y(t)]\\&=\{y(t)K(t)-\beta K(t)^2-z_1(t)DK(t)-\alpha[DK(t)]^2\}e^{-rt},\end{aligned}$$

其中，D 是时间导数算子，E_t 是以时期 t 可获得的信息为条件的期望算子。这里 $K(t)$ 是资本存量，$z_1(t)$ 是投资品的相对价格，$y(t)$ 是生产率受到的随机冲击，时期都是 t，α 和 β 都是正常数，r 是固定的贴现率。变量 $z_1(t)$ 和 $y(t)$ 是驱动变量向量随机过程中的元素。应用汉森和萨金特（Hansen and Sargent，1981d）和第 7 章的结论，厂商最大化问题的确定性等价形式的欧拉方程是

$$-\alpha D^2K(t)+r\alpha DK(t)+\beta K(t)=-(1/2)[rz_1(t)-y(t)-Dz_1(t)]。 \tag{2.2}$$

为简化起见，假设贴现率等于零。[2]欧拉方程（2.2）的特征多项式可因素分解为

$$-\alpha s^2+\beta=(\rho-s)(\rho+s)\alpha,$$

其中

$$\rho=\sqrt{\frac{\beta}{\alpha}}。$$

最大化公式（2.1）所得到的欧拉方程（2.2）的解为

$$DK(t) = -\rho K(t) - (1/2\alpha)E_t\int_0^{\infty} e^{-\rho\tau}[Dz_1(t+\tau) + y(t+\tau)]d\tau。 \qquad (2.3)$$

我们将试图从离散时间数据中识别出 ρ、α 以及驱动变量随机过程的参数。[3] 为了解释计量经济学家拟合的方程中的误差项，假设 $y(t)$ 能够被私人当事人观察到而计量经济学家观察不到。令 $z(t)' = [z_1(t), z_2(t)']$，其中 $z_2(t)$ 是私人当事人和计量经济学家都能够观察到的且有助于预测 z_1 未来值的一系列其他变量。计量经济学家知道 (K,z) 过程的离散时间协变差图（covariogram）和交叉协变差图，并试图从这些矩中识别刻画连续时间目标函数（2.1）的参数 ρ 和 α，以及支配 (z,y) 的连续时间随机过程的参数。我们使用连续时间随机过程 (z,y) 的两个可供选择的设定来研究该识别问题。

3. 当 (K,z) 是一阶马尔科夫过程时的识别问题

在这个部分中，我们对驱动变量做出一个特殊的假设。该假设充分地意味着 (K,z) 是一个协方差平稳的一阶马尔科夫过程。具体地，

假设 1：驱动变量 $y(t)$ 和 $z_1(t)$ 由下面的公式支配[4]：

$$y(t) = D\varepsilon_1^*(t),$$

以及

$$Dz(t) = A_{22}z(t) + \varepsilon_2^*(t), \qquad (3.1)$$

其中 $z_1(t)$ 是 $n-1$ 维向量 $z(t)$ 的第一个元素，A_{22} 的特征根有负的实数部分，$\varepsilon^{*\prime} = [\varepsilon_1^*, \varepsilon_2^{*\prime}]$ 是一个 n 维向量白噪声，其强度矩阵为 V_0^*。[5]

注意，假设 1 允许 ε_1^* 和 ε_2^* 有同期相关性。

使用式（3.1）、汉森和萨金特（Hansen and Sargent，1981d）以及第 8 章的结论来求解公式（2.3）右边的预测问题，则得到

$$DK(t) = -\rho K(t) - (1/2\alpha)uA_{22}[A_{22} - \rho I]^{-1}z(t) - (1/2\alpha)\varepsilon_1^*(t), \qquad (3.2)$$

其中，u 是 $n-1$ 维单位行向量，由 $u = [1,0]$ 给定。我们令 $\varepsilon' = [(-1/2\alpha)\varepsilon_1^*, \varepsilon_2^*]$，将式（3.1）和式（3.2）叠加成向量一阶微分方程组：

$$\begin{bmatrix} DK(t) \\ Dz(t) \end{bmatrix} = \begin{bmatrix} A_{11} & A_{12} \\ A_{21} & A_{22} \end{bmatrix} \begin{bmatrix} K(t) \\ z(t) \end{bmatrix} + \begin{bmatrix} \varepsilon_1(t) \\ \varepsilon_2(t) \end{bmatrix},$$

或者

$$Dx(t) = A_0x(t) + \varepsilon(t)。$$

A_0 矩阵的分块满足约束条件：

$$A_{11} = -\rho,$$
$$A_{21} = 0,$$
$$A_{12} = (-1/2\alpha)uA_{22}[A_{22} - \rho I]^{-1}。\qquad (3.3)$$

虽然 A_{21} 的约束条件是一个零约束条件，但是将 A_{11} 、A_{12} 和 A_{22} 联系起来的约束条件却是高度非线性的。菲利普斯（Phillips，1973）考虑了 A_{21} 的零约束条件识别的影响因素。[6]碰巧这个排他性约束条件本身不足以识别 A_{12} 和 A_{22} 的参数。然而，我们将证明，一旦添加理性预期所蕴含的非线性交叉方程约束条件，就有可能识别 ρ 、α 和 A_{22} ，因此也可能识别 A_{11} 和 A_{12} 。

菲利普斯（Phillips，1973）证明了，在整数处抽样 x 而获得的离散时间过程 X 有一阶自回归表述[7]，

$$X(t) = B_0 X(t-1) + \eta(t),$$

其中

$$B_0 = \exp(A_0),$$
$$\eta(t) = \int_0^1 \exp(A_0\tau)\varepsilon(t-\tau)d\tau。$$

根据 ε 是连续时间白噪声这个事实，可知 η 是离散时间白噪声。B_0 的参数可以从 $X = (K,z)$ 过程的离散时间矩阵协变差图中识别出来。

我们提出如下识别问题：给定矩阵 B_0 ，是否可能唯一地决定矩阵 A_0 的自由参数?[8]也就是说，矩阵方程

$$\exp A^* = B_0 = \exp A_0 \qquad (3.4)$$

是否意味着 $A^* = A_0$ ？我们将证明答案是肯定的。为此，做出一个额外的假设：

假设 2： A_0 的特征根互不相同。

将 A_0 的谱分解写成

$$A_0 = T\Lambda_0 T^{-1},$$

其中 Λ_0 是 A_0 特征根的对角矩阵，T 是列为 A_0 的特征向量的矩阵。将 A_0 的特征根分解中的矩阵 T 和 Λ_0 分块，使其与 A_0 的分块一致，因而，

$$T = \begin{pmatrix} T_{11} & T_{12} \\ 0 & T_{22} \end{pmatrix}, \Lambda_0 = \begin{pmatrix} \Lambda_1 & 0 \\ 0 & \Lambda_2 \end{pmatrix}。$$

很容易证实 $-\rho = \Lambda_1$ ，以及 $A_{22} = T_{22}\Lambda_2 T_{22}^{-1}$ ，因此，Λ_2 是 A_{22} 的特征根的对角矩阵。现在，令 A_{22} 的前 $n-1-2m$ 个特征根是实数，其余特征根以复数共轭数对 $\lambda_{n-m} = \bar{\lambda}_{n-2m}$ ，…，$\lambda_{n-1} = \bar{\lambda}_{n-1-m}$ 的形式出现。为分析方便起见，作如下要求。

假设 3：A_0 的 $2\pi i$ 整数倍所得的矩阵的特征根保持不变。

那么，如果矩阵 A^* 要满足公式（3.4），它必须通过下式与 A_0 相关[9]：

$$A^* = A_0 + 2\pi i T \begin{bmatrix} 0 & 0 & 0 \\ 0 & P & 0 \\ 0 & 0 & -P \end{bmatrix} T^{-1}, \tag{3.5}$$

其中 P 是任意 m 维对角矩阵，对角线元素是任意整数。实际上，公式（3.5）展示了满足关系式 $B_0 = \exp(A^*)$ 的 A_0 的复数特征根的扰动族。

要证明理性预期对模型所施加的约束条件能够用于从 B_0 识别出 A_0，我们将使用在式（3.5）条件下可行的 A_0 的扰动这个特性。注意，所有满足式（3.5）的 A^* 必定有相同的特征向量矩阵——也就是 T 矩阵——并且只有其复数特征根的虚数部分不同。因而，T 矩阵被识别，正如特征根的实数部分一样。由于 ρ 是实特征根，因而被自动地识别出来。我们将指出，理性预期所施加的交叉方程约束实际上是如何将 T、ρ 以及特征根 Λ_2 联系起来。这将用于证明 $B = \exp(A^*)$ 存在唯一的逆函数。

应用分块逆矩阵公式：

$$T^{-1} = \begin{pmatrix} T_{11}^{-1} & -T_{11}^{-1} T_{12} T_{22}^{-1} \\ 0 & T_{22}^{-1} \end{pmatrix},$$

得到适合我们的问题的特征根分解公式：

$$A_0 = \begin{pmatrix} T_{11} \Lambda_1 T_{11}^{-1} & T_{12} \Lambda_2 T_{22}^{-1} - T_{11} \Lambda_1 T_{11}^{-1} T_{12} T_{22}^{-1} \\ 0 & T_{22} \Lambda_2 T_{22}^{-1} \end{pmatrix}。$$

由此得到

$$A_{12} = [T_{12} \Lambda_2 T_{22}^{-1} + \rho T_{12} T_{22}^{-1}]。 \tag{3.6}$$

我们使用式（3.3）和式（3.6）来表达模型隐含的交叉方程约束条件：

$$(-1/2\alpha) u A_{22} [A_{22} - \rho I]^{-1} = [T_{12} \Lambda_2 + \rho T_{12}] T_{22}^{-1},$$

或者

$$(-1/2\alpha) u T_{22} \Lambda_2 [\Lambda_2 - \rho I]^{-1} = T_{12} [\Lambda_2 + \rho I]。$$

求解 T_{12}，得到

$$(-1/2\alpha) u T_{22} \Lambda_2 [\Lambda_2 - \rho I]^{-1} [\Lambda_2 + \rho I]^{-1} = T_{12},$$

或者

$$T_{12} = \frac{-u T_{22}}{2} \mathrm{diag}\left[\frac{\lambda_j}{(\lambda_j^2 - \rho^2)\alpha}\right]。 \tag{3.7}$$

由于 T_{12} 和 T_{22} 是因为 A_0 的特征向量的识别而被识别出来的，方程

(3.7) 意味着下述各个量

$$d_j = \frac{\lambda_j}{(\lambda_j^2 - \rho^2)\alpha} \tag{3.8}$$

能够从离散时间统计量中推断出来。剩下的问题是，给定 d_j 、ρ 以及 λ_j 的实数部分，我们是否能够推断 α 和 λ_j 的虚数部分。为了找到这个问题的答案，首先假设 λ_1 是实数。那么，由此可知，对于 $j=1$，α 可以从式 (3.8) 中推断出来。令 j 是某个使得 λ_j 是一个复数的其他下标，并且假设 $\lambda_j^* = \lambda_j + 2\pi i p$ 对于某个整数 p 满足式 (3.8)。那么，我们知道

$$\lambda_j(\lambda_j^{*2} - \rho^2) = \lambda_j^*(\lambda_j^2 - \rho^2)。 \tag{3.9}$$

与 λ_j 不同且满足式 (12) 的 λ_j^* 的值为

$$\lambda_j^* = \frac{-\rho^2}{\lambda_j}。 \tag{3.10}$$

将 λ_j 写成 $\lambda_j = \theta_1 + \theta_2 i$，其中 θ_1 和 θ_2 是实数，且 θ_1 小于零。方程 (3.10) 意味着

$$\theta_1 + (\theta_2 + 2\pi p)i = \frac{-\rho^2}{\theta_1 + \theta_2 i},$$

或者

$$\theta_1\theta_2 + \pi p\theta_1 = 0,$$

$$\theta_1^2 - \theta_2^2 - 2\pi p\theta_2 = -\rho^2。 \tag{3.11}$$

然而，不存在满足公式 (3.11) 中两个方程且 $\theta_1 < 0$ 的 $\{\theta_1, \theta_2, p\}$ 的值。由此可知，只要 A_{22} 存在至少一个实数特征根，那么模型的所有参数可以从离散时间数据中识别出来。

因而，有如下命题：

命题 1：假设 1～假设 3 成立。如果 A_{22} 存在至少一个实数特征根，那么参数 α 和 β（或者，等价地 α 和 ρ）以及 A_{22} 的参数可以从离散时间观测中识别出来。

如果 A_{22} 只有复数特征根，那么可以证明，除了奇异的情况以外，连续时间模型的自由参数是可以识别的。[10]

4. 连续时间中 z 严格外生于 K 时的识别问题

在前一节中，我们允许不可观测的驱动变量 $y(t)$ 与可观测的驱动变量 $z(t)$ 存在同期相关性。然而，反馈参数 ρ 的识别使用了如下事实：决策规则的干扰项是白噪声。现在，我们希望放松这个假设，以及可观

测驱动变量可以表述为一阶马尔科夫过程这个假设。放松这些假设的代价是，对 y 和 z 的协方差施加了更强的条件。[11]

假设 4：联合过程 (y,z) 是协方差平稳且线性正则的，并且满足广泛的正交性条件 $Ey(t)z(t-\tau)=0$ 对所有的 τ 成立。[12]

(y,z) 的基本移动平均表述写成分块矩阵的形式：

$$\begin{bmatrix} y(t) \\ z(t) \end{bmatrix} = \begin{bmatrix} C_1(D) & 0 \\ 0 & C_2(D) \end{bmatrix} \begin{bmatrix} \varepsilon_1(t) \\ \varepsilon_2(t) \end{bmatrix}, \tag{4.1}$$

其中 $C_j(s)$ 是集中在非负数上的平方可积矩阵函数的拉普拉斯变换；$[\varepsilon_1,\varepsilon_2']'$ 是向量白噪声，其强度矩阵为 I。要使表述是基本的，必须要求 $[\varepsilon_1(t),\varepsilon_2'(t)]'$ 处在由 $\{y(\tau),z(\tau);\tau\leqslant t\}$ 的线性组合生成的空间中。[13]

为了方便运用连续时间过程的线性预测理论的结论，假设最优线性预测和条件期望刚好一样。方程（2.3）右边的预测问题可以使用第 8 章开发的技术求解，得到

$$DK(t) = -\rho K(t) - \frac{u}{2\alpha}\left[\frac{DC_2(D)-\rho C_2(\rho)}{D-\rho}\right]\varepsilon_2(t) - \frac{1}{2\alpha}\left[\frac{C_1(D)-C_1(\rho)}{D-\rho}\right]\varepsilon_1(t)。$$

接着求解 $K(t)$，得到[14]

$$K(t) = \frac{-u[DC_2(D)-\rho C_2(\rho)]}{2\alpha(D+\rho)(D-\rho)}\varepsilon_2(t) - \frac{1}{2\alpha}\left[\frac{C_1(D)-C_1(\rho)}{(D+\rho)(D-\rho)}\right]\varepsilon_1(t)。 \tag{4.2}$$

由于对所有的 t 和 s，$\varepsilon_1(t)$ 正交于 $\varepsilon_2(t)$，所以式（4.1）和式（4.2）可以很容易地用于计算 $K(t)$ 在 z 当前值、过去值和未来值上的投影。该投影由下式给定：

$$\begin{aligned} K(t) &= \frac{-u[DC_2(D)-\rho C_2(\rho)]}{2\alpha(D+\rho)(D-\rho)}C_2(D)^{-1}z(t)+\xi(t) \\ &= -\frac{-u[DI-\rho C_2(\rho)C_2(D)^{-1}]}{2\alpha(D+\rho)(D-\rho)}z(t)+\xi(t), \end{aligned}$$

其中[15]

$$Ez(t)\xi(t-\tau)=0，对所有 \tau 成立。$$

计算 K 和 z 的离散时间交叉谱密度具有启发性：

$$F_1(\omega) = \sum_{j=-\infty}^{+\infty}\left\{-u\left[\frac{i(\omega+2\pi j)C_2(i\omega+2\pi ij)-\rho C_2(\rho)}{2\alpha[-(\omega+2\pi j)^2-\rho^2]}\right] C_2(-i\omega-2\pi ij)'\right\}。 \tag{4.3}$$

从离散时间数据中可以识别函数 F_1 以及 z 的离散谱密度，这由下式给定：

$$F_2(\omega) = \sum_{j=-\infty}^{+\infty} C_2(i\omega + 2\pi ij) C_2(-i\omega - 2\pi ij)'。 \tag{4.4}$$

很容易看出公式中有交叉方程理性预期约束条件，因为 C_2 的参数化出现在谱密度矩阵 F_2 和交叉谱密度 F_1 两者之中。识别问题是，是否能够应用关系式（4.3）和式（4.4）从 F_1 和 F_2 中推断出函数 C_2 以及参数 ρ 和 α。如果没有对 C_2 施加额外的约束条件，那么这个问题的答案将是否定的。然而，一旦我们能够将 C_2 的可行的参数化以汉森和萨金特（Hansen and Sargent，1983b）刻画的方法限制为有理的，我们就能够得到参数的识别。

为了得到识别，我们施加如下额外的假设。定义 $\lambda_0 = -\rho$ 。

假设 5： $C_2(s)$ 的形式是

$$C_2(s) = \frac{G_0 + G_1 s + \cdots + G_{q-1} s^{q-1}}{(s-\lambda_1)(s-\lambda_2)\cdots(s-\lambda_q)},$$

其中 $G_0, G_1, \cdots, G_{q-1}$ 是 $(n-1)\times(n-1)$ 的实矩阵。$G(s)$ 行列式值的零点有负的实数部分，并且 $G(\rho)+G(-\rho)$ 是非奇异的，其中 $G(s) = G_0 + G_1 s + \cdots + G_{q-1} s^{q-1}$ 。[16] 此外，我们假设 $G(\lambda_j) \neq 0$ ，并且 $\lambda_j, j = 1,2,\cdots,q$ 的实数部分严格为负。最后，对于每个 j（包括 $j=0$），有 $\lambda_j = \lambda_k$ 对某个 k 成立，并且任意两个有相同实数部分的 λ 没有不同于 $2\pi i$ 整数倍的虚数部分。

$\lambda_j, j = 1,2,\cdots,q$ 称为 $C_2(s)$ 的极点。

在 $C_2(s)$ 的这个设定下，z 的谱密度有如下形式：

$$f_2(\omega) = \sum_{j=1}^{q} \left[\frac{Q_j}{i\omega - \lambda_j} + \frac{Q'_j}{-i\omega - \lambda_j} \right], \tag{4.5}$$

其中，

$$Q_j = \lim_{s\to\lambda_j} (s-\lambda_j) C_2(s) C_2(-s)',$$

f_2 是 z 的谱密度矩阵，上标（$'$）表示转置而不是共轭。参见汉森和萨金特（Hansen and Sargent，1983b）或者菲利普斯（A. W. Phillips，1959）对这个构造细节的描述。从式（4.2）我们可以推导得到，交叉谱密度矩阵是有理的。[17] 特别地，令

$$h_1(s) = \frac{-u[sC_2(s) - \rho C_2(\rho)]C_2(-s)'}{2\alpha(s^2 - \rho^2)}。$$

那么，K 和 z 的交叉谱密度由 $f_1(\omega) = h_1(i\omega)$ 给定。我们构造 h_1 的部分分数表述，得到

$$h_1(s)=\sum_{j=0}^{q}\left[\frac{\hat{Q}_j}{s-\lambda_j}+\frac{\widetilde{Q}_j}{-s-\lambda_j}\right],$$

其中

$$\hat{Q}_j=\lim_{s\to\lambda_j}(s-\lambda_j)h_1(s),$$

并且

$$\widetilde{Q}_j=-\lim_{s\to-\lambda_j}(s+\lambda_j)h_1(s)。$$

注意，对于 $j=1,2,\cdots,q$，

$$\hat{Q}_j=\frac{-u\lambda_j Q_j}{2\alpha(\lambda_j-\rho^2)},\tag{4.6}$$

以及

$$\hat{Q}_0=\frac{u[-\rho C_2(-\rho)-\rho C_2(\rho)]C_2(\rho)'}{4\alpha\rho}。\tag{4.7}$$

由于 $\hat{Q}_0$ 不等于零，所以 ρ 可以从离散时间交叉谱密度 F_1 中识别出来。为了识别 α 和 $C_2(s)$ 的极点的虚数部分，我们使用了如下事实：Q_j 、$\hat{Q}_j$ 以及 $C_2(s)$ 的极点的实数部分可以从离散时间数据中识别出来，以及式（4.6）成立。矩阵 Q_j 和 $\hat{Q}_j$ 可以分别从 z 的离散时间谱密度以及 K 和 z 的交叉谱密度中推断出来。$C_2(s)$ 极点的实数部分可以从 z 的离散时间谱密度 F_2 中推断出来（参见 Phillips，1959；Hansen and Sargent，1983b）。方程（4.6）是一个横跨 z 的谱密度以及 K 和 z 的交叉谱密度的约束条件。利用式（4.5）和式（4.6），可得到下列各个量：

$$d_j=\frac{\lambda_j}{\alpha(\lambda_j^2-\rho^2)}\tag{4.8}$$

可以从离散时间统计量中识别出来。方程（4.7）等同于一阶马尔科夫情况中推导的方程（3.8）。我们将这些结论总结在下述命题中：

命题 2：假设 4 和假设 5 成立。如果 $C_2(s)$ 至少存在一个实数极点，那么参数 α 和 β（或者，等价地 α 和 ρ ）以及 z 的连续时间谱密度矩阵可以从离散时间观测中识别出来。

如果 C_2 不存在任何实数极点，那么除了某些可能的奇异情况之外，仍然可以识别所有的参数。

5. 结论

本章证明的两个命题指出，理性预期的交叉方程约束如何用于从离散时间观测中识别连续时间模型的参数。其基本的思想是，当连续时间

的决策反映了预测时，决策变量和驱动变量的离散时间数据包含了充足的线索，使得我们能够推断决策和驱动变量联合连续时间过程的参数。

基本的识别机制有望能够扩展到比本章正式分析的两个设定更复杂的设定。可以想象，我们的两个设定可以朝多个方向扩展，其中包括：

- 第一个设定中驱动过程 $z(t)$ 的高阶马尔科夫方案。
- 第一个设定中不可观测变量 $y(t)$ 的高阶过程。
- 多个相互关联的决策变量。
- 高阶调整成本。

本章附录报告了多个决策变量问题的交叉方程约束的公式表述，虽然缺乏正式的证明，但这是一个极具诱惑的扩展方向。

本章旨在作为汉森和萨金特（Hansen and Sargent，1980b）研究的序言，刻画了连续时间线性理性预期模型的估计方法，这些理性预期模型是本章所分析的模型的一般化。虽然对这些更一般的模型还不存在正式的识别定理，但是很容易得到任何具体应用中检验是否出现混淆识别问题的方法。[18]

附　录

在这个附录中，我们考虑了第 2 节中研究的二次最优化问题的多个决策变量的情况。令 $K(t)$ 是 p 维决策向量，$z_1(t)$ 是计量经济学家能够观察到的 p 维驱动向量，$y(t)$ 是计量经济学家无法观察到的 p 维驱动向量。考虑选择策略 $K(t)$ 以最大化准则函数：

$$E_0\int_0^\infty J[K(t),DK(t),t,z_1(t),y(t)]dt,$$

其中

$$\begin{aligned}&J[K(t),DK(t),t,z_1(t),y(t)]\\&=\{y(t)'K(t)-K(t)'\beta K(t)-z_1(t)'DK(t)\\&\quad-[DK(t)]'\alpha[DK(t)]\}e^{-rt}。\end{aligned}$$

这里 α 和 β 是 $p\times p$ 维正定矩阵。假设

$$y(t)=D\varepsilon_1^*(t),$$

以及

$$Dz(t)=A_{22}z(t)+\varepsilon_2^*(t), \tag{A.1}$$

其中 $z_1(t)$ 是 $n-p$ 维向量 $z(t)$ 的 p 维子向量。A_{22} 的特征根有负的实数部分，并且 $\varepsilon^{*\prime}=[\varepsilon_1^{*\prime},\varepsilon_2^{*\prime}]$ 是一个 n 维向量白噪声，其强度矩阵为

V_0^*。我们将欧拉方程的特征多项式因式分解为：

$$-\alpha s^2+(r^2/4)\alpha+\beta=(a-bs)'(a+bs),$$

其中 a 和 b 都是 $p\times p$ 维矩阵，使得 $(a-bs)$ 行列式值的零点处在平面的右半边，而 $(a+bs)$ 行列式值的零点位于平面的左半边。就 a 和 b 前面乘以相同的正交矩阵而言，这个因式分解是唯一的。

使用汉森和萨金特（Hansen and Sargent，1981d）和第 7 章的结论，可得到厂商最大化问题的解是：

$$DK(t)=-\left[b^{-1}a-\frac{r}{2}I\right]K(t)+\frac{1}{2}\sum_{j=1}^{p}\left\{N_ju[A_{22}-rI]\right.$$

$$\left.\left[A_{22}-(s_j+\frac{r}{2})I\right]^{-1}z(t)\right\}-\frac{1}{2}\sum_{j=1}^{p}N_j\varepsilon_1^*(t),\quad (A.2)$$

其中

$$\det[a'b-sb'b]=s_0(s-s_1)\cdots(s-s_m),$$

$$N_j=\frac{\mathrm{adj}[a'b-b'bs_j]}{s_0\Pi_{i\neq j}(s_i-s_j)},$$

并且 u 是形如 $u=[I,0]$ 的 $p\times(n-p)$ 维矩阵。我们可以将式（A.1）和式（A.2）写成联合的一阶微分方程：

$$Dx(t)=A_0x(t)+\varepsilon(t),$$

其中

$$A_0=\begin{pmatrix}A_{11} & A_{12}\\ A_{21} & A_{22}\end{pmatrix},$$

$$A_{11}=-\left[b^{-1}a-\frac{r}{2}I\right],$$

$$A_{12}=\frac{1}{2}\sum_{j=1}^{p}N_ju[A_{22}-rI]\left[A_{22}-(s_j+\frac{r}{2})I\right]^{-1},$$

$$A_{21}=0,$$

$$x(t)=\begin{bmatrix}K(t)\\ z(t)\end{bmatrix},\quad \varepsilon(t)=\begin{bmatrix}-\frac{1}{2}\sum_{j=1}^{p}N_j\varepsilon_1^*(t)\\ \varepsilon_2^*(t)\end{bmatrix}。\quad (A.3)$$

正如在第 3 节中，我们问到，矩阵方程

$$\exp A^*=B_0=\exp A_0$$

是否意味着 $A^*=A_0$。假设 A_0 的特征根互不相同，并且其差异不是 $2\pi i$ 的整数倍。将 A_0 的谱分解写成 $T\Lambda_0T^{-1}$，其中 Λ_0 是特征根组成的对角矩阵，T 是以 A_0 的特征向量为列的矩阵。将矩阵 T 和 Λ_0 分块，使其与 A_0 的分块一致，因而，

$$T=\begin{pmatrix}T_{11} & T_{12}\\ 0 & T_{22}\end{pmatrix},\ \Lambda_0=\begin{pmatrix}\Lambda_1 & 0\\ 0 & \Lambda_2\end{pmatrix}。$$

由此得到

$$A_{12}=T_{12}\Lambda_2T_{22}^{-1}-A_{11}T_{12}T_{22}^{-1}。$$

约束条件式（A. 3）意味着

$$T_{12}\Lambda_2-A_{11}T_{12}=\frac{1}{2}\sum_{j=1}^{p}N_ju[A_{22}-rI]\Big[A_{22}-(s_j+\frac{r}{2})I\Big]^{-1}T_{22}。\tag{A. 4}$$

令 vec(•) 表示取矩阵的行和构成的向量，令 $\otimes$ 表示克罗内克（Kronecker）乘积。我们求解式（A. 4），得到 T_{12} 为

$$\mathrm{vec}T_{12}=[(-A_{11}\otimes I)+(I\otimes\Lambda_2)]^{-1}\mathrm{vec}\ c\ ,\tag{A. 5}$$

其中

$$c=\frac{1}{2}\sum_{j=1}^{p}N_ju[A_{22}-rI]\Big[A_{22}-\Big(s_j+\frac{r}{2}\Big)I\Big]^{-1}T_{22}。$$

根据第 3 节的讨论，我们知道特征向量矩阵 T 以及 Λ_0 中特征根的实数部分可以从离散时间数据中推断出来。复数特征根的虚数部分可以这样扰动：通过增加 $2\pi i$ 的整数倍使得复数共轭数对对满足

$$\exp A^*=B_0$$

的 A^* 的不同选择保持不变。然而，式（A. 5）进一步限制了特征根的可行扰动，因而，在大多数情况中，A_0 看起来与 α 和 β 一样，可以从离散时间数据中识别出来。

【注　释】

[1] 这类模型包括古尔德（Gould，1968）、卢卡斯（Lucas，1967）、莫滕森（Mortensen，1973）以及特雷德韦（Treadway，1969）讨论的模型的连续线性随机版本。格韦克（Geweke，1977a）使用这种模型提出了某些离散时间回归的解释。

[2] 我们的讨论可以直接修改以包含 r 是事先设定但是不等于零的情况。当 r 被设定为零时，必须将我们讨论的决策规则解释为当 r 趋向于零时决策规则的极限。

[3] 给定 ρ 和 α 已被识别，那么 β 可以从关系式 $\beta=\rho^2/\alpha$ 推算出来。

[4] 做出 y 是白噪声 ε_1^* 的导数这个假设，意味着决策规则有白噪声干扰项。在我们的讨论中，隐含地设定了所有的随机变量的均值为零。

[5] 连续时间线性随机过程的介绍参见夸克涅阿克和斯旺（Kwakernaak and Sivan，1972）。当 $E\varepsilon(t)\varepsilon(t-\tau)=\delta(\tau)V$ 时，其中 δ 是狄拉克 δ 一般函数，则称连续时间向量白噪声 $\varepsilon(t)$ 有强度矩阵 V。

[6] 菲利普斯（Phillips，1973）也研究了交叉方程线性约束。

[7] 矩阵指数函数 exp(A) 的定义和性质参见夸克涅阿克和斯旺（Kwakernaak and Sivan，1972）、科丁顿和莱文森（Coddington and Levinson，1955）以及甘特麦切（Gantmacher，1959）。

[8] 汉森和萨金特（Hansen and Sargent，1983b）证明了，将 η 的协方差矩阵和 ε 的强度矩阵联系起来的表达式中包含了有关 A_0 识别的额外信息。在下面的讨论中，我们提供了识别的充分条件，该充分条件没有用到这个额外的信息。

[9] 参见科丁顿和莱文森（Coddington and Levinson，1955）或甘特麦切（Gantmacher，1959）。

[10] 例如，如果 A_{22} 只有一对共轭复数特征根且没有实数特征根，那么可以证明，这些特征根之一的虚数部分必须满足三次方程。除非三次方程有不同于 2π 整数倍的解，否则可以获得连续时间参数的识别。因而，只有在奇异的情况下，识别才是一个问题。当 A_{22} 有多对共轭复数特征根时，识别更不成问题了。

[11] 对离散时间模型，Hatanaka（1975）在没有利用干扰过程的各阶序列相关性的事前信息的情况下，从内生变量对外生变量的投影中识别了结构参数。

[12] 术语"线性正则"的定义参见罗札诺夫（Rozanov，1967）。

[13] 对这里所有的模型设定的更全面的技术性描述参见汉森和萨金特（Hansen and Sargent，1983b）。

[14] 这里，我们隐含地假设厂商的决策规则已被永远采用。

[15] 这里，我们隐含地假设 z 有连续时间自回归表述。在随后的分析中我们无需做出这样的假设。

[16] 这是汉森和萨金特（Hansen and Sargent，1983b）使用的设定之一。他们的论文提供了更多的技术性细节。

[17] 虽然 z 的谱密度以及 K 和 z 的交叉谱密度是有理的，但是 K 的谱密度未必是有理的，并且未必能够从离散时间数据中识别出来。

[18] 方法涉及计算所估计的驱动变量随机过程的极点，并且通过变动复数特征根的 $2\pi i$ 整数倍来构造观测上等价的连续时间模型。那么，可以检查决策变量和驱动变量联合过程的隐含连续时间模型是否观测上等价于估计的模型。

第 10 章　经济时间序列的跨期加总

阿尔伯特·马塞特

引　言

我们所谓的“跨期加总”是这样一种情形：这个变量随时间变化而变化，却无法在所有的日期中观测到。在经济学中会遇到这种现象，即要收集特定变量的数据是非常昂贵的，且没有理由相信经济时间序列是以完全捕捉经济变动所需的频率收集的。例如，我们只有 GNP 的季度观察，但是有理由相信，GNP 在一个季度内的行为包含了经济结构的相关信息。

要对这个问题给出一个数学结构，我们假设存在一个连续时间的基本随机过程，该过程只能在离散时间间隔处观察到。西姆斯（Sims，1971）和格韦克（Geweke，1978）使用了这个结构刻画了滞后分布模型中跨期加总的效应。

我们所要关注的是产生于给定现有的所有信息情况下变量未来值的线性预测的研究中的问题。换句话说，如果有 n 个变量的向量 y，我们试图使用形如 $\sum_{k=0}^{\infty}\mu_k' y(t-k)$ 的函数来预测 $y_i(t+1)$。

由于随机过程的基本移动平均表述（moving average representation，MAR）（或沃尔德分解）是这些预测性质的良好概括，我们将刻画观测不到的连续时间过程的沃尔德分解与离散抽样过程之间的关系。

该时间序列分析方法广泛应用于经济学。在理性预期模型中，通常假设当事人使用上述提到的某种预测来形成预期，并且 MAR 被证明是求解这些模型的一个有用工具。而且，西姆斯（Sims，1980）已经发展了使用 MAR 解释时间序列的方法；该方法在里特尔曼和韦斯（Litterman and Weiss，1985）以及伯南克（Bernanke，1986）中得到了应用。

我们将集中考虑以下类型的问题：离散 MAR 抓住了连续时间 MAR 的什么特征？离散 MAR 中将存在什么类型的系统性偏差？连续时间和离散时间中向前一步预测误差之间有什么联系？通过对连续时间过程进行更频繁的抽样，是否能够在某种意义上任意好地近似连续时间模型？

我们的研究对于决定某个给定的时间序列分析应用中所获得的结论能够归因于时间加总偏差时将很有帮助。如果计量经济学家怀疑情况就是这样，那么他应通过寻找收集时间间隔更小的数据，或者换个方式，如采用汉森和萨金特（Hansen and Sargent，1980b；1981d）提出的技术用离散时间数据估计连续时间结构模型。这些方法已在汉森和萨金特（Hansen and Sargent，1983a）、克里斯蒂安诺（Christiano，1984）以及克里斯蒂安诺和艾肯鲍姆（Christiano and Eichenbaum，1985，1986）的研究中得到了应用。伯格斯特龙（Bergstrom，1976，1983）和罗（Lo，1985）也提出了其他技术方法。

为了分析连续时间和离散时间 MAR 之间的关系，我们引入一个方法，从函数空间 L^2 的角度将连续时间和离散时间 MAR 关联起来。作为该方法的一个应用，我们分析了某个固定时期上平均的数据的效应，并且证明，当这类数据与抽样数据混合在一起时将会出现系统性偏差。

由于问题的性质，我们的阐述不可避免地会有很强的技术性。但我们尽力阐明各个命题的含义，并且给出直观的解释。在结论中，我们将以简洁的方式重新表述文中的主要结论，并简要讨论所研究的结论对计量实践工作的某些直接含义。

就要处理的问题而言，我们的工作与西姆斯（Sims，1971）和格韦克（Geweke，1978）思路是一样的。值得指出的是，滞后分布模型（西姆斯和格韦克的研究），以及使用直到目前为止的所有数据进行预测的研究（包括本章的研究）是时间序列分析的两种不同的基本方法。因此，我们的研究不是他们模型的扩展或者特例。有趣的是，在滞后分布模型中，相比于连续时间中的对应系数，跨期加总的一个效应是离散时间估计中的前面少数系数通常要小一些；而跨期加总对 MAR 的效应通常是正好相反的（见第 3 节）。

在第 1 节中，我们将关注一个非常一般的 n 维随机过程族。在第 2

节中，将讨论离散时间和连续时间向前一步新息的关系。在第 3 节中，将演示一个公式，即将连续过程的 MAR 与离散（抽样）过程的 MAR 联系起来，且将其与西姆斯和格韦克在分布滞后模型中所得出的公式进行比较。我们发现，使用抽样数据进行的预测结果与离散时间 MAR 近似连续时间 MAR 的结果之间存在着紧密的联系。并且，我们应用这些理论结论讨论了抽样过程的 MAR 的形状如何，以及何时会与连续时间 MAR 的形状有很大的不同。在第 4 节中，将包含一些结论和例子，演示了格兰杰因果关系是如何受时间加总的影响的。在第 5 节中，将研究单位平均数据的效应。在第 6 节中，我们将推导当抽样频率增加时，MAR 收敛问题的一些初步结论；这部分的结论分析了离散投影对连续投影的近似。最后，我们在附录中讨论了抽样过程的自回归表述。附录的结论对本章其他部分的研究是极其有用的。

1. 问题的定义

我们考虑一个 n 维连续时间随机过程 y；令 $H_y(t)$ 表示包含了 $y_i(s)$ 的所有线性组合（其中所有 $s \leqslant t$，且 $i=1,2,\cdots,n$），加上这些线性组合收敛序列的极限构成的集合。更正式地，$H_y(t)=cl\{y_i(s)$生成的线性子空间$,s\leqslant t,i=1,2,\cdots,n\}$（其中闭集（closure）是相对下述将要设定的度量方法取得的）。直观地，我们可以将该集合看成所有形如下式的所有随机变量：

$$\sum_{k=0}^{\infty}\mu_k' y(t_k)\text{，}$$

其中 $t_k \leqslant t$ 和 $\mu_k \leqslant \mathbf{R}^n$ 都是常数向量。

我们将随机变量的空间处理为由均方差异给定的距离的度量空间；例如，对任意两个随机变量 x 和 z，

$$d(x,z)=(E(x-z)^2)^{1/2}\text{。}$$

该距离的一个含义是，当两个随机变量 x 和 z 以概率 1 相等时，则称这两个随机变量是相等的。

考虑使用截止时刻 t 可获得的所有信息来预测 $y(t+\alpha),\alpha>0$ 的问题。我们定义截止时刻 t 的 $y(t+\alpha)$ 的最优预测算子为 $H_y(t)$ 的元素，该元素最小化了下述均方误差：

$$E(y(t+\alpha)-x)^2\text{，其中 } x\in H_y(t)\text{。}$$

该预测算子称为 $y(t+\alpha)$ 在 $H_y(t)$ 上的投影，用 $\eta(y(t+\alpha)\mid H_y(t))$ 来

表示。更正式地，我们定义 $\eta(y(t+\alpha)\mid H_y(t))$ 是 $H_y(t)$ 的元素，使得

$$d(\eta(y(t+\alpha)\mid H_y(t)),y(t+\alpha))\leqslant d(x,y(t+\alpha))$$

对任意 $x\in H_y(t)$ 成立。

接下来，将要定义跨期加总问题。

令 (Ω,S,P) 是一个概率空间，并令 y 是连续时间多元随机过程，$y:\mathbf{R}\times\Omega\rightarrow\mathbf{R}^n$ 。为了保证连续时间中存在移动平均表述，对该过程作出如下假设：

(1) 对所有 $i=1,2,\cdots,n$ 以及所有 $t\in\mathbf{R}$，有 $E(y_i(t))=0$，$\mathrm{var}(y_i(t))<\infty$ 。

(2) y 是协方差平稳的。

(3) y 是线性正则的。

那么，令 $m\leqslant n$ 是过程 y 的秩，该过程有基本（或沃尔德）移动平均表述（MAR），其可以表示为：

$$y(t)=\int_0^{\infty}a(u)\zeta(t-du)\,, \tag{1.1}$$

其中 $a:\mathbf{R}\rightarrow\mathbf{R}^{n\times m}$ ，且 ζ 是 m 维正交随机测度向量。对正交矩阵乘法而言，矩阵函数 a 是唯一的。[1]

在本章中，我们将经常使用如下随机测度的性质：对任意两个平方可积函数 $f,g:\mathbf{R}\rightarrow\mathbf{R}^{n\times m}$ ，积分 $\int fd\zeta$ 和 $\int gd\zeta$ 是定义良好的随机变量，且满足 $E\left(\int fd\zeta\int g'd\zeta\right)=\int f\cdot g'$ 。我们能够使用这个性质获得 y 的协方差函数；因为对所有的 $s\in\mathbf{R}$ ：

$$E(y(t)\cdot y(t-s)')=\int_0^{\infty}a(u)a(u-s)'du\ 。$$

在本章的其余部分中，首字母 MAR 将代表基本的移动平均表述。

MAR 的一个重要性质是，对所有 $\alpha>0$ ，有

$$\eta(y(t)\mid H_y(t-\alpha))=\int_{\alpha}^{\infty}a(u)\zeta(t-du)。$$

利用过程 y ，我们在相同的概率空间 (Ω,S,P) 上定义另外一个离散时间随机过程 $Y:I\times\Omega\rightarrow\mathbf{R}^n$ ；对于所有 $t\in I$ 和所有 $\omega\in\Omega$ ，设定

$$Y(t,\omega)=y(t,\omega)\,, \tag{1.2}$$

其中 I 是所有整数的集合，Y 为抽样过程。在符号表示中，我们将省略 Y 对 ω 的依赖性。

本章的大部分将 y 的 MAR 与 Y 的 MAR 关联起来。因此，必须保证 Y 的 MAR 的存在性。

实际上，我们能够看到 Y 继承了 y 的所有“良好”的性质。根据定义，Y 满足假设 1 和假设 2。接下来将证明 Y 也是线性正则的。

令 $\{x_k\}$ 是任意随机变量序列。根据均方收敛的定义，当 $k\to\infty$ 时，$x_k\to 0$，当且仅当 $k\to\infty$ 时，$\mathrm{var}(x_k)\to 0$。由于对每个整数 s，$H_Y(s)\subset H_y(s)$，则有

$$0\leqslant \mathrm{var}(\eta(Y_i(t)\mid H_Y(s)))=\mathrm{var}(\eta(y_i(t)\mid H_Y(s)))$$
$$\leqslant \mathrm{var}(\eta(y_i(t)\mid H_y(s))),\ i=1,\cdots,n。$$

由于 y 被假设是线性正则的，当 $s\to-\infty$ 时，这串不等式右边的项趋向于零，因此 $\eta(Y_i(t)\mid H_Y(s))$ 的方差也趋向于零，并且 Y 也是线性正则的。

因而，Y 的 MAR 存在，并且可以写成

$$Y(t)=\sum_{k=0}^{\infty}A_k\varepsilon(t-k)\,, \tag{1.3}$$

其中 A_k 是 $n\times m'$ 维矩阵，ε 是 m' 维白噪声向量，并且

$$E(\varepsilon(t)\cdot\varepsilon'(s))=\begin{cases}0,t\neq s\\ \Sigma,t=s\end{cases}。$$

注意，不像连续时间中的情况，我们不需要要求 ε 的元素是同期不相关的。

公式（1.3）是 Y 的基本移动平均表述的要求，保证了对于任意整数 $r\geqslant 0$，

$$\eta(Y(t)\mid H_Y(t-r))=\sum_{k=r}^{\infty}A_k\varepsilon(t-k)。$$

我们称 ζ 和 ε 分别对 y 和 Y 是基本的；可以证明，$H_y(t)=H_\zeta(t)$ 以及 $H_Y(t)=H_\varepsilon(t)$。

可以对离散 MAR 进行标准化，使得 A_k 和 ε 是唯一决定的。在我们的研究中，不同的标准化方法有不同的目的，先暂时不考虑这个问题。

我们通过设定当 $u<0$ 时 $a(u)=0$，以及类似地，对任意整数 $k<0$，设 $A_k=0$，将函数 a 扩展到负实数。设定之后能够用卷积符号表示式（1.1）和式（1.3）：

$$y(t)=a*\zeta(t),t\in\mathbf{R},$$
$$Y(t)=A*\varepsilon(t),t\in\mathbf{I}。$$

2. 离散抽样过程的新息

贯穿本节和接下来两节的是通过设 $\varepsilon_i(t)=Y_i(t)-\eta(Y_i(t)\mid H_Y(t-$

1)，$i=1,2,\cdots,n$ 来对离散时间 MAR 进行标准化。也就是说，$\varepsilon(t)$ 是 Y 中的向前一步新息向量。

正如汉森和萨金特（Hansen and Sargent，1984，重印版为本书的第 4 章）所指出的，离散时间中的新息可以写成：

$$\varepsilon(t)=\int_0^1 a(u)\zeta(t-du)+B_t\ , \tag{2.1}$$

其中，$B_t=\eta(y(t)\mid H_y(t-1))-\eta(Y(t)\mid H_Y(t-1))$。很明显地，由于 $H_Y(t-1)\subset H_y(t-1)$，则有 $B_t\in H_y(t-1)=H_\zeta(t-1)$，因此，$B_t\perp\int_0^1 a(u)\zeta(t-du)$。换句话说，$\varepsilon(t)$ 由两个正交的部分组成：连续时间向前一步新息，以及连续时间和离散时间向前一步投影之差。通过应用迭代投影法则，有

$$\eta(Y(t)\mid H_Y(t-1))=\eta\{\eta(Y(t)\mid H_y(t-1))\mid H_Y(t-1)\},$$

因此，B_t 可以解释为试图使用抽样数据预测连续时间中的投影时的误差。

从这里开始将假设 y 是满秩的。这等价于假设 y 的谱密度在几乎每个频率处都是正定的。这保证了 Y 也是满秩的，因为 Y 的谱密度由下式给定：

$$f_Y(\omega)=\sum_{k=-\infty}^{\infty}f_y(\omega+2\pi k) \tag{2.2}$$

（其中 f_χ 表示 χ 的谱密度），因此，f_Y 几乎处处是正定的。[2] Y 的 MAR 中的 m' 等于 n。

由于 $B_t\in H_\zeta(t-1)$，那么存在一个函数 c：$[1,\infty)\rightarrow\mathbf{R}^{n\times n}$，使得[3]

$$B_t=\int_1^\infty c(u)\zeta(t-du)。$$

如果令 $c(u)=a(u)$，$0\leqslant u<1$，那么从方程（2.1）可知，ε 通过下式与 ζ 关联起来：

$$\varepsilon(t)=\int_0^\infty c(u)\zeta(t-du)。 \tag{2.3}$$

汉森和萨金特（Hansen and Sargent，1984）指出，公式（2.3）的一个含义是，向前一步预测误差 $\varepsilon(t)$ 一般会与发生于 $t-1$ 时刻之前的连续时间新息相关。并且，他们刻画了 Y 有自回归表述情况的 c 的特征。

接下来，我们给出以 a 表示的 c 的一般特征，这对本章其后的分析极其有用。首先，使用与公式（2.3）推导过程相同的论证，能够得到

这样的结论：存在一个函数 h，使得

$$\eta(Y(t)\mid H_Y(t-1))=\int_1^{\infty}h(u)\zeta(t-du)\ ,\qquad (2.4)$$

其中 $h:\mathbf{R}\to\mathbf{R}^{n\times n}$。很明显地，根据 h 和 c 的定义，可得出结论：$c=a-h$。现在我们将刻画 h 的特征。

定义函数空间 L_n^2：

$$L_n^2=\left\{f:\mathbf{R}\to\mathbf{R}^n;\int_{-\infty}^{+\infty}\|f(u)\|^2du<\infty\right\},$$

其中，积分中的符号 $\|\cdot\|$ 指的是 $\mathbf{R}^n$ 中的欧几里得范数。我们采用惯例：即每个 $f(u)$ 都是一个行向量。将内积赋予空间 L_n^2：

$$\langle f,g\rangle=\int_{-\infty}^{+\infty}f(u)\cdot g'(u)du=\int_{-\infty}^{+\infty}\left[\sum_{i=1}^{n}f_i(u)g_i(u)\right]du。$$

可以证明，这是一个合法的内积，并且 L_n^2 是该内积引出的度量中的一个完全的度量空间。因而，L_n^2 是希尔伯特空间。

我们称 a_i 是 a 的第 i 行，因此，$a_i:\mathbf{R}\to\mathbf{R}^n$，且 $a(u)=\begin{bmatrix}a_1(u)\\ \vdots\\ a_n(u)\end{bmatrix}$。

很明显地，每个 a_i 属于 L_n^2，因为：

$$\|a_i\|^2=\int_{-\infty}^{+\infty}\|a_i(u)\|^2du=\mathrm{var}(y_i(t))<\infty。$$

下述命题说明了就 L_n^2 空间而言，a 和 h 之间的关系。

定义集合 $A\subset L_n^2$ 如下：

$$A=\mathrm{cl}\Big\{f\in L_n^2:f(u)=\sum_{k=1}^{s}\sum_{j=1}^{n}\mu_k^j a_j(u-k),$$
$$s\text{ 是有限的且 }\mu_k^j\in\mathbf{R}\Big\}。$$

换句话说，A 包含了函数 $a_j(u-k)$，$j=1,\cdots,n$，$k=1,2,\cdots$ 的所有有限线性组合，以及这些线性组合收敛序列的极限。

在第 1 节中，我们定义了随机变量在某个特定的随机变量集合上的投影。现在，我们考虑对 L_n^2 中的函数采用同样的方法：对某个给定的 $f\in L_n^2$ 以及集合 $S\subset L_n^2$，将 f 在 S 上的投影用 $\eta(f\mid S)$ 来表示，并且定义为 S 的元素，这样使得对任意 $g\in S$，L_n^2 的内积引致的距离：

$$d(\eta(f\mid S),f)\leqslant d(g,f)\ 。$$

命题 1：对于每个 $i=1,\cdots,n$[4]，

$$h_i=\eta(a_i\mid A)\text{ 在 }L_n^2\text{ 的度量之中。}$$

证明：选择某个 i 固定不变。由于 A 是希尔伯特空间的闭的线性子

空间，所以投影 $\eta(a_i \mid A)$ 存在，并且是 A 的唯一元素，因为对任意 $f \in A$，下述正交条件成立：

$$[a_i - \eta(a_i \mid A)] \perp f 。$$

但是对于所有的 $j = 1,\cdots,n$，$k = 1,2,\cdots$，有

$$\begin{aligned}
&\int_0^{+\infty} [a_i(u) - h_i(u)] \cdot [a_j(u-k)]' du \\
&= \text{cov}\Big[\int_0^{+\infty} [a_i(u) - h_i(u)]\zeta(t-du), \\
&\quad \int_0^{+\infty} [a_j(u-k)]\zeta(t-du)\Big] \\
&= \text{cov}[Y_i(t) - \eta(Y_i(t) \mid H_Y(t-1)), Y_i(t)] \\
&= 0。
\end{aligned}$$

因此，$\eta(a_i \mid A) = h_i$ 也满足 L_n^2 中的正交条件，现在剩下的唯一的事情就是证明 $h_i \in A$。

根据 $\eta(Y_i(t) \mid H_Y(t-1))$ 的定义，存在一个随机变量序列 $\{z_v\}$，使得对某些系数 $\lambda_{k,j}^v$ 和有限值 s_v，$z_v = \sum_{k=1}^{s_v} \sum_{j=1}^{n} \lambda_{k,j}^v Y_j(t-k)$，并使得 $\{z_v\}$ 满足

$$\text{当 } v \to \infty \text{ 时，} \text{var}[\eta(Y_i(t) \mid H_Y(t-1)) - z_v] \to 0。 \qquad (2.5)$$

考虑由 $f_v(u) = \sum_{k=1}^{s_v} \sum_{j=1}^{n} \lambda_{k,j}^v a_j(u-k)$，$v = 1,2,\cdots$ 给定的函数 f_v。很明显地，$f_v \in A$，并且很容易证明 $h_i \in L_n^2$。从这些观察中很清楚看到，当 $v \to \infty$ 时，可得，

$$\begin{aligned}
\| h_i - f_v \|^2 &= \text{var}\Big[\int_0^{+\infty} [h_i(u) - f_v(u)]\zeta(t-du)\Big] \\
&= \text{var}\Big[\eta(Y_i(t) \mid H_Y(t-1)) \\
&\quad - \sum_{k,j} \lambda_{k,j}^v \int_0^{+\infty} a_j(u-k)\zeta(t-du)\Big] \\
&= \text{var}\Big[\eta(Y_i(t) \mid H_Y(t-1)) - \sum_{k,j} \lambda_{k,j}^v Y_j(t-k)\Big] \\
&\to 0,
\end{aligned}$$

其中，我们应用了式 (2.4)，$\int_0^{+\infty} a_j(u-k)\zeta(t-du) = \int_0^{\infty} a_j(u)\, \zeta(t-k-du) = Y_j(t-k)$ 这个事实以及式 (2.5)。因此，$f_v \to h_i$，并且因 A 是闭集，故有 $h_i \in A$。证毕。

从这个命题可知，h_i 是（非常接近于）形如 $\sum_{k=1}^{\infty} \lambda_k a(u-k)$ 的函

数，其中 $\lambda_k \in \mathbf{R}^n$ ，各个 λ_k 的选择使得 h_i“尽可能接近” a_i（“接近”的意思是就距离 $\int \| h_i - a_i \|^2$ 而言的）。[5]

一旦刻画了 h 的特征，那么我们设 $c = a - h$ 以得到方程（2.3）中的 c 。[6]

由命题 1 中所刻画的特征可知，它既作为 L_n^2 中的函数 h 的性质，又作为 L_n^2 中的函数 c 的性质，并且使我们能够很容易地处理一些例子。本章后面将阐述 h 的一些其他性质。

下一个命题很容易证明，在这里阐述主要是为后面的研究提供参考。

命题 2：对任意给定的 $i = 1,\cdots,n$ ，下述三个公式是等价的：

i）对几乎每个 $u \geqslant 1$ ，$c_i(u) = 0$ 。

ii）$\eta(Y_i(t) \mid H_Y(t-1)) = \eta(y_i(t) \mid H_y(t-1))$ 。

iii）对几乎每个 $u \geqslant 1$ ，$a_i(u) = \eta(a_i \mid A)(u)$ 。

证明：对于 i）⇒ ii），使用

$$y_i(t) = \int_0^1 a_i(u)\zeta(t - du) + \eta(y_i(t) \mid H_y(t-1)),$$

$$Y_i(t) = \int_0^\infty c_i(u)\zeta(t - du) + \eta(Y_i(t) \mid H_Y(t-1))。$$

现在，由于在 $[0,1)$ 区间中 $a = c$ ，因而通过令这两个方程右边相等就能够得到 ii）。

要证明 ii）⇒ iii），注意，ii）意味着 $\int_1^\infty h_i d\zeta = \int_1^\infty a_i d\zeta$ ，并且使用注释［6］中的评论就可以证明了。

iii）⇒ i）是明显成立的，因为 $c_i = a_i - \eta(a_i \mid A)$ 。证毕。

3. 抽样过程的 MAR

在上一节中，我们刻画了以基础连续时间过程表示的向前一步新息的特征。现在要刻画 Y 的 MAR 系数的特征。

命题 3：Y 的 MAR 的矩阵 A_k 由下式给定：

$$A_k = \left[\int_0^\infty a(u+k)c(u)'du\right] \cdot \left[\int_0^\infty c(u)c(u)'du\right]^{-1}, \tag{3.1}$$

其中 $c = a - \eta(a \mid A) \equiv a - h$ 。

证明：令 $V = E[\varepsilon(t) \cdot \varepsilon(t)']$，现有，

$$
\begin{aligned}
A_k V &= E[Y(t+k)\cdot \varepsilon(t)'] \\
&= E\left[\int_0^\infty a(u)\zeta(t+k-du)\cdot \int_0^\infty c(u)'\zeta(t-du)\right] \\
&= E\left[\int_0^\infty a(u)\zeta(t+k-du)\cdot \int_0^\infty c(u-k)'\zeta(t+k-du)\right] \\
&= \int_0^\infty a(u)c(u-k)'du \\
&= \int_0^\infty a(u+k)c(u)'du,
\end{aligned}
$$

其中第一个等式很容易通过将 Y 表示为 MAR 来推导，并且我们使用了公式（2.3）。最后，由于

$$V = E[\varepsilon(t)\cdot\varepsilon(t)'] = \int_0^\infty c(u)c(u)'du$$

以及 y 是满秩的假设保证了 V 是可逆的，由此证明了命题。证毕。

用卷积符号表示，这个结论可以表示为：对于所有的 $k=0,1,\cdots$

$$A_k = [a^* c^{\mathrm{T}}(k)][c^* c^{\mathrm{T}}(0)]^{-1}, \tag{3.2}$$

其中，对于所有的 u，有 $c^{\mathrm{T}}(u) = c_{(-u)}{}'$。

从命题 3 可知，A_k 是函数 a 在区间 $[k,\infty)$ 上的加权平均，其中 c 是加权核。

从上一节得出 $c_i = a_i - \eta(a_i \mid A)$。因此，$c$ 的第 i 行就是将 a_i 投影到集合 A 上时的误差。很容易证明，对 A 中的任意函数 f，$f(u)=[0,\cdots,0]$ 对于所有的 $u\in[0,1)$ 成立。[7] 因此，有 $\eta(a_i \mid A)(u)=0$ 以及 $c_i(u)=a_i(u)$ 对 $u\in[0,1)$ 成立。对于 $u\geqslant 1$，如果 $\eta(a_i \mid A)$ 在估计 a_i 时有用，那么我们可以期待 $c_i(u)$ 将是很小的，并且 c_i 的元素的图形看起来或多或少类似图 1。

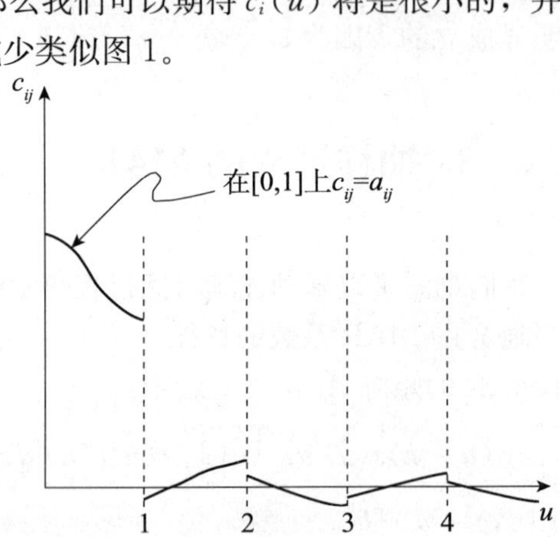

图 1

这就阐明了这个事实：c 通常会将权重的大部分赋予区间 $[k,k+1)$ 上的 a 值。另一方面，c 通常也将或多或少的权重赋予区间 $[k+1,\infty)$ 上的 a_{ij} 值，它取决于 c_{ij} 在区间 $[1,\infty)$ 上有多大。但是由于

$$\int_1^{+\infty} \| c_i \|^2 = \text{var}[\eta(Y_i(t) \mid H_Y(t-1)) - \eta(y_i(t) \mid H_y(t-1))];$$

因此，可知，当离散时间投影足够好地近似连续时间投影时，区间 $[1,\infty)$ 上 c_i 的值比较小。在这种情况下，A_k 很大程度上取决于区间 $[k,k+1)$ 中的 a 值。在这两个投影相等的极端情况下，命题 2 成立，并且：

$$A_k = \left[\int_0^1 a(u+k)a(u)'du\right] \cdot \left[\int_0^1 a(u)a(u)'du\right]^{-1}, \tag{3.3}$$

因此，A_k 只取决于区间 $[k,k+1)$ 中的 a 值。

公式（3.2）与西姆斯和格韦克在分布滞后模型的时间加总研究中推导的公式相比，有一些相似之处。特别地，在分布滞后模型中，离散参数也可以通过将加权核应用于连续时间参数而获得。然而，在我们的例子中，式（3.2）中的核是单边的，并且通常是间断的，而分布滞后模型刚好相反。

接下来，我们将证实有关 c 的非连续性的表述。为此，只要考虑单变量过程的情况即可。假设 a 除零之外处处连续（换句话说，$a(0) \neq 0$）。由于 $c(u) = a(u) - \sum_{k=1}^{\infty} \lambda_k a(u-k)$，因此，对于任意整数 v，$c(v) = a(v) - \sum_{k=1}^{v} \lambda_k a(v-k)$，因为对于 $k > v$，有 $a(v-k) = 0$。因此，在 $u = v$ 处，函数 c 是 $v+1$ 个函数之和，使得其中一个函数在 $u = v$ 处是间断的（因为对于上述加总符号中的 $k = v$，$\lambda_v a(v-v) = \lambda_v a(0)$），且假设 a 在 $u = 0$ 处是间断的）并且其余 v 个函数在 $u = v$ 处是连续的。因此，如果对于所有 k，有 $\lambda_k > 0$，那么 c 在所有整数处将是间断的。

方程（3.2）说明了 A_k 的第 i 行中的系数（即第 i 个变量 Y_i 的系数）是如何受到 a 中所有行的影响的。因此，A_k 的第 i 行通常依赖于 y 的所有元素的连续时间移动平均系数。格韦克称之为“污染”（contaminated）的现象，在他研究的模型中也出现过。正如公式（3.3）表明的，即使当连续时间和离散时间投影刚好重合，系数 A_k 也将被“污染”。不存在“污染”的唯一情况是对于 $i = j$ 有 $a_{ij} \equiv 0$ 时（即当式（3.2）右边的两个矩阵都是对角矩阵时）。这是一个非常特殊的情

况，因为这等价于假设对于所有 $i \neq j$ 和所有 $t' \in \mathbf{R}$，有 $E(y_i(t) \cdot y_j(t')) = 0$。

从上述结论看，跨期加总会对 MAR 产生怎样的扭曲。本节的剩余内容将讨论这个问题。

首先，我们将阐明大多数情况下会出现的一种扭曲。对于任意整数 v，有

$$\begin{aligned}&\operatorname{var}[Y_i(t) - \eta(Y_i(t) \mid H_Y(t-v))] \geqslant \\ &\operatorname{var}[y_i(t) - \eta(y_i(t) \mid H_y(t-v))],\end{aligned}$$

以及

$$\sum_{k=0}^{v-1} A_{k_i} \Sigma A'_{k_i} \geqslant \int_0^v a_i(u) a_i(u)' du,$$

其中 A_{ki} 是 A_k 的第 i 行。在单变量的情况下，这可以写成：

$$\sigma_\varepsilon^2 \sum_{k=0}^{v-1} (A_k)^2 \geqslant \int_0^v a(u)^2 du。$$

对此的一个解释是，离散 MAR 的第一个系数的绝对值太大，使得对单变量模型而言，如果将离散 MAR 和连续 MAR 画在同一张图中，就会得到图 2 这样的图形。

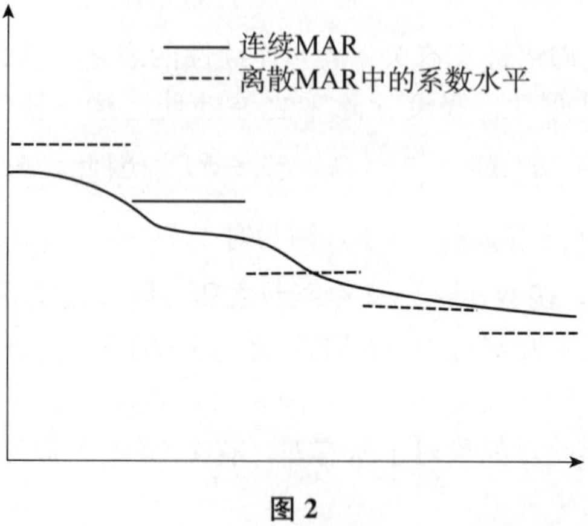

图 2

我们可以区分为何离散 MAR 不是连续 MAR 的良好近似的两个原因：一个是“污染”，另一个是 A_k 依赖于 $[k+1, \infty)$ 上的 a 值。我们现在给出一些例子来阐明第二个原因可能产生的扭曲，以及阐明在何种情况下这种扭曲会很严重。这部分将只考虑一个变量的例子，因为它们的效应将出现在这些例子中。这些例子说明了命题 1、命题 2 和命题 3 如何能够用于分析时间加总。

例 3.1 和例 3.2 展示了两种情况，其中连续时间和离散时间中的投

影刚好重合，以至于对 $u \in [1,\infty)$ 有 $c(u)=0$，并且 A_k 的形状类似于 a 的形状。在例 3.3 中，我们发现了一个非常简单的连续时间 MAR，其有一个扭曲的离散 MAR。我们已经说过，当区间 $[1,\infty)$ 中 $c=0$ 时，A_k 是区间 $[k,k+1)$ 中 a 的平均值；但是即使是这种情形，如果在区间 $[0,1)$ 中 $c \neq 0$，A_k 将不是区间 $[0,1)$ 中 a 的适当的平均值，例 3.4 将说明这一点。例 3.5 有效地说明了一个办法，用于构造将会产生扭曲的离散 MAR 的连续 MAR。例 3.6 讨论了单元平均的效应。即使例 3.6 的主要含义是：当 $a(0)=0$ 且 a 是连续的时，我们也预期离散 MAR 中存在扭曲，例 3.7 说明情况并不总是如此。最后，例 3.1、例 3.4 和例 3.7 也是混淆问题的具体演示。这三个例子说明了三种不同的连续 MAR，这三种 MAR 将产生完全相同的抽样过程：特别地，在所有这些例子中，Y 是一阶自回归过程。

例 3.1：或许我们能够处理的最简单的连续时间 AR(1) 过程是：

$$y(t)=\int_0^{+\infty} e^{-\lambda u}\zeta(t-du),t \in \mathbf{R},\ \lambda>0。$$

在这种情况中，$e^{-\lambda}y(t-1)=\int_1^{\infty} e^{-\lambda u}\zeta(t-du)=\eta(y(t)\mid H_y(t-1))$，并且 $e^{-\lambda u}y(t-1) \in H_Y(t-1)$；连续时间中的正交条件意味着，特别地，对所有的 $k=1,2,\cdots$，有 $[Y(t)-e^{-\lambda}Y(t-1)] \perp Y(t-k)$。因此，$e^{-\lambda}Y(t-1)$ 是离散时间投影。

因此，Y 是一阶自回归表述（autoregressive representation，此后用 ARR 表示），其参数等于 $e^{-\lambda}$，因而，Y 的 MAR 由下式给定：

$$A_k=e^{-\lambda k}=a(k),k \text{ 是整数。}$$

为了说清楚这个问题，接下来将使用命题 1、命题 2 和命题 3 来获得 A_k。由于对所有的 $u \geqslant 1$ 有 $e^{-\lambda}a(u-1)=a(u)$，因而，很明显地，对所有的 $u \geqslant 1$，有 $e^{-\lambda}a(u-1)=\eta(a\mid A)(u)$，因此命题 2 适用，并且可使用公式（3.3）得出如下结论：

$$A_k=\left[\int_0^1 e^{-\lambda(u+k)}e^{-\lambda u}du\right]\cdot\left[\int_0^1 e^{-\lambda 2u}du\right]^{-1}=e^{-\lambda k}。$$

例 3.2：如果在区间 $[k,k+1)$ 中 a 是常数，并且 y 是一维的，令 $\varepsilon(t)=\int_0^1\zeta(t-du)$ 且 $A_k=a(k)$，则有

$$\begin{aligned}Y(t)&=\sum_{k=0}^{\infty}\int_k^{k+1}a(u)\zeta(t-du)=\sum_{k=0}^{\infty}a(k)\int_k^{k+1}\zeta(t-du)\\&=\sum_{k=0}^{\infty}A_k\varepsilon(t-k)。\end{aligned}$$

该式将 Y 表示为移动平均的形式。a 的傅里叶变换在复平面右半边上必定没有零点。这保证了 $\{A_k\}$ 的傅里叶变换在单位圆内部没有零点，这一点与 Y 的沃尔德表述有关。

在这种情况中，与前面的例子一样，在整数处抽样时，离散 MAR 等于连续 MAR，并且从 ε 的选择方式可以很清楚地看出，离散时间和连续时间中向前一步新息刚好重合。因此，离散时间和连续时间向前一步投影相等。

例 3.3：汉森和萨金特（Hansen and Sargent，1984）证明了，对满足下述条件的 MAR 过程 a：

——对所有的 $u \geqslant 0$，a 是连续的；

——$a(0) \neq 0$；

——Y 是一个 ARR。

如果在 $[1,\infty)$ 中几乎处处 $c=0$，那么 Y 是一阶自回归过程。

在我们的分析框架中，这可以用下述的方式说明：如果 Y 是超过一阶的自回归过程，那么某个 $\lambda_k(k>1)$ 将不等于零。那么 $\eta(a \mid A)$ 在 $u=k$ 处将是间断的（这一点可以使用第 2 节中使用的论证方式推导，证明 c 一般是间断的），因此不可能 $\eta(a \mid A)(u)=a(u)$ 对 $u \in [1,\infty)$ 几乎处处成立。因而，在正的测度 $[1,\infty)$ 的子集中，$c \neq 0$。

这很明显地意味着，有良好表现的 a 将产生扭曲的 A_k。例如，由 $a(u)=e^{-\lambda_1 u}+e^{-\lambda_2 u}$ 给定的 MAR 有一个函数 c，且 $\int_1^{+\infty} \|c\|^2>0$。实际上，如果这是真的，那么在 $u \in [1,\infty)$ 中几乎处处有 $c \equiv 0$，并且按照命题 2，将存在一个常数 μ，使得对所有的 $u \geqslant 1$，$\mu a(u-1)=a(u)$。特别地，对 $u=1$ 和 $u=2$，这意味着

$$\mu=e^{-\lambda_1}+e^{-\lambda_2} \text{ 和 } \mu(e^{-\lambda_1}+e^{-\lambda_2})=e^{-\lambda_1^2}+e^{-\lambda_2^2},$$

这进而意味着 $(e^{-\lambda_1}+e^{-\lambda_2})^2=e^{-\lambda_1^2}+e^{-\lambda_2^2}$，而这是不可能的。

例 3.4：令 a 为图 3 展示的那样。

在图 3 中，对所有的 $u \geqslant 0$，$|a(u)|=e^{-\lambda u}$，但是对每个整数 k，如果 $u \in [k+\eta, k+1)$，那么 $a(u)<0$。

再一次地，对所有的 $u \geqslant 1$，$e^{-\lambda}a(u-1)=a(u)$，因此，根据命题 2，$\eta(Y_i(t) \mid H_Y(t-1))=e^{-\lambda}Y(t)$。注意，$A_k=e^{-\lambda k}$，并且离散 MAR 无法完全刻画 a 中的振荡。

这个例子的意义在于，证明了离散数据的投影有可能与连续时间中的投影意义一样好，然而离散时间 MAR 可能与连续时间 MAR 有很大的不同。确实如此，在这种情况中，我们可以应用命题 2 得出两个投影

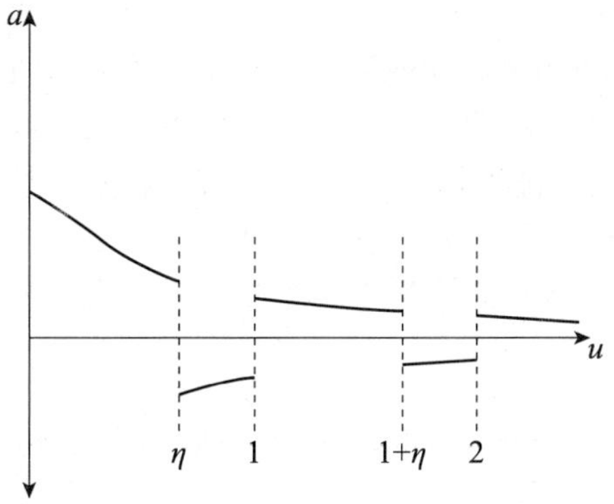

图 3

相等的结论，但是离散 MAR 无法完全刻画连续 MAR 中的振荡。我们可以预期这种情况将出现在 $[0,1)$ 的大部分区间中 a 是正的和负的之时。回顾公式（3.3），可知道 A_k 大体上等于 a 在区间 $[k,k+1)$ 上的加权平均，其中权重由区间 $[0,1)$ 上的 a 精确地给定；因此，如果 a 取正值和负值，那么 A_k 就不是区间 $[k,k+1)$ 上 a 的适当的平均数。

例 3.5：要使 $\{A_k\}$ 不被扭曲，必要的条件是

$$\int_1^2 c^2 = \int_1^2 (a(u)-h(u))^2 du$$
$$= \int_1^2 (a(u)-\mu \cdot a(u-1))^2 du = 0 \text{。}$$

因此，除非存在某个常数 μ 使得 $a(u)=\mu a(u-1)$ 对 $u \in [1,2)$ 几乎处处成立，否则离散 MAR 将存在扭曲。记住这一点，通过考虑在区间 $[0,1)$ 和 $[1,2)$ 中看起来非常不同的函数 a，我们很容易生成一些 $\int_1^2 c^2$ 非常大的例子。图 4 说明了这种情况。

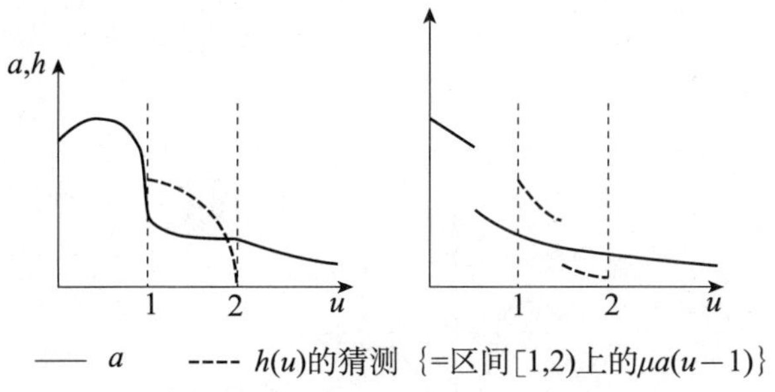

图 4

例 3.6：很长时间以来，有一个猜测是，当 a 是定义在整条实线上的连

续函数时（即当 $a(0)=0$ 时），离散 MAR 将不能很好地近似 a 。汉森和萨金特（Hansen and Sargent，1984）举了一个有很大扭曲的例子。现在我们将论证，如果 a 是连续的且在 $u=1$ 处是正的，那么事实正是如此。

之前，我们已论证过，对于 $u\in[1,2)$ 和某个系数 μ ，有 $h(u)=\mu a(u-1)$ 。因此，如果 a 是连续的且对所有 $u>0$ 严格为正，但是 $a(0)=0$ ，那么 a 和 h 的图形将如图 5 所示。

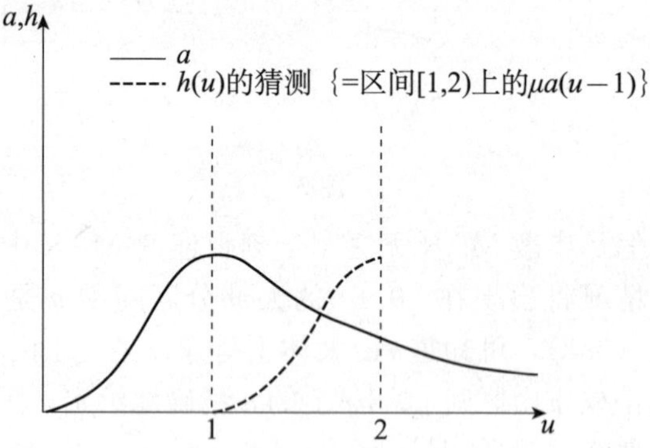

图 5

正如图 5 所示，与 $\int_0^1 c^2=\int_0^1 a^2$ 相比，$\int_1^2 c^2=\int_1^2 (a-h)^2$ 比较大。因此在这种情况下，A_k 将更多地依赖于区间 $[k+1,k+2)$ 而不是区间 $[k,k+1)$ 上 a 的值。

例 3.7：鉴于前一个例子，我们不应该断定，$a(0)=0$ 的任意连续时间 MAR 将会给出连续时间的低劣近似。例如，取函数 a 是区间 $[0,1]$ 上的连续函数，满足 $a(0)=a(1)=0$ ，并且能够通过令 $a(u)=\ell a(u-1)$ ，其中 $0<\ell<1$ ，$u\in[1,\infty)$ ，将该函数扩展到 $[1,\infty)$ ；图 6 表示了该函数的图形。

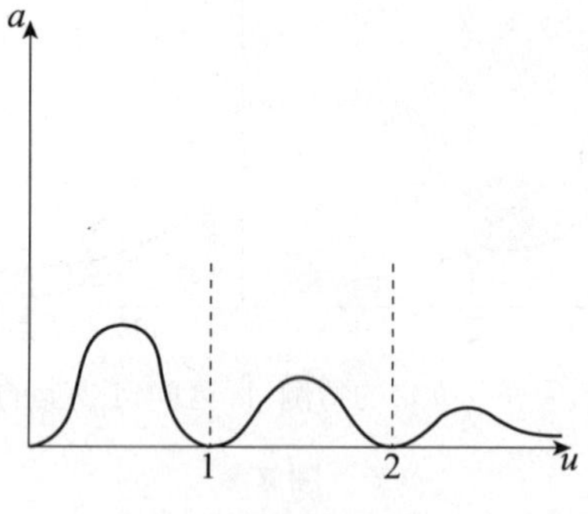

图 6

由于 a 定义的方式，很明显，命题 2（ii）适用，并且

$$\eta(Y(t) \mid H_Y(t-1))=\eta(y(t) \mid H_y(t-1)),$$

因此，Y 是一阶自回归过程。

4. 格兰杰因果关系

考虑连续时间二元变量过程 y，使得 y_2 不是 y_1 的格兰杰原因。众所周知，一般地，Y_2 是 Y_1 的格兰杰原因。这一点可以通过综合西姆斯（Sims，1971，1972b）的结论得到。[8]

然而，在有一些情况中，从第二个变量到第一个变量不存在格兰杰因果关系的情况会延伸到抽样过程。出现这种情况的一个例子是，当 y_1 和 y_2 在所有时期都不相关时，那么 Y_1 和 Y_2 在所有时期也是不相关的。因此，Y_2 的过去值对预测 Y_1 没有任何帮助。另一种例子由下述命题给定，该命题认为，如果不管我们使用的是连续数据还是离散数据，都能以相同的精确程度预测第一个变量，并且如果 y_2 不是 y_1 的格兰杰原因，那么 Y_2 不是 Y_1 的格兰杰原因。

命题 4： 如果 $\eta(y_1(t) \mid H_y(t-1))=\eta(Y_1(t) \mid H_Y(t-1))$，并且 y_2 不是 y_1 的格兰杰原因，那么 Y_2 也不是 Y_1 的格兰杰原因。

证明： 命题中的条件意味着：

$$\begin{aligned}\eta(y_1(t) \mid H_y(t-1)) &= \eta(y_1(t) \mid H_{y_1}(t-1))\\ &= \eta(Y_1(t) \mid H_Y(t-1)),\end{aligned}$$

因此，$\eta(Y_1(t) \mid H_y(t-1)) \in H_{y_1}(t-1) \cap H_Y(t-1)$。根据定义，$H_{y_1}(t-1) \cap H_Y(t-1)=H_{Y_1}(t-1)$。因此，$\eta(Y_1(t) \mid H_y(t-1)) \in H_{Y_1}(t-1)$，并且，由于 $H_{Y_1}(t-1) \subset H_y(t-1)$，因此，我们得到 $\eta(Y_1(t) \mid H_y(t-1))=\eta(Y_1(t) \mid H_{Y_1}(t-1))$。综合最后这个等式以及命题的第一个条件，我们得到 $\eta(Y_1(t) \mid H_{Y_1}(t-1))=\eta(Y_1(t) \mid H_Y(t-1))$。证毕。

这个结论毫不奇怪。一般地，即使当 y_2 对预测 y_1 毫无帮助时，Y_2 也是 Y_1 的格兰杰原因，原因是，整数之间的 y_1 值会进入 $\eta(Y_1(t) \mid H_y(t-1))$ 之中。那么，在离散投影中，Y_2 的过去值能够有助于预测 Y_1，因为它们有助于预测整数之间的 y_1 值。然而，在上述命题考虑的情况中，试图预测整数之间的 y_1 值毫无意义，因此，不存在用 Y_2 的过去值预测 Y_1 的余地。

我们能够构造一些例子，其中跨期加总对格兰杰因果关系的效应刚好与本节开头描述的相反，也就是说，即使 y_2 是 y_1 的格兰杰原因，Y_2 也不是 Y_1 的格兰杰原因。考虑图 7 中由函数 a_{ij} 给定的连续时间 MAR。

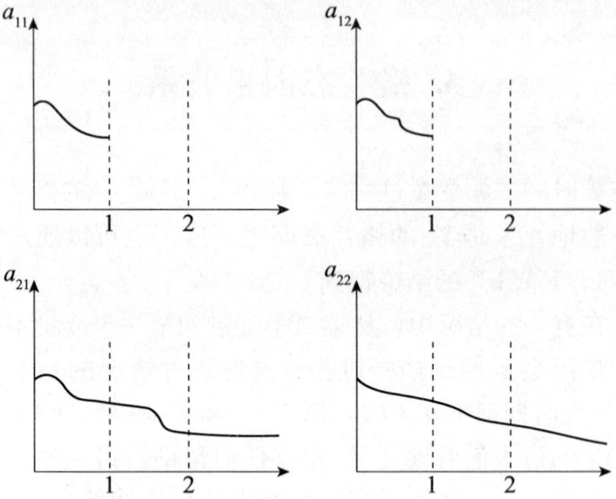

图 7

在这种情况下，很明显地，对于整数 $s \geqslant 1$，有 $\mathrm{cov}(Y_1(t), Y_2(t-2)) = \int_0^{\infty} [a_{11}(u)a_{21}(u-s) + a_{12}(u)a_{22}(u-s)]du = 0$，并且 Y_2 的过去值对预测当前的 Y_1 没有帮助。但是，由于 a_{11} 和 a_{12} 都不等于零，因此，y_2 是 y_1 的格兰杰原因。

图 8 说明了出现这种情况的另一个例子。

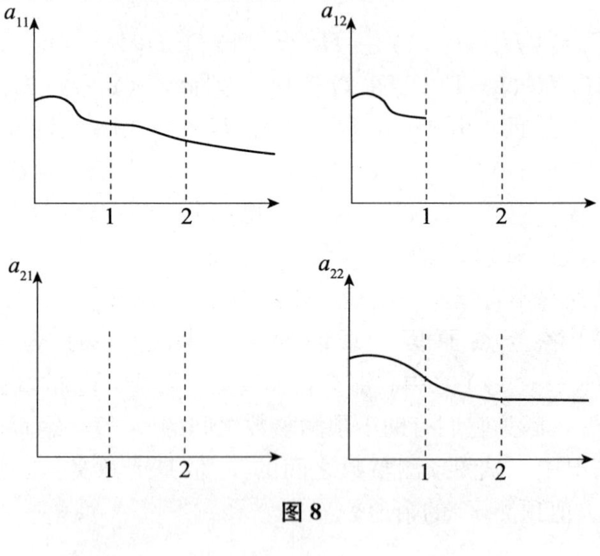

图 8

再一次地，$Y_1(t)$ 与 Y_2 的过去值不相关，并且 Y_2 不是 Y_1 的格兰杰原因。

这两个例子非常特殊；其共同特征是：$Y_1(t)$ 方差的大部分归因于区间 $[t,t+1)$ * 中的新息。

5. 单元平均数据

有时候我们能够获得某个给定变量的数据，它是由特定时期观测的平均值构成的。例如，某个给定的月度数据序列可能由该月的周数据的平均值构成。我们称之为前 m 个变量的单元平均观测。这样就能够对这个情况进行如下建模。所观察到的离散过程 Y 由下式给定：

$$Y_i(t,\omega)=\int_0^1 y_i(t-s,\omega)ds\,,\ i=1,\cdots,m,$$

$$Y_i(t,\omega)=y_i(t,\omega),i=m+1,\cdots,n,\forall t\in\mathbf{I},\forall\omega\in\Omega\,,$$

其中，上述积分符号指的是勒贝格积分。

很明显，任意单元平均变量 $Y_i, i\leqslant m$ 可以通过对连续时间过程 $\tilde{y}$ 进行抽样获得，$\tilde{y}$ 由下式给定：

$$\tilde{y}_i(t)=\int_0^1 y_i(t-s)ds,\forall t\in\mathbf{R}\,。$$

为了应用第 3 节中的结论，我们必须找到连续时间过程 $\tilde{y}$ 的 MAR。为此，定义函数 $\ell:\mathbf{R}\rightarrow\mathbf{R}$ 为：

$$\ell(u)=1,u\in[0,1),$$

$$\ell(u)=0,\text{其他}\,,$$

因此，则有

$$\tilde{y}_i(t)=\int_{-\infty}^{\infty}\ell(u)y_i(t-u)du\,,$$

并且有

$$f_{\tilde{y}_i}(\omega)=\hat{\ell}(\omega)f_{y_i}(\omega)\hat{\ell}'(\omega)=\hat{\ell}(\omega)\hat{a}_i(\omega)\hat{a}_i{}'(\omega)\hat{\ell}'(\omega),\quad \omega\in[-\pi,\pi], \tag{5.1}$$

其中 f_χ 表示 χ 的谱密度，并且 $\hat{b}$ 表示 b 的傅里叶变换；在上述方程中，我们使用了随机变量的线性组合的谱表述公式（参见 Rozanov，1967）。因 $\hat{\ell}$ 在左半平面没有零点，公式（5.1）表明，$\ell*a_i$ 给出了 $\tilde{y}_i$ 的 MAR，

* 原著此处为 $[t,\ t-1]$，疑有误。——译者注

且有

$$\tilde{y}_i(t)=\int_0^{\infty}\tilde{a}_i(u)\zeta(t-du),$$

其中

$$\tilde{a}_i(u)=\ell * a(u)=\int_0^1 a_i(u-s)ds, t\in\mathbf{R}, i=1,\cdots,m。\quad(5.1')$$

下一个命题将表明 $\tilde{a}$ 总是比 a 平滑。如同前文，将能够被微分 s 次的函数的空间表示为 C^s 。

命题 5：对任意 $i,j=1,\cdots,n$ ，有

i）如果 $a_{ij}\in L^1$ ，即 $\left[\int|a_{ij}|<\infty\right]$，那么 $\tilde{a}_{ij}$ 是连续的；

ii）如果除此之外还有 $a_{ij}\in C^s$ ，那么 $\tilde{a}_{ij}\in C^{s+1}$ 。

证明：

i）定义 $F(x)=\int_{-\infty}^{x}a_{ij}(s)ds$ ，那么 F 是一个不定积分；因此，F 是连续的。[9]由于 $\tilde{a}_{ij}(u)=\int_{u-1}^{u}a_{ij}(s)ds=F(u)-F(u-1)$ ，因此 $\tilde{a}_{ij}$ 是连续的。

ii）如果 a_{ij} 在 x 处是连续的，那么 F 在 x 处有导数，并且 $F'(x)=a_{ij}(x)$ 。[10]证毕。

注意，命题 5 将 $\tilde{a}$ 指定为定义在整个实线上的函数，以至于因对于 $u<0$ ，有 $\tilde{a}(u)=0$ ，因而命题 5 中的 i）意味着 $\tilde{a}(0)=0$ 。记得在例 6 中，我们处理了连续函数 a 的情况。因此，例 6 中的评论也适用于本节。

本节的其余内容分析了同时使用单元平均数据和抽样数据的效应。

考虑一个 2 维连续时间过程，我们有对第二个变量的抽样观察，但是只有第一个变量的单元平均观察。在这种情况下，通常的做法是估计两个变量的离散时间方程组，其中一个变量是时点（point-in-time）观察，另一个变量是单元平均观察。我们将证明，这个做法会系统性地夸大第二个变量（由抽样观察组成）在预测第一个变量时的重要性。

我们给出一个非正式的一般证明，并且通过多个模拟演示来讨论这个问题。

一般证明如下。考虑一个 2 维过程 y，图 9 中的图形代表了其 MAR。

通过上述刻画的方式，得到混合单元平均和抽样数据的离散方程组，它等价于对连续时间过程 $\hat{y}(t)'=(\tilde{y}_1(t),y_2(t))'$ 进行抽样。$\hat{y}$ 的

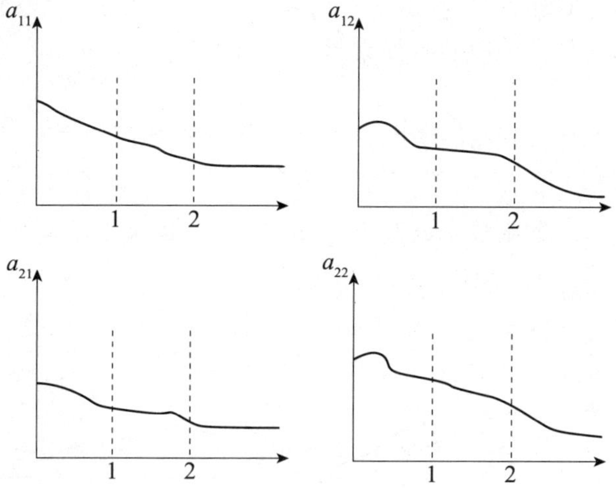

图 9

MAR 由 $\hat{a}(u)=\begin{bmatrix}\tilde{a}_1(u)\\ a_2(u)\end{bmatrix}$ 给定，其中 $\tilde{a}_1$ 由方程（5.1′）给定，因此，$\hat{a}$ 的图形将如图 10 所示。

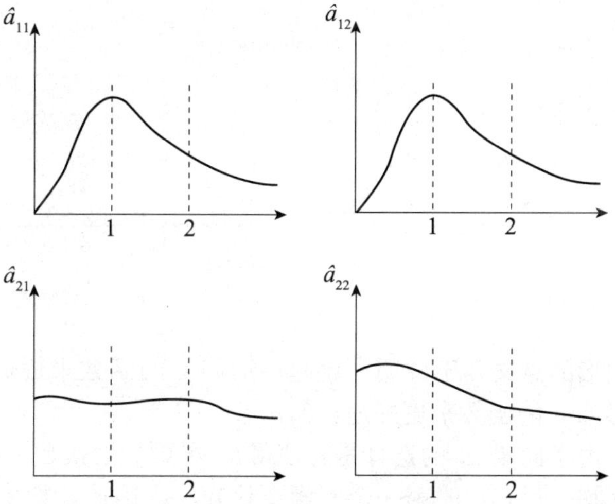

图 10

从第 2 节（及附录）的讨论中可知，令 $\mu_k \in \mathbf{R}^2$ 是一些向量，使得

$$\eta(Y^1(t) \mid H_Y(t-1)) = \sum\nolimits_{k=1}^{\infty} \mu_k Y(t-k) ,$$

这些向量 μ 使得函数 $h_1(u) = \sum\nolimits_{k=1}^{\infty} \mu_k a(u-k)$ 尽可能地接近 a_1 。

我们将证明如果 Y_1 是单元平均的，那么 Y_1 被 Y_2 解释的方差部分要比两个变量都是抽样的时候来得大，因为向量 μ_k 的第一个元素通常比较小。

首先看抽样方程组。考虑 μ_k 的第一个元素如何使得 h_1 尽可能地接近 a_1。假设设定 μ_k 的第二个元素等于零，且试图用形如 $g(u)=\sum\lambda_k a_1(u-k)$ 的函数来近似 a_1。那么，g 看起来必定如图 11 所示。

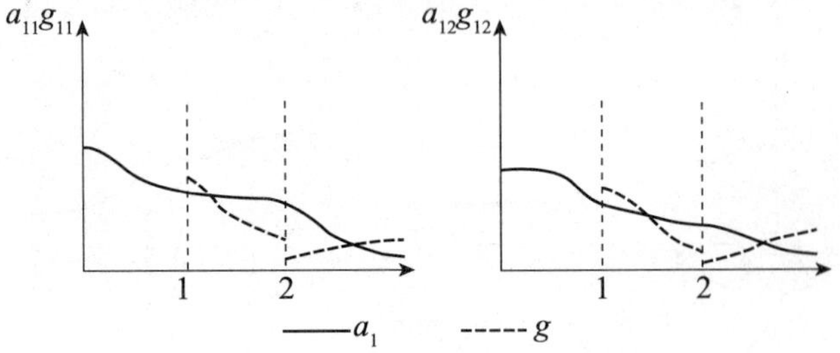

图 11

然而，如果是对 $\hat{a}$ 而不是 a 进行这样的操作，并且令 $\hat{g}(u)=\sum_{k=1}^{\infty}\lambda_k\hat{a}_1(u-k)$，然后比较 $\hat{g}$ 和 $\hat{a}_1$，则将得到图 12（参见例 3.6）。

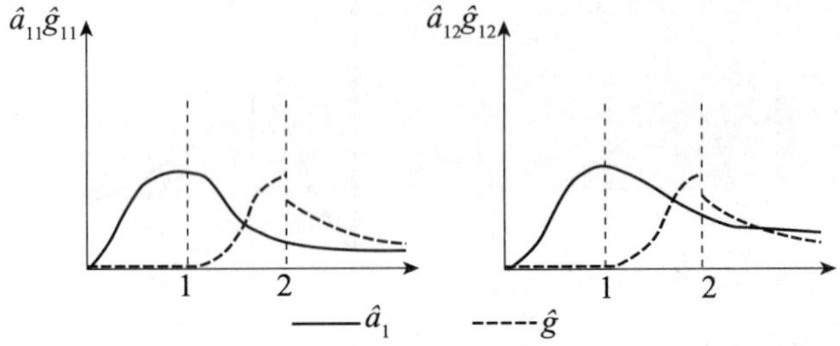

图 12

这些图形的意义在于说明，比起用形如 $\hat{g}$ 的函数来近似 $\hat{a}_1$，我们也能够用形如 g 的函数来更好地近似 a_1。

现在，由于向量 μ_k 的选择是要使得 h_1 尽可能地接近 a，因而将期待在单元平均之后，μ_k 的第一个元素要比较小。因此，如果 Y_1 被单元平均的话，那么 Y_1 的过去值在预测 $Y_1(t)$ 时将不那么有用。[11]

同样的直觉可以用来证实，如果只有 Y_1 被单元平均的话，那么 Y_1 的过去值在预测 Y_2 时将不如两个变量都被抽样时有效；如果将混合方程组与两个变量都被平均的方程组相比，结论也是一样的。

接下来将提供几个模拟来支持我们的结论。为此，将模拟两个变量的多个 AR(2) 离散时间过程。接着以三种方式跨期加总数据：

通过每三个时期对两个变量进行抽样得到“抽样方程组”；通过取每个变量在三个时期上的平均值得到“平均方程组”；最后，通过每三个时期对第一个变量取平均并对第二个变量进行抽样得到“混合方程组”。这与之前讨论的情况不是精确地对应，因为变量不是以连续的方式平均，但是这可以解释为近似；而且，它对应于实践中经常会出现的情况：当研究人员所拥有的两个变量以不同的时间间隔（比如说月度和季度）记录时，不得不对其中一个变量进行跨期加总。

我们计算了这些跨期加总过程的 VAR。在下面各表中，我们报告了每个过程的方差分解。由于方差分解会受到 Choleski 分解过程中变量顺序的影响，因此，我们计算了每个情况中两个顺序的分解。[12]

如果我们的结论是正确的，那么“混合方程组”中 Y_1 和 Y_2 被 Y_1 解释的方差百分比比其他两个方程组中要小。在这些模拟中，混合平均数据和抽样数据几乎总是前一页中所预测的情况，并且在某些情况中，变化非常大（特别是在表 1 中）。

在我们报告的六个模拟中，其中只有一个变量的方差分解变化呈现相反的态势（表 2，Y_1 的第一个顺序分解）。虽然谈不上是证明定理，但是我们刚才提供了一个直觉论证，因此，我们的直觉很可能并非对所有的过程都是正确的。另一方面，表 2 中的结论可能是因为抽样误差，或者因为正如之前指出的事实：在模拟中所进行的那种单元平均类型不是在本节其他内容中讨论的那种连续时间平均。

无论如何，这些模拟确实支持我们的结论：一般而言，对第一个变量进行单元平均，则 Y_1 在决定 Y_1 和 Y_2 过程中将变得不那么重要（见表 1～表 6）。

表 1

$$\begin{bmatrix} y_1(t) \\ y_2(t) \end{bmatrix} = y(t) = \begin{pmatrix} 1.04 & 0.65 \\ 0.59 & 0.98 \end{pmatrix} y(t-1) + \begin{pmatrix} -0.36 & -0.33 \\ -0.29 & -0.33 \end{pmatrix} y(t-2) + \varepsilon(t)$$

排序 1：Y_1, Y_2

下述变量的方差	每个方程组中 Y_1 解释的百分比		
	抽样的 Y_1, Y_2	平均的 Y_1, Y_2	平均的 Y_1，抽样的 Y_2
Y_1	56	35	15
Y_2	23	10	4

排序 2: Y_2, Y_1

下述变量的方差	每个方程组中 Y_1 解释的百分比		
	抽样的 Y_1, Y_2	平均的 Y_1, Y_2	平均的 Y_1，抽样的 Y_2
Y_1	85	93	0.5
Y_2	85	92	0.2

表 2

$$\begin{bmatrix} y_1(t) \\ y_2(t) \end{bmatrix} = y(t) = \begin{pmatrix} 1.37 & -0.03 \\ 0.41 & 1.06 \end{pmatrix} y(t-1) + \begin{pmatrix} -0.44 & 0.02 \\ -0.28 & -0.23 \end{pmatrix} y(t-2) + \varepsilon(t)$$

排序 1: Y_1, Y_2

下述变量的方差	每个方程组中 Y_1 解释的百分比		
	抽样的 Y_1, Y_2	平均的 Y_1, Y_2	平均的 Y_1，抽样的 Y_2
Y_1	87	92	95
Y_2	49	55	40

排序 2: Y_2, Y_1

下述变量的方差	每个方程组中 Y_1 解释的百分比		
	抽样的 Y_1, Y_2	平均的 Y_1, Y_2	平均的 Y_1，抽样的 Y_2
Y_1	97	97	97
Y_2	37	40	21

表 3

$$\begin{bmatrix} y_1(t) \\ y_2(t) \end{bmatrix} = y(t) = \begin{pmatrix} 1.2 & 0.5 \\ 0.2 & 0.9 \end{pmatrix} y(t-1) + \begin{pmatrix} -0.4 & -0.2 \\ -0.1 & -0.2 \end{pmatrix} y(t-2) + \varepsilon(t)$$

排序 1: Y_1, Y_2

下述变量的方差	每个方程组中 Y_1 解释的百分比		
	抽样的 Y_1, Y_2	平均的 Y_1, Y_2	平均的 Y_1，抽样的 Y_2
Y_1	73	66	48
Y_2	8	2	2

排序 2: Y_2, Y_1

下述变量的方差	每个方程组中 Y_1 解释的百分比		
	抽样的 Y_1, Y_2	平均的 Y_1, Y_2	平均的 Y_1，抽样的 Y_2
Y_1	55	57	36
Y_2	10	10	4

表 4

$$\begin{bmatrix} y_1(t) \\ y_2(t) \end{bmatrix} = y(t) = \begin{pmatrix} 1.09 & 0.33 \\ 0.29 & 1.06 \end{pmatrix} y(t-1) + \begin{pmatrix} -0.32 & -0.18 \\ -0.16 & -0.3 \end{pmatrix} y(t-2) + \varepsilon(t)$$

排序 1： Y_1, Y_2

下述变量的方差	每个方程组中 Y_1 解释的百分比		
	抽样的 Y_1, Y_2	平均的 Y_1, Y_2	平均的 Y_1，抽样的 Y_2
Y_1	81	87	67
Y_2	21	26	9

排序 2： Y_2, Y_1

下述变量的方差	每个方程组中 Y_1 解释的百分比		
	抽样的 Y_1, Y_2	平均的 Y_1, Y_2	平均的 Y_1，抽样的 Y_2
Y_1	80	83	61
Y_2	23	21	8

表 5

$$\begin{bmatrix} y_1(t) \\ y_2(t) \end{bmatrix} = y(t) = \begin{pmatrix} 0.43 & 0.21 \\ 0.34 & 0.29 \end{pmatrix} y(t-1) + \begin{pmatrix} 0.14 & 0.03 \\ 0.05 & 0.12 \end{pmatrix} y(t-2) + \varepsilon(t)$$

排序 1： Y_1, Y_2

下述变量的方差	每个方程组中 Y_1 解释的百分比		
	抽样的 Y_1, Y_2	平均的 Y_1, Y_2	平均的 Y_1，抽样的 Y_2
Y_1	89	84	87
Y_2	20	23	23

排序 2： Y_2, Y_1

下述变量的方差	每个方程组中 Y_1 解释的百分比		
	抽样的 Y_1, Y_2	平均的 Y_1, Y_2	平均的 Y_1，抽样的 Y_2
Y_1	95	88	86
Y_2	15	20	17

表 6

$$\begin{bmatrix} y_1(t) \\ y_2(t) \end{bmatrix} = y(t) = \begin{pmatrix} 0.37 & 0.26 \\ 0.28 & 0.34 \end{pmatrix} y(t-1)$$

$$+\begin{pmatrix}0.13 & 0.04\\ 0.04 & 0.12\end{pmatrix}y(t-2)+\varepsilon(t)$$

排序 1: Y_1, Y_2

下述变量的方差	每个方程组中 Y_1 解释的百分比		
	抽样的 Y_1, Y_2	平均的 Y_1, Y_2	平均的 Y_1 ，抽样的 Y_2
Y_1	90	93	78
Y_2	20	36	15

排序 2: Y_2, Y_1

下述变量的方差	每个方程组中 Y_1 解释的百分比		
	抽样的 Y_1, Y_2	平均的 Y_1, Y_2	平均的 Y_1 ，抽样的 Y_2
Y_1	88	86	81
Y_2	18	31	18

6. 抽样区间趋于零时离散 MAR 的收敛性

对于每个 $\delta>0$ ，通过设定

$$Y^{\delta}(t,\omega)=y(t\delta,\omega),\ \forall t\in\mathbf{I},\omega\in\Omega,$$

且在原始概率空间上定义一个离散随机过程 Y^{δ} ，并且令 Y^{δ} 的 MAR 为：

$$Y^{\delta}(t)=\sum_{k=0}^{\infty}A_k^{\delta}\varepsilon^{\delta}(t-k)。\tag{6.1}$$

我们感兴趣的是，当抽样间隔 δ 趋向零时，在什么条件下以及在何种意义上，δ 离散 MAR 收敛于连续 MAR，以及离散新息收敛于连续新息。

注意我们定义 $Y^{\delta}(t)$ 的方式，这里“ t ”并不对应于现实时间中的时点“ t ”(而是对应于时期“ $t\delta$ ”)。

在本部分中，我们将稍微改变一下符号，设

$$H_{Y^{\delta}}(q)=\mathrm{cl}\{Y^{\delta}(t)\text{生成的线性子空间},\delta t\leqslant q\},\ \forall q\in R,$$

因此，现在“ q ”指的就是实际时间中相应的日期。实际上，$Y^{\delta}(q)$ 本身可能没有定义（当 q/δ 不是整数时）。正规地，我们将它写成 $Y^{\delta}(t/\delta)$ ，这样隐含地假设其有良好的定义，也就是说，假设 t/δ 是一个整数。

就我们的目的而言，一个有用的收敛类型是，给定 $\alpha>0$ ，当 $\delta\rightarrow0$ 时，连续时间中 $y(t+\alpha)$ 在直到 t 时刻为止的信息上的投影是否能够由截至“ t ”(“ t ”是实际中的日期）的 Y^{δ} 的观测足够好地近似。这个问

题本身有其意义。下一个命题将解决这个问题。

在这个部分中，我们将重复使用下述希尔伯特空间的性质：令 S 是这样一个空间，对 S 中的任意序列 $\{x_v\}$，使得 x_v 收敛于 x（在由 S 上的内积引出的距离中），那么对所有的 $y \in S$，当 $v \to \infty$ 时，$\langle x_v, y\rangle \to \langle x, y\rangle$。

令 $B:\mathbf{R} \to \mathbf{R}^{n\times n}$ 是 y 的自协方差函数，定义为

$$B(s) = E(y(t+s)\cdot y(t)'), s \in \mathbf{R}\text{。}$$

引理 3：令 y 满足导论中的假设 1、假设 2 和假设 3，那么当 $s \to 0$ 时，在均方意义上 $y(t+s) \to y(t)$；这进而意味着，B 在零处是连续的。

证明：对任意 $i = 1,\cdots,n$，使用 y 的 MAR，则有

$$E(y_i(t) - y_i(t+s))^2 = \int_0^\infty \| a_i(u) - a_i(u+s) \|^2 du$$

$$= \sum_{j=1}^n \int_0^\infty |a_{ij}(u) - a_{ij}(u+s)|^2 du\text{。}$$

根据 Wheeden and Zygmund（1977）的定理 8.19，我们知道，任意平方可积函数 $f:R \to R$ 有如下性质：当 $s \to 0$ 时，$\int |f(u) - f(u+s)|^2 \to 0$。由于每个 a_{ij} 是平方可积的，则当 $s \to 0$ 时，上述加总中的每一个元素趋向于零。因此，在均方意义上，$y_i(t+s) \to y_i(t)$。

因此，根据上述希尔伯特空间的性质，当 $s \to 0$ 时，则有

$$B_{ij}(s) = E(y_i(t)\cdot y_j(t+s)') \to E(y_i(t)\cdot y_j(t)') = B_{ij}(0),$$

并且 B 在零处是连续的。

命题 6：如果 y 满足导论中的假设 1、假设 2 和假设 3，那么对任意 $i = 1,\cdots,n$，$\alpha > 0$ 以及 $t \in \mathbf{R}$，当 $\delta \to 0$ 时，有

$$\eta[Y_i^\delta(t/\delta) \mid H_{Y^\delta}(t-\alpha)] \to \eta[y_i(t) \mid H_y(t-\alpha)]\text{。}$$

证明：因为有平稳性，因此证明定理对 $t = 0$ 成立就足够了。

根据 $H_y(-\alpha)$ 的定义，存在一个随机变量序列 $\{a_v\}$，使得每一个 a_v 都可以写成：

$$a_v = \sum_{k=1}^{s_v} [\lambda_k^v]' \cdot y(t_k^v)\text{，对某个 } \lambda_k^v \in \mathbf{R}^n\text{，有限的 } s_v\text{，以及 } t_k^v < -\alpha$$

成立，且有如下性质：当 $v \to \infty$ 时，$\alpha_v \to \eta[y_i(0) \mid H_y(-\alpha)]$。

现在，选择任意 $\theta > 0$，并选择 v'，使得

$$[E(\alpha_v - \eta(y_i(0) \mid H_y(-\alpha)))^2]^{1/2} < \theta/2\text{。}$$

首先，我们想要证明，对每个 δ 可以选择 $H_{Y^\delta}(-\alpha)$ 的元素 b_δ，使

得当 $\delta \to 0$ 时，$b_\delta \to a_v$（记住，我们已经固定 v'）。设

$$b_\delta = \sum_{k=1}^{S_v} [\lambda_k^{v}{}']' y(t_k^\delta),$$

其中 t_k^δ 是能被 δ 除的最接近 $t_k^{v}{}'$ 的数；这里 $t_k^{v}{}'$、$\lambda_k^{v}{}'$ 和 s_v 就是上述 α_v 表达式中的那些值。

使用前述引理，由于 $t_k^\delta \to t_k^{v}{}'$，很明显地，当 $\delta \to 0$ 时，在均方意义上 $y(t_k^\delta) \to t_k^{v}{}'$，因此，$b_\delta \to a_{v'}$。因而，对上述选定的 θ，存在某个 δ'，使得如果 $\delta < \delta'$，我们能够应用三角形不等式得出下述结论：

$$\begin{aligned}&[E(b_\delta - \eta(y_i(0) \mid H_y(-\alpha))^2]^{1/2}\\ &\equiv d[b_\delta, \eta(y_i(0) \mid H_y(-\alpha))]\\ &\leqslant d[b_\delta, a_v] + d[a_v, \eta(y_i(0) \mid H_y(-\alpha))] < \theta/2 + \theta/2 = \theta。\end{aligned}$$

最后，迭代投影法则意味着

$$\eta(Y_i^\delta(0) \mid H_{Y^\delta}(-\alpha)) = \eta[\eta(y_i(0) \mid H_y(-\alpha)) \mid H_{Y^\delta}(-\alpha)],$$

因此，给定 θ，存在一个 δ'，使得对任意 $\delta < \delta'$，

$$\begin{aligned}&d[\eta(Y_i^\delta(0) \mid H_{Y^\delta}(-\alpha)), \eta(y_i(0) \mid H_y(-\alpha))]\\ &\leqslant d[b_\delta, \eta(y_i(0) \mid H_y(-\alpha))] \leqslant \theta,\end{aligned}$$

由此，证明了该命题。

这个命题保证了能够在非常一般的条件下得到 α 步向前投影的收敛性。接下来，我们将进一步讨论 MAR 的收敛性。

当比较不同的 δ－MAR 时，首先要解决的问题是如何对其进行标准化。对离散 MAR 进行标准化有两个标准方法：一种方法是要求 $\varepsilon(t)$ 等于向前一步新息；另一种方法是将该新息乘以其方差协方差矩阵的一个"平方根"，以便得到 MAR 中白噪声的协方差矩阵等于单位矩阵。

很明显地，如果我们坚持认为，ε^δ 等于向前一步新息（即 $\varepsilon^\delta(t) = Y^\delta(t) - \eta(Y^\delta(t) \mid H_{Y^\delta}(t\delta - \delta))$），这样将得不到收敛于连续 MAR 的结论。因为对于所有 δ，$A_0^\delta = I$（其中 I 是单位矩阵），并且 $a(0)$ 可能不接近于 I。这样，我们将讨论该标准方法中的另一个重要问题。

另一方面，我们也不应该坚持设定 $E(\varepsilon^\delta(t) \cdot \varepsilon^\delta(t)') = I$ 来进行标准化。在这种情况下，可以证明，当 $\delta \to 0$ 时，任意过程 δ－MAR 趋向于零。

我们提出下述标准化方法。令 ξ^δ 是 δ 过程的向前一步新息，即 $\xi^\delta(t) = Y^\delta(t) - \eta(Y^\delta(t) \mid H_{Y^\delta}(t\delta - \delta))$。我们将式（17）中的白噪声 ε^δ 定义为：

$$\varepsilon^{\delta}(t)=(\delta)^{1/2}W^{-1}\xi^{\delta}(t)\text{，其中 } WW'=E(\xi^{\delta}(t)\cdot\xi^{\delta}(t)')^{-1}\text{，}\tag{6.2}$$

有很多矩阵 W 满足上述条件。通过对 W 施加额外的要求，我们能够解决唯一性问题。[13]

这是一个很自然的标准化方法，因为 $\varepsilon^{\delta}(t)$ 模仿了连续时间中随机测度的性质（见第 1 节）。回顾随机测度 ζ 的关键性质：对任意长度为 δ 的间隔 $\Delta\subset\mathbf{R}$，$E(\zeta(\Delta)\cdot\zeta(\Delta)')=\delta\cdot I$。我们可以将 ε^{δ} 解释为仅定义在形如 $[k\delta,(k+1)\delta]$ 区间上的随机测度，并且分配测度 $\varepsilon^{\delta}(k)$ 给每一个区间。那么，与 ζ 的上述性质类似的是要求 $E(\varepsilon^{\delta}(k)\cdot\varepsilon^{\delta}(k)')=\delta\cdot I$，这可以由式（6.2）给定的标准化方法得到。

这个结论与计量实践相关。如果想要比较两个以不同间隔收集的序列的 MAR，对每个序列应该使用的标准化方法是式（6.2）给定的方法。

定义函数 $A^{\delta}:\mathbf{R}\rightarrow\mathbf{R}^{n\times n}$，

$$A^{\delta}(u)=\begin{cases}A_k^{\delta},u\geqslant 0,k\text{ 使得 }u\in[k\delta,(k+1)\delta]\\0,u<0\end{cases},$$

其中 A_k^{δ} 对应于某个与式（6.2）一致的标准化方法。换句话说，A^{δ} 是一个分段函数，并且每一段中 A^{δ} 的取值是对应于该时期的 MAR 的系数值。

我们将讨论在什么意义上，当 $\delta\rightarrow 0$ 时，A^{δ} 近似于 a。很容易证实：

$$\int_0^{\infty}\|A_i^{\delta}\|^2=\int_0^{\infty}\|a_i\|^2\text{。}\tag{6.3}$$

这个公式告诉我们 A^{δ} 的每一行都属于 L_n^2，并且与对应的 a 的行有相同的模。

下述命题说明了在什么意义上，A^{δ} 近似于 a。

命题 7：对任意 $\alpha>\beta\geqslant 0$，以及任意 $q\geqslant 0$，当 $\delta\rightarrow 0$ 时，

$$\int_{\beta}^{\alpha}A^{\delta}(u+q)\cdot A^{\delta}(u)'du\rightarrow\int_{\beta}^{\alpha}a(u+q)\cdot a(u)'du\text{。}\tag{6.4}$$

证明：固定 α 和 q；根据命题 6 以及上述希尔伯特空间的性质，当 $\delta\rightarrow 0$ 时，

$$\rho_q^{\delta}\equiv E[y(q)\cdot[Y^{\delta}(0)-\eta(Y^{\delta}(0)\mid H_{Y^{\delta}}(-\alpha))]']\tag{6.5}$$
$$\rightarrow E[y(q)\cdot[y(0)-\eta(y(0)\mid H_y(-\alpha))]']\equiv\rho\text{。}$$

使用（连续时间中）y 的 MAR，我们可以将式（6.5）中的 ρ 写成

$$\rho=E\left[\int_0^{\infty}a(u)\zeta(q-du)\cdot\left[\int_0^{a}a(u)\zeta(0-du)\right]'\right]\tag{6.6}$$

$$= \int_0^{\alpha} a(u+q)a(u)'du \text{。}$$

证明对于任意使得当 $v \to \infty$ 时 $\delta_v \to 0$ 的序列 $\{\delta_v\}$，公式（6.4）成立就足够了。令 q_v 是能够被 δ_v 除的最接近 q 的数。定义 ρ^v 为

$$\rho^v \equiv E[y(q_v) \cdot [Y^{\delta_v}(0) - \eta(Y^{\delta_v}(0) \mid H_{Y^{\delta_v}}(-\alpha))]'] \text{。}$$

由于 $q_v \to q$，则当 $v \to \infty$ 时，$y(q_v) \to y(q)$，并且 $|\rho_q^{s_v} - \rho^v| \to 0$。因此，使用公式（6.5），$\rho^v \to \rho$。

现在，使用 Y^{δ_v} 的 δ_v—离散 MAR，我们可以证明

$$\rho^v = \sum_{k=0}^{\alpha/s_v} A_k^{\delta_v} \cdot [A_k^{\delta_v} + (q_v/\delta_v)]' \cdot \delta_v = \int_0^{\alpha} A^{\delta}(u+q) \cdot A^{\delta}(u)du \text{。}$$

该式、式（6.6）以及 $\rho^v \to \rho$ 完成了对 $\beta = 0$ 情况的证明。

$\beta > 0$ 的情况很容易证明，注意到对任意函数 f，有

$$\int_{\beta}^{\alpha} f = \int_0^{\alpha} f - \int_0^{\beta} f,$$

证毕。

该命题的解释是，发生于实际时间中固定时期内的连续时间新息的脉冲响应函数，可以由 δ 抽样模型推导而来的实际时间中相同时期的新息的脉冲响应函数来近似。

到目前为止，本部分报告的结论表明，当数据收集的时间间隔足够小时，离散时间模型将是连续时间模型的良好近似。然而，我们必须谨慎解释这些结论。命题 6 和命题 7 依赖于一个很关键的事实：我们首先固定连续时间中的时期，然后令 δ 变化。并且，命题 7 中的结论依赖于公式（6.2）给定的标准化方法。本节剩下的内容旨在证明这些要点的重要性。

假设我们不是通过式（6.2）对 ε^{δ} 进行标准化，而是设其等于 δ 抽样过程的向前一步新息，因此，现在 Y^{δ} 的 MAR 是

$$Y^{\delta}(t) = \sum_{k=0}^{\infty} A_k \xi^{\delta}(u-k),$$

$$\xi^{\delta}(t) = Y^{\delta}(t) - \eta(Y^{\delta}(t) \mid H_{Y^{\delta}}(t-1)) \text{。}$$

$\xi^{\delta}(t)$ 是否收敛于某个随机变量这个问题毫无意义，因为当 $\delta \to 0$ 时，$\mathrm{var}(\xi^{\delta}(t)) \to 0$；但是我们感兴趣的是，当 $\delta \to 0$ 时，ξ^{δ} 与向前 δ 步新息的相关系数 ρ_i^{δ} 是否趋向于 1，其中

$$\rho_i^{\delta} \equiv \frac{E\left[\xi_i^{\delta}(t) \cdot \int_0^{\delta} a_i(u)\zeta(t-du)\right]}{\left[\mathrm{var}(\xi_i^{\delta}(t)) \cdot \mathrm{var}\left(\int_0^{\delta} a_i(u)\zeta(t-du)\right)\right]^{1/2}} \text{。}$$

如果得不到这个收敛，那么将对把向前一步新息解释为时期长度为 δ 的连续时间新息的近似的常规做法提出质疑。

我们尚未在一般条件下探讨这个类型的收敛性。但是下述命题表明，对连续时间中某个特定的一维过程族，ρ^{δ} 并不会趋向于 1。我们用 $a'(u+)$ 和 $a''(u+)$ 表示一阶右导数和二阶右导数。

命题 8：令 a 是一维连续时间 MAR，满足：

i) $a(0)=0$；

ii) $a(u)>0$，$\forall u>0$ 且 u 接近于 0；

iii) $a''(\cdot+)$ 在 $u=0$ 处存在；

iv) $a'(\cdot-)$ 在零附近有界；

那么，当 $\delta \to 0$ 时，ρ^{δ} 不会趋向于 1。

证明：（在附录，可以从作者处获得。）

连续时间中满足该命题的条件的 MAR 集合是一类重要的模型。想象一下，我们有一个连续时间过程，其 MAR 中有一个函数 a 在零处有一阶右导数。那么对所有 $t \in \mathbf{R}$ 对该过程进行单元平均，我们将得到另一个过程，满足 i）～iv）。

7. 结论

在下述内容中，我们尝试以非技术性的方式总结本章的结论。

离散抽样过程的基本移动平均表述（MAR）的系数由下式给定：

$$A_k=\left[\int_0^{\infty} a(u+k)c(u)'du\right]\left[\int_0^{\infty} c(u)c(u)'du\right]^{-1},$$

其中 a 是连续时间中的 MAR，c 是连续 MAR 的加权函数。上述方程告诉我们，当函数 c 在区间 $[1,\infty)$ 中比较小时，A_k 几乎就是区间 $[k,k+1)$ 上 a 的平均值，并且在这个意义上，我们可以认为 A_k 是 a 的一个优良的近似。

函数 c 在第 2 节中已分析透彻了。在那里可知，当连续数据的投影比离散数据的投影准确得多时，c 在区间 $[1,\infty)$ 中比较大。

这在很大程度上限制了能够归因于跨期加总的扭曲类型：如果计量经济学家估计的 MAR 与其所预期的特定问题不一致，那么应该问一下自己，给定函数 a 的形式是正确的，他所观察到的系数能否由上述公式生成。并且，他可能拥有离散数据的预测相比于连续数据的预测有多好的先验知识；由此，他能够形成有关函数 c 的先验知识，并且猜测离散

MAR 会如何被扭曲。例如，我们能够证明，时间加总的一个系统性效应是增加了 MAR 前面少数几个系数的绝对值。

在第 5 节中，我们分析了单元平均数据的问题。对应于单元平均数据的连续时间 MAR 公式由式（15′）给定；并且它基本上意味着，相比于原始过程的 MAR，该 MAR 将更加平滑，并且其重心将向右移动一个单位。

该部分的另一个结论是，通过把单元平均变量和抽样变量混合于同一个离散时间序列中，我们将系统性地夸大抽样变量在决定方程组中所有变量时的重要性。这个结论通过使用第 2 节的投影方法得到，并且它演示了该方法如何用于推导计量实践中的相关结论。

最后，我们通过收集区间间隔越来越小的数据，研究了与连续时间中模型的近似相关的一些问题。我们证明了 α 步向前预测的收敛性，并且提出了使这些近似的研究便利的标准化方法。Marcet（1987）研究了离散时间沃尔德分解到连续时间的收敛性。

附录：*Y* 的自回归表述

作为本节的开头，注意，公式（2.4）中的函数 h 不能只由形如 $f(u)=\sum\mu_k a(u-k)$ 的函数来近似，其中 $u_k\in\mathbf{R}^n$，但是它实际上就是这样一个函数。这由下述引理确立。

引理 1：给定 $i=1,\cdots,n$，存在 $\lambda_k\in\mathbf{R}^n$，$k=1,2,\cdots$，使得

$$h_i(u)=\sum\nolimits_{k=1}^{\infty}\lambda'_k a(u-k)\text{ 对几乎每一个 }u\in\mathbf{R}\text{ 成立，}$$

其中 λ_k 依赖于 i。

证明：根据命题 1，$h\in A$，因此存在函数 $f_v\in L_n^2, v=1,2,\cdots$，使得 $f_v(u)=\sum\nolimits_{k=1}^{s_v}\mu'_{k,v}a(u-k)$ 对某个 $\mu_{k,v}\in\mathbf{R}^n$ 及有限的 s_v 成立，并且使得当 $v\to\infty$ 时，L_n^2 的度量中 $f_v\to h_i$。特别地，这意味着

$$\int_1^2\|f_v-f_m\|^2\to 0\ ,\ v,m\to\infty。\tag{A.1}$$

由于对 $s<0$ 有 $a(s)=0$，因此每个 f_v 有如下性质：

$$f_v(u)=\mu'_{1,v}a(u-1),u\in[1,2)\ ,$$

该式连同公式（A.1）意味着，当 $v,m\to\infty$ 时，

$$\int_1^2\|\mu'_{1,v}\cdot a(u-1)-\mu'_{1,m}\cdot a(u-1)\|^2$$

$$=\int_0^1 \|(\mu'_{1,v}-\mu'_{1,m})\cdot a(u)\|^2 \to 0 。$$

接下来将论证，当 $v\to\infty$ 时，$\{\mu_{1,v}\}$ 在 $\mathbf{R}^n$ 中收敛。我们将式（A.2）改写成：

$$(\mu_{1,v}-\mu_{1,m})'\cdot\left[\int_0^1 a(u)a(u)'du\right]\cdot(\mu_{1,v}-\mu_{1,m})\to 0 。$$

我们断言，对任意正定矩阵 C 以及 $\mathbf{R}^n$ 中的任意序列 $\{x_n\}$，$x_nCx_n\to 0$ 当且仅当 $\mathbf{R}^n$ 中 $x_n\to 0$。[14]但是，y 是连续时间中的满秩过程的假设意味着 $\int_0^1 aa'$ 是正定的，因为它是连续时间中 y 的向前一步新息的协方差矩阵。因此，式（A.2）意味着当 $v\to\infty$ 时，$\mu_{1,v}\to\lambda_1$ 对某个 $\lambda_1\in\mathbf{R}^n$ 成立。

很容易证明，如果对所有 $k=1,\cdots,r$（r 是某个有限的整数），有 $\mu_{k,v}\to\lambda_k$，那么当 $v\to\infty$ 时，$\mu_{r+1,v}\to\lambda_{r+1}$。要得到这一点，注意到，当 $v,m\to\infty$ 时，

$$\int_0^{r+1}\|f_v-f_m\|^2\to 0 ,$$

根据归纳假设，这意味着，当 $v\to\infty$ 时，$\int_0^1 \|(\mu_{r+1,v}-\mu_{r+1,m})\cdot a(u)\|^2\to 0$，且 $\mu_{r+1,v}\to\lambda_{r+1}\in\mathbf{R}^n$。

现在，选择任意整数 K。很明显地，当 $v\to\infty$ 时，

$$\int_0^K \|f_v(u)-\sum\nolimits_{k=1}^{\infty}\lambda_k a(u-k)\|^2 du\to 0 ,$$

$$\int_0^K \|f_v-h_i\|^2\to 0 。$$

由于极限是唯一的，故对几乎每一个 $u<K$ 有 $h_i(u)=\sum\limits_{k=1}^{\infty}\lambda'_k a(u-k)$。因此，该等式对几乎每个 $u\in\mathbf{R}^n$ 都成立。证毕。

如果我们将该引理应用到方程（2.4），那么可将 Y 写成：

$$Y_i(t)=\varepsilon_i(t)+\int_1^{\infty}\sum\nolimits_{k=1}^{\infty}\lambda'_k a(u-k)\zeta(t-du) ,$$

因此，如果我们能够将加总符号拖到积分符号外面，则有

$$Y_i(t)=\varepsilon_i(t)+\sum_{k=1}^{\infty}\lambda_k{}'Y(t-k) , \tag{A.3}$$

并且，在这种情况下，Y 有自回归表述，该表述的系数是上述引理中的 λ。

将“加总符号拖到积分符号外面”，实际上意味着下述公式是正确的：

$$\int_1^\infty \sum_{k=1}^\infty \lambda'_k a(u-k)\zeta(t-du)$$

$$=\lim_{m\to\infty}\sum_{k=1}^m \lambda'_k \int_1^\infty a(u-k)\zeta(t-du),$$

按照均方收敛的定义，这意味着：

$$\lim_{m\to\infty}\int_1^\infty \| \sum_{k=1}^\infty \lambda'_k a(u-k)-\sum_{k=1}^m \lambda'_k a(u-k)\|^2 du=0,\text{或者}$$

$$\lim_{m\to\infty}\int_1^\infty \| \sum_{k=m}^\infty \lambda'_k a(u-k)\|^2 du=0。$$

下一个引理给出了加总和积分互换的充分条件。

引理 2：通过应用两次三角形不等式并将 L_n^2 中的常数项 λ 拖到模之外，我们可证实下述步骤：

$$\left[\int_1^\infty \| \sum_{k=m}^\infty \lambda'_k a(u-k)\|^2\right]^{-1/2}$$

$$\leqslant \sum_{j=1}^n \left[\int_1^\infty \| \sum_{k=m}^\infty \lambda_k^j a_j(u-k)\|^2\right]^{-1/2}$$

$$\leqslant \sum_{j=1}^n \sum_{k=m}^\infty |\lambda_k^j| \left[\int_1^\infty \| a_j(u-k)\|^2\right]^{-1/2}$$

$$\leqslant K\sum_{j=1}^n \sum_{k=m}^\infty |\lambda_k^j|,$$

其中 K 是常数。如果 λ_k 是绝对可加的，那么上式的右边趋向于零，根据之前的评论，式（A.3）成立。证毕。

【注　释】

[1] 罗扎诺夫（Rozanov，1967）包含了线性正则、平稳性、随机测度、随机测度积分的定义，以及连续时间和离散时间 MAR 存在性的证明。本章通篇中，我们将只使用正交随机测度，因此，对 R 的任意一对不相交波莱尔集 Δ,δ'，对所有 i，有 $E(\zeta_i(\Delta))^2=|\Delta|$；当 $i\neq j$ 时，有 $E(\zeta_j(\Delta)\cdot\zeta_i(\Delta))=0$；以及对任意 i,j，有 $E(\zeta_j(\Delta)\cdot\zeta_j(\Delta'))=0$。

[2] 参见罗扎诺夫（Rozanov，1967）对谱密度的定义及其性质。方程（2.2）称为折叠公式。在大部分的讨论中，如何将我们的结论一般化到 y 不是满秩的情况是相当清楚的，但是考虑这种情况将使符号表示非常复杂，而且对问题没有增加实质性的变化。

[3] 参见罗扎诺夫（Rozanov，1967）第 3 页。

[4] 罗扎诺夫（Rozanov，1967）观察到，空间 $H_\varepsilon(\infty)$（对某个不相关的随机测度 ε）和 L_n^2 是酉等距的（unitarily isometric），因为

$$\| \int fd\varepsilon-\int gd\varepsilon \|_. = \| f-g\|,$$

其中，第一个模是针对随机变量的，第二个模代表 L_n^2 中的模。这告诉我们，

$H_\varepsilon(\infty)$ 和 L_n^2“是以相同的方式排列的”（Rozanov，1967，p. 3）；因此，鉴于式（1.1）和式（2.4），h 和 a 之间存在 L_n^2 的拓扑关系。这个关系正是命题 1 所揭示的。

[5] 参见罗丁（Rudin）中的定理 12.3 和定理 12.4。

[6] 这里我们用到了 $\varepsilon(t)=\int_0^\infty c d\zeta = Y(t)-\eta(Y-i(t)\mid H_Y(t-1))=\int_0^\infty (a-h)d\zeta$。我们也用到了如下事实：对任意 $g,f\in L_n^2$，如果 $\int f d\varepsilon=\int g d\varepsilon$，那么 $\mathrm{var}\left[\int f d\varepsilon-\int g d\varepsilon\right]=0$，因此，$\int \| f-g\|^2=0$，并且几乎处处 $f=g$。因此 $c-a-h$。

[7] 由于 $f(u)=\sum_{k=1}^\infty\sum_{j=1}^n \lambda_{k,j}a_j(u-k)$，如果 $u<1$，那么对加总符号中的任意 $u<1$，$u-k<0$；$a_j(u-k)=0$ 且 $f(u)=0$。

[8] 西姆斯（Sims，1972b）证明，当且仅当 $\eta(Y_2(t)\mid H_{Y_1}(t))=\eta(Y_2(t)\mid H_{Y_1}(\infty))$ 时，Y_2 不是 Y_1 的格兰杰原因。但是从西姆斯（Sims，1971）的研究中可以看出，一般而言，即使该等式对基础的连续时间过程成立，对抽样过程也不成立。

[9] 参见 Wheeden and Zygmund（1977）中对不定积分的定义及其性质的介绍。

[10] 参见 Wheeden and Zygmund（1977），第 101 页。

[11] 考虑一个正确的例子，取 $a_{11}(u)=e^{-\lambda u}$，$a_{21}(u)=Ke^{-\lambda u}$，其中 $u\geqslant 0$，并且 $a_{12}\equiv 0$。在连续时间中，第二个变量不是第一个变量的格兰杰原因，并且根据命题 4，在抽样过程中也是一样。然而，可以证明，如果我们对第一个变量取单元平均，那么第二个变量将是第一个变量的格兰杰原因。

[12] 我们使用了 RATS 软件包来得到这些分解。在所有模拟中，新息的方差协方差矩阵是 $\begin{pmatrix}1.0 & 0.2\\ 0.2 & 1.0\end{pmatrix}$。加总之后，每个离散序列的长度是 135 个观测。我们也运行了很多其他模拟；表格中报告的结果在我们的所有模拟中相当有代表性。表 2 中的结果是我们在所有模拟中能够得到的“最糟糕”的结果。

[13] 一个选择是，要求 W 是 ξ^δ 的协方差矩阵的 Cholesky 分解。另一个选择是，使得 $W=H\cdot\Lambda^{1/2}$，其中 H 是以该协方差矩阵的特征向量为列的矩阵，$\Lambda^{1/2}$ 是以特征根的平方根为其对角线、其余元素为零的矩阵。

[14] 如果 C 是 $n\times n$ 的正定矩阵，那么存在一个正定矩阵 W 使得 $W'W=C$，因此 $(Wx_n)'(Wx_n)\to 0$，这等价于 $\mathbf{R}^n$ 中 $Wx_n\to 0$。由于 W 是可逆的，因此在 $\mathbf{R}^n$ 中有 $x_n\to 0$ 成立。

参考文献

Anderson, B.D.O. (1978), "Second-Order Convergent Algorithms for the Steady-State Riccati Equation," *International Journal Control*, 28, 295–306.

Anderson, B.D.O. and J.B. Moore (1979), *Optimal Filtering*, Prentice Hall, Inc., N.J.

Ansley, C.F., and R. Kohn (1983), "Exact Likelihood of Vector Autoregressive-Moving Average Process with Missing or Aggregated Data," *Biometrika*, 70, 275–278.

Barro, R. J. (1977), "Unanticipated Money Growth and Unemployment in the United States," *American Economic Review*, 67.

Barro, R.J. (1979), "On the Determination of the Public Debt," *Journal of Political Economy*, 87, 940–71.

Becker, G.S. and K.M. Murphy (1988), "A Theory of Rational Addiction," *Journal of Political Economy*, 96, 675–700.

Beltrami, E.J. and M.R. Wohlers (1966), *Distributions and the Boundary Values of Analytic Functions*, Academic Press, New York.

Bernanke, B. (1985), "Adjustment Costs, Durables, and Aggregate Consumption," *Journal of Monetary Economics*, 15, 41–68.

Bernanke, B. (1986), "Alternative Explorations of the Money-Income Correlation," in *Real Business cycles, Real Exchange Rates, and Actual Policies*, ed. Karl Brunner and Allan H. Meltzer. Carnegie-Rochester Conference Series on Public Policy, 25, 49–99. Amsterdam: North-Holland.

Bergstrom, A.R. (1976), *Statistical Inference in Continuous Time Economic Models*, Amsterdam: North-Holland.

Bergstrom, A.R. (1983), "Gaussian Estimation of Structural Parameters in Higher Order Continuous Time Dynamic Models," *Econometrica*, 51, 117–152.

Blinder, A.S. and A. Deaton (1985), "The Time Series Consumption Function Revisited," *Brookings Paper on Economic Activity*, 2, 465–511.

Breeden, D.T. (1979), "An Intertemporal Asset Pricing Model with Stochastic Consumption and Investment Opportunities," *Journal of Financial Economics*, 7, 265–296.

Brock, W.A. and M.J.P. MaGill (1979), "Dynamics Under Uncertainty," *Econometrica* 47, 843–868.

Campbell, J.Y. (1986), "Bond and Stock Returns in a Simple Exchange

Model," *Quarterly Journal of Economics*, 101, 785–803.

Campbell, J.Y. (1987), "Does Saving Anticipate Declining Labor Income? An Alternative Test of the Permanent Income Hypothesis," *Econometrica*, 55, 1249–1273.

Campbell, J.Y. and R.J. Shiller (1987), "Cointegration and Tests of Present Value Models," *Journal of Political Economy*, 95, 1062–1088.

Campbell, J.Y. and R.J. Shiller (1988), "Dividend-Price Ratios and Expectations of Future Dividends and Discount Factors," *Review of Financial Studies*, 1, 195–228.

Christiano, L.J. (1980), "Notes on Factoring Continuous Time Rational Spectral Densities," manuscript, Federal Reserve Bank of Minneapolis.

Christiano, L.J. (1984), "The Effects of Aggregation over Time on Tests of the Representative Agent Model of Consumption," manuscript.

Christiano, L.J. and M.S. Eichenbaum (1985), "A Continuous Time, General Equilibrium, Inventory-Sales Model," manuscript.

Christiano, L. J. and M.S. Eichenbaum (1986), "Temporal Aggregation and Structural Inference in Macroeconomics," Carnegie-Rochester Conference on Public Policy, Vol. 26.

Christiano, L.J., M.S. Eichenbaum, and D. Marshall (1990), "The Permanent Income Hypothesis Revisited," manuscript. Forthcoming in *Econometrica*.

Churchill, R.V., J.W. Brown and R.F. Verhey (1974), *Complex Variables and Applications*, 3rd edition, New York: McGraw Hill.

Coddington, E. A. and N. Levinson (1955), *Theory of Ordinary Differential Equations*, New York: McGraw-Hill.

Constantinides, G.M. (1990), "Habit Formation: A Resolution of the Equity Premium Puzzle," *Journal of Political Economy*, 98, 519–543.

Cox, J.D., J.E. Ingersol, Jr., and S.A. Ross (1985), "A Theory of the Term Structure of Interest Rates," *Econometrica*, 53, 129–151.

DeJong, D.N., J.C. Nankervis, N.E. Savin, and C.H. Whiteman (1988), "Integration versus Trend-Stationarity in Macroeconomic Time Series," University of Iowa Department of Economics Working Paper #88-27, December.

DeJong, D.N. and C.H. Whiteman (1989a), "The Temporal Stability of Dividends and Stock Prices: Evidence from the Likelihood Function," University of Iowa Department of Economics Working Paper #89-03, February.

DeJong, D.N. and C.H. Whiteman (1989b), "Trends and Random Walks in Macroeconomic Time Series: A Reconsideration Based on the Likelihood Principle," University of Iowa Department of Economics Working Paper #89-04, February.

Denman, E.D. and A.N. Beavers (1976), "The Matrix Sign Function and Computations in Systems," *Applied Mathematics and Computation*, 2, 63–94.

Dunsmuir, W. (1978), "A Central Limit Theorem for Parameter Estimation in Stationary Vector Time Series and its Application to Models for Signal Observed with Noise," *Annals of Statistics*, 7, 490–506.

Dunsmuir, W., and E.J. Hannan (1976), "Vector Linear Time Series Models," *Advances in Applied Probability*, 8, 339–364.

Eckstein, Z. (1984), "Rational Expectations Modeling of Agricultural Supply," *Journal of Political Economy*, 93, 1–19.

Eichenbaum, M.S. (1983), "A Rational Expectations Equilibrium Model of Finished Goods and Employment," *Journal of Monetary Economics*, 12, 259–278.

Eichenbaum, M.S. and L.P. Hansen (1990), "Estimating Models with Intertemporal Substitution Using Aggregate Time Series Data," *Journal of Business and Economic Statistics*, 8, 53–69.

Emre, E. and O. Huseyin (1975), "Generalization of Leverrier's Algorithm to Polynomial Matrices of Arbitrary Degree," *IEEE Transactions on Automatic Control*, February.

Engle, R.F., and C.W.J. Granger (1987), "Cointegration and Error-Correction: Representation, Estimation and Tesging," *Econometrica*, 55, 251–276.

Engle, R. and M. Watson (1981), "A One Factor Multivariate Time Series Model of Metropolitan Wage Rates," *Journal of the American Statistical Association*, 76, 774–781.

Flavin, M.A. (1981), "The Adjustment of Consumption to Changing Expectations About Future Income," *Journal of Political Economy*, 89, 974–1009.

Futia, C.A. (1981), ."Rational Expectations in Stationary Linear Models," *Econometrica*, 49, 171–192.

Gantmacher, F.R. (1959), *The Theory of Matrices*, Vol. 1, New York: Chelsea.

Geweke, J.B. (1977a), "Wage and Price Dynamics in U.S. Manufacturing," in *New Methods in Business Cycle Research: Proceedings From a Conference*, ed. C.A. Sims, 111–56. Minneapolis: Federal Reserve Bank of Minneapolis.

Geweke, J.B. (1977b), "The Dynamic Factor Analysis of Economic Time Series," in D.J. Aigner and A.S. Goldberger, eds., *Latent Variables in Socio-Economic Models*, Ch. 19, 365–383. Amsterdam: North-Holland.

Geweke, J.B. (1978), "Temporal Aggregation in the Multivariate Regression Model," *Econometrica*, 46, 643–662.

Geweke, J.B. and K.J. Singleton (1981a), "Maximum Likelihood 'Confirmations' Factor Analysis of Economic Time Series," *International Economic Review*, 22, 37–54.

Geweke, J.B. and K.J. Singleton (1981b), "Latent Variable Models for Time Series: A Frequency Domain Approach with an Application to the Permanent Income Hypothesis," *Journal of Economics*, 17, 287–304.

Gohberg, I., P. Lancaster and L. Rodman (1982), *Matrix Polynomials*, Academic Press.

Gould, J.P. (1968), "Adjustment Costs in the Theory of Investment of the Firm," *Review of Economic Studies*, 35, 47–56.

Granger, C.W.J. (1969), "Investigating Causal Relations by Econometric Models and Cross-Spectral Methods," *Econometrica*, 37, 424–438.

Griliches, Z. (1967), "Distributed Lags: A Survey," *Econometrica*, 35, 16–40.

Grossman, S., A. Melino, and R.J. Shiller (1987), "Estimating the Continuous Time Consumption-Based Asset Pricing Model," *Journal of Business and Economic Statistics*, 6, 315–327.

Hakkio, C.S. and M. Rush (1986), "Co-integration and the Government's Budget Deficit," Working Paper, Federal Reserve Bank of Kansas City.

Hall, R.E. (1978), "Stochastic Implications of the Life Cycle-Permanent Income Hypothesis: Theory and Evidence," *Journal of Political Economy*, 86, 971-987.

Hall, R.E. (1988), "Intertemporal Substitution and Consumption," *Journal of Political Economy*, 96, 339–357.

Halmos, P.R., (1950), *Measure Theory*, New York, Van Nostrand.

Halmos, P.R., (1957), *Introduction to Hilbert Space*, New York, Chelsea Publishing Company.

Hamilton, J.D. and M.A. Flavin (1986), "On the Limitations of Government Borrowing: a Framework for Empirical Testing," *American Economic Review* 76, 808–819.

Hannan, E. J. (1970), *Multiple Time Series*, Wiley, New York.

Hansen, L.P. (1980), "Large Sample Properties of Generalized Method of Moments Estimators," Carnegie-Mellon University, Manuscript.

Hansen, L.P. (1987) "Calculating Asset Prices in Three Example Economics," in T.F. Bewley, ed., *Advances in Econometrics*, Vol. 4, Cambridge University Press, 207–243.

Hansen, L.P., D. Epple and W. Roberds (1985), "Linear Quadratic Models of Resource Depletion," in T.J. Sargent, ed., *Energy, Foresight, and Strategy*. Resources for the Future, Washington, D.C., 101–142.

Hansen, L.P. and R.J. Hodrick (1980), "Forward Exchange Rates as Optimal Predictors of Future Spot Rates: An Econometric Analysis," *Journal of Political Economy*, 88, 829–853.

Hansen, L.P. and R.J. Hodrick (1983), *Exchange Rates and International Macroeconomics* NBER, J. Frenkel, ed., 113–152.

Hansen, L.P. and T.J. Sargent (1980a), "Formulating and Estimating Dynamic Linear Rational Expectations Models," *Journal of Economic Dynamics and Control*, 2, 7–46.

Hansen, L.P. and T.J. Sargent (1980b), "Methods for Estimating Continuous Time Rational Expectations Models from Discrete Time Data," Staff Report 59, Federal Reserve Bank of Minneapolis.

Hansen, L.P. and T.J. Sargent (1981a), "Linear Rational Expectations Models for Dynamically Interrelated Variables," R.E. Lucas, Jr., and T.J. Sargent eds. *Rational Expectations and Econometric Practice*, Minneapolis: University of Minnesota Press.

Hansen, L.P. and T.J. Sargent (1981b), "A Note of Wiener-Kolmogorov Prediction Formulas for Rational Expectations Models," *Economic Letters*, 8, 255–260.

Hansen, L.P. and T.J. Sargent (1981c), "Identification of Continuous Time Rational Expectations Models from Discrete Time Data," manuscript.

Hansen, L.P. and T.J. Sargent (1981d) "Formulating and Estimating Continuous Time Rational Expectations Models," Staff Report 75, Federal Reserve Bank of Minneapolis, October.

Hansen, L.P. and T.J. Sargent (1981e), "Exact Linear Rational Expectations Models: Specification and Estimation," Research Department Staff Report 71, Federal Reserve Bank of Minneapolis.

Hansen, L.P. and T.J. Sargent (1982), "Instrumental Variables Procedures for Estimating Linear Rational Expectations Models," *Journal of Monetary Economics*, 9, 263–296.

Hansen, L.P. and T.J. Sargent (1983a), "Aggregation over Time and the Inverse Optimal Predictor Problem for Adaptive Expectations in Continuous Time," *International Economic Review*, 24, 1–20.

Hansen, L.P. and T.J. Sargent (1983b), "The Dimensionality of the Aliasing Problem in Models with Rational Spectral Densities," *Econometrica*, 51, 377–387.

Hansen, L. P. and T.J. Sargent (1984) "Two Difficulties in Interpreting Vector Autoregressions," Working Paper 227, Federal Reserve Bank of Minneapolis.

Hansen, L.P. and T.J. Sargent (1990), "Recursive Linear Models of Dynamic Economies," manuscript.

Hansen, L.P. and K.J. Singleton (1982), "Generalized Instrumental Variables Estimators of Nonlinear Rational Expectations Models," *Econometrica*, 50, 1269–1286.

Hansen, L.P. and K.J. Singleton (1983), "Stochastic Consumption, Risk Aversion, and the Temporal Behavior of Asset Returns," *Journal of Political Economy*, 91, 249–265.

Harvey, A.C. and J.H. Stock (1985), "The Estimation of Higher Order

Continuous Time Autoregressive Models," *Journal of Econometric Theory*, 1, 97–112.

Harvey, A.C. and J.H. Stock (1987), "Estimating Integrated Higher Order Continuous Time Autoregressions with an Application to Money-income Causality," Working Paper No. E 87-28. Stanford, CA: Hoover Institution Press.

Harvey, C. (1988), "The Real Term Structure of Consumption Growth," *Journal of Financial Economics*, 22, 305–333.

Hatanaka, M. (1975), "On the Global Identification of the Dynamic Simultaneous Equations Model with Stationary Disturbances," *International Economic Review*, 16, 545–554.

Hayashi, F. and C.A. Sims (1983), "Nearly Efficient Estimation of Time Series Models with Predetermined, but not Exogenous Instruments," *Econometrica*, 51, 3, 783–798.

Heaton, J. (1989), "The Interaction Between Time-Nonseparable Preferences and Time Aggregation," University of Chicago Ph.D. Dissertation.

Jones, R.H. (1980), "Maximum Likelihood Fitting of ARMA Models to Time Series with Missing Observations," *Technometrics*, 22, 389–395.

Kennan, J. (1979), "The Estimation of Partial Adjustment Models with Rational Expectations," *Econometrica*, 47, 1441–1456.

Kennan, John (1988), "An Econometric Analysis of Fluctuations in Aggregate Labor Supply and Demand," *Econometrica*, 56, 2, 317–333.

Kollintzas, T. (1985), "The Symmetric Linear Rational Expectations Model," *Econometrica*, 53, 963–985.

Kwakernaak, H. and R. Sivan (1972), *Linear Optimal Control Systems*, New York, Wiley.

LeRoy, S.F. (1973), "Risk Aversion and the Martingale Property of Stock Prices," *International Economic Review*, 14, 436–446.

LeRoy, S.F. and R. Porter (1981), "The Present Value Relation: Tests Based on Implied Variance Bounds," *Econometrica*, 49, 97–113.

Litterman, R. and L. Weiss (1985), "Money, Real Interest Rates and Output: A Reinterpretation of Post-war Data," *Econometrica*, 53, 129–156.

Lo, A. (1988), "Maximum Likelihood Estimation of Generalized Ito Processes with Discretely Sampled Data," *Journal of Econometric Theory*, 4, 231–247.

Lucas, R.E., Jr. (1967), "Adjustment Costs and the Theory of Supply," *Journal of Political Economy*, 75, 321–334.

Lucas, R.E., Jr. (1972), "Econometric Testing of the Natural Rate Hypothesis," in *The Econometrics of Price Determination Conference*, ed. by O. Eckstein. Washington: Board of Governors of the

Federal Reserve System.

Lucas, R.E., Jr. (1973), "Some International Evidence on Output-Inflation Tradeoffs," *American Economic Review* 63 (June): 326–34.

Lucas, R.E., Jr. (1976), "Econometric Policy Evaluation: A Critique," in K. Brunner and A.H. Meltzer, eds., *The Phillips Curve and Labor Markets*, Carnegie-Rochester Conference on Public Policy 1: 19–46, Amsterdam: North Holland.

Lucas, R.E., Jr. (1978), "Asset prices in an Exchange Economy," *Econometrica* 46, 1429–1445.

Lucas, R.E., Jr. (1981), "Optimal Investments with Rational Expectations," *Rational Expectations and Econometric Practice*, Vol. 1, 1981, 127–156.

Lucas, R.E., Jr. and E.C. Prescott (1971) "Investment Under Uncertainty," *Econometrica*, 39, 659–681.

Lucas, R.E., Jr. and T.J. Sargent (1981), *Introductory Essay to Rational Expectations and Econometric Practice*, Minneapolis: University of Minnesota Press.

Luenberger, D.G., *Optimization by Vector Space Methods*, John Wiley & Sons, 1969.

Mankiw, N.G. (1982), "Hall's Consumption Hypothesis and Durable Goods," *Journal of Monetary Economics*, 10, 417–425.

Marcet, A. (1987), "Approximation of the Continuous Wold Decomposition by Frequent Sampling," mimeo, Carnegie Mellon University.

Miller, P.J. and W. Roberds (1987), "The Quantitative Significance of the Lucas Critique," Federal Reserve Bank of Minneapolis Staff Report #109.

Monahan, J. (1984), "A Note on Enforcing Stationarity in Autoregressive-Moving Average Models," *Biometrika*, 71, 403–404.

Mortenson, D.T. (1973), "Generalized Costs of Adjustment and Dynamic Factor Demand Theory," *Econometrica*, 41, 657–665.

Muth, J. (1960), "Optimal Properties of Exponentially Weighted Forecasts," *Journal of the American Statistical Association*, 55, 299–306.

Muth, J. (1961), "Rational Expectations and the Theory of Price Movements," *Econometrica*, 29, 315–335.

Nerlove, M. (1967), "Distributed Lags and Unobserved Components in Economic Time Series," in *Ten Economic Studies in the Tradition of Irving Fisher*, ed. by W. Fellner, et. al., New York: Wiley.

Phillips, A.W. (1959), "The Estimation of Parameters in Systems of Stochastic Differential Equations," *Biometrika*, 59, 67–76.

Phillips, P.C.B. (1972), "The Structural Estimation of a Stochastic Differential Equation System," *Econometrica*, 40, 1021–1041.

Phillips, P.C.B. (1973), "The Problem of Identification in Finite Parameter Continuous Time Models," *Journal of Econometrics*, 1, 351–362.

Phillips, P.C.B. (1974), "The Estimation of Some Continuous Time Models," *Econometrica*, 42, 803–823.

Pollak, R.A. (1970), "Habit Formation and Dynamic Demand Functions," *Journal of Political Economy*, 78, 745–763.

Roberts, J.D. (1971), "Linear Model Reduction and Solution of Algebraic Riccati Equations by use of the Sign Function," CUED/B-Control/TR-13 Report, Cambridge University.

Robinson, P.M. (1977), "The Construction and Estimation of Continuous Time Models and Discrete Approximations in Econometrics," *Journal of Econometrics*, 6, 173–197.

Royden, H.L. (1968), *Real Analysis*, New York, MacMillan Publishing Co., Inc.

Rozanov, Y.A. (1967), *Stationary Random Processes*, Holden-Day: San Francisco.

Rubinstein, M. (1976), "The Valuation of Uncertain Income Streams and the Pricing of Options," *Bell Journal of Economics*, 7, 407–425.

Rudin, W. (1974), *Real and Complex Analysis*, McGraw Hill: New York.

Ryder, H.E. and G.M. Heal (1973), "Optimal Growth with Intertemporally Dependent Preferences," *Review of Economic Studies*, 40, 1–31.

Sargent, T.J. (1971), "A Note on the 'Accelerationist' Controversy," *Journal of Money, Credit, and Banking*, 3, 721–725.

Sargent, T.J. (1978), "Estimation of Dynamic Labor Demand Schedules Under Rational Expectations," *Journal of Political Economy*, 86, 1009–1044.

Sargent, T.J. (1979), "A Note on Maximum Likelihood Estimation of the Rational Expectations of the Term Structure," *Journal of Monetary Economics*, 5, 133–143.

Sargent, T.J. (1981), "Interpreting Economic Time Series," *Journal of Political Economy*, 89, 213–248.

Sargent, T.J. (1983), "Preliminary Introduction to Continuous Time Stochastic Processes," manuscript.

Sargent, T.J. (1987a), *Dynamic Macroeconomic Theory*, Cambridge: Harvard University Press.

Sargent, T.J. (1987b), *Macroeconomic Theory*, 2nd ed., New York: Academic Press.

Sargent, T.J. and C.A. Sims (1977), "Business Cycle Modeling Without Pretending to Have too Much *A Priori* Economic Theory." In *New Methods for Business Cycle Research* (C.A. Sims, ed.), Minneapolis: Federal Reserve Bank.

Schwarz, Z.G. (1978), "Estimating the Dimension of a Model," *Annals of Statistics*, 6, 461–464.

Shiller, R.J. (1972), "Rational Expectations and the Structure of Interest Rates," Ph.D. Dissertation (Massachusetts Institute of Technology, Cambridge, MA).

Shiller, R.J. (1979), "The Volatility of Long-Term Interest Rates and Expectations Models of the Term Structure," *Journal of Political Economy*, 87, 1190–1219.

Shiller, R.J. (1981), "Do Stock Prices Move too much to be Justified by Subsequent Changes in Dividends?" *The American Economic Review*, 71, 421–436.

Shim, S.D. (1984), "Inflation and the Government Budget Constraint: International Evidence," Ph.D. Thesis, University of Minnesota.

Sims, C.A. (1971), "Discrete Approximations to Continuous Time Lag Distributions in Econometrics," *Econometrica*, 39, 545–564.

Sims, C.A. (1972a), "Approximate Prior Restriction on Distributed Lag Estimation," *Journal of the American Statistical Association*, 67, 169–175.

Sims, C.A. (1972b), "Money, Income and Causality," *American Economic Review*, 62, 540–552.

Sims, C.A. (1974), "Distributed Lags," in *Frontiers of Quantitative Economics*, Vol. II, ed. by M.D. Intrilligator and D.A. Kendrick, Amsterdam: North-Holland, 289–332.

Sims, C.A. (1980), "Macroeconomics and Reality," *Econometrica*, 62, 540–552.

Sims, C.A. (1984), "Martingale-Like Behavior of Prices and Interest Rates," Department of Economics, University of Minnesota, working paper, October.

Sims, C.A. (1988), "Bayesian Skepticism on Unit Root Econometrics," *Journal of Economic Dynamics and Control*, 12, 463–474.

Sims, C.A. and H. Uhlig (1990), "Understanding Unit Rooters: A Helicopter Tour," forthcoming in *Econometrica*.

Stigler, G.J. and G.S. Becker (1977), "De Gustibus Non Est Disputandum," *American Economic Review*, 67, 76–90.

Sundaresan, M. (1989), "Intertemporally Dependent Preferences and the Volatility of Consumption and Wealth," *The Review of Financial Studies*, 2, 73–89.

Telser, L.G. and R.J. Graves (1972), *Functional Analysis in Mathematical Economics*, Chicago: University of Chicago Press.

Townsend, R.M. (1983), "Forecasting the Forecasts for Others," *Journal of Political Economy*, 91, 546–588.

Treadway, A.B. (1969), "On Rational Entrepreneur Behavior and the Demand for Investment," *Review of Economic Studies*, 367, 227–240.

Trehan, B. and C.E. Walsh (1988), "Common Trends, the Government Budget Constraints, and Revenue Smoothing," *Journal of Economic Dynamics and Control*, 12, 425–446.

Vaughan, D.R. (1969), "A Negative-Exponential Solution to the Matrix Riccati Equation," *IEEE Transactions on Automatic Control*, 14, 72–75.

Watson, M. and R. Engle (1983), "Alternative Algorithms for the Estimation of Dynamic Factor, MIMIC and Varying Coefficient Regression Models," *Journal of Econometrics*, 23, 385–400.

West, K.D. (1988), "The Insensitivity of Consumption to News About Income," *Journal of Monetary Economics*, 21, 17–33.

Wheeden, R.L. and A. Zygmund (1977), *Measure and Integral; An Introduction to Real Analysis*, Marcel Dekker Inc.: New York.

Whiteman, C. (1983), *Linear Rational Expectations Models: A User's Guide*, University of Minnesota Press.

Wilcox, D.W. (1989), "What Do We Know about Consumption?" Federal Reserve Board manuscript.

图书在版编目（CIP）数据

理性预期计量经济学/（美）汉森，（美）萨金特著；李宝良译．—北京：中国人民大学出版社，2016.1

（诺贝尔经济学奖获得者丛书）

ISBN 978-7-300-21854-0

Ⅰ.①理… Ⅱ.①汉… ②萨… ③李… Ⅲ.①计量经济学-研究 Ⅳ.①F224.0

中国版本图书馆 CIP 数据核字（2015）第 206509 号

诺贝尔经济学奖获得者丛书

理性预期计量经济学

拉尔斯·彼得·汉森 著
托马斯·J·萨金特 著
李宝良 译
郭其友 校

Lixing Yuqi Jiliang Jingjixue

出版发行	中国人民大学出版社		
社　　址	北京中关村大街 31 号	**邮政编码**	100080
电　　话	010－62511242（总编室）		010－62511770（质管部）
	010－82501766（邮购部）		010－62514148（门市部）
	010－62515195（发行公司）		010－62515275（盗版举报）
网　　址	http://www.crup.com.cn		
	http://www.ttrnet.com(人大教研网)		
经　　销	新华书店		
印　　刷	北京东君印刷有限公司		
规　　格	160 mm×235 mm　16 开本	**版　　次**	2016 年 1 月第 1 版
印　　张	15 插页 1	**印　　次**	2018 年 1 月第 2 次印刷
字　　数	245 000	**定　　价**	42.00 元
